# ଓଡ଼ିଆ କବିତାର ନବପ୍ରସ୍ଥ

(୩୫ ବର୍ଷରୁ କମ୍ ୪୦ ଜଣ ଉଦୀୟମାନ କବିଙ୍କ କବିତା)

# ଓଡ଼ିଆ କବିତାର ନବପ୍ରସ୍ଥ

(୩୫ ବର୍ଷରୁ କମ୍ ୪୦ ଜଣ ଉଦୀୟମାନ କବିଙ୍କ କବିତା)

ସଙ୍କଳକ

ସୂର୍ଯ୍ୟସ୍ନାତ ତ୍ରିପାଠୀ

BLACK EAGLE BOOKS

2021

BLACK EAGLE BOOKS

USA address:
7464 Wisdom Lane
Dublin, OH 43016

India address:
E/312, Trident Galaxy, Kalinga Nagar,
Bhubaneswar-751003, Odisha, India

E-mail: info@blackeaglebooks.org
Website: www.blackeaglebooks.org

First International Edition Published by
BLACK EAGLE BOOKS, 2021

**ODIA KABITARA NABAPRASTHA**
Edited by **Suryasnata Tripathy**

Copyright © **Black Eagle Books**

All rights reserved. No part of this publication may be reproduced, stored in a retrieval system, or transmitted, in any form or by any means, electronic, mechanical, photocopying, recording or otherwise without the prior permission of the publisher.

Cover & Interior Design: Ezy's Publication

ISBN- 978-1-64560-185-2 (Paperback)

Printed in the United States of America

# ସମକାଳୀନ ଓଡ଼ିଆ କବିତାରେ ଯୁବ ହସ୍ତାକ୍ଷର

**ହରପ୍ରସାଦ ଦାସ**

ସମକାଳୀନ ବିଶ୍ୱ-କବିତାର ପରିଦୃଶ୍ୟ ଚିନ୍ତାଜନକ। ୧୯୬୦ରୁ ଆରମ୍ଭ ହୋଇଥିବା ବହୁ ସମ୍ଭାବନାମୟ ଯୁବପର୍ବ ୨୦୨୧ବେଳକୁ ସ୍ତିମିତ ହୋଇ ଆସିଲାଣି। ଯୁବସ୍ୱରରେ ସତେ ଅବା ପରସ୍ତେ ଅବସାଦର ଶିଉଳି ଜମିଗଲାଣି, ସ୍ୱର ଶୁଭିଲାଣି ନିସ୍ତେଜ, ଭାରିଭାରି ଓ କେଜାଣି କୋଉଗୋଟେ ଚିନ୍ତାରେ ଭାରାକ୍ରାନ୍ତ। କ'ଣ ହେଇପାରେ ଯାର କାରଣ ? ଗୋଟିଏ କାରଣ ହୋଇପାରେ କବିତାରେ ରହସ୍ୟର ମୃତ୍ୟୁ ! ଅନ୍ତତଃ ଗତ ତିରିଶ-ପଇଁତିରିଶ ବର୍ଷ ଭିତରେ ବିଶ୍ୱରେ ସାମାଜିକ ଅସନ୍ତୋଷ ବ୍ୟକ୍ତ କରିବାପାଇଁ ଜରୁରୀ ବିଚାରଧାରା ଧୀରେ ଧୀରେ ଅନ୍ତର୍ହିତ ହୋଇ ଚାଲିଚନ୍ତି। ବିଜ୍ଞାନ ଓ ପ୍ରଯୁକ୍ତି ବିଦ୍ୟା, ସୂଚନାବିପ୍ଳବ, ସତ୍ୟରେ ଅନାସ୍ଥା, ବସ୍ତୁଭୋଗୀ ବାସ୍ତବତା କବିତାକୁ ନୂଆ ସଂଗତି ଦେଇଚନ୍ତି ସତ, କିନ୍ତୁ କବି ଆଖିରୁ ସ୍ୱପ୍ନ କାଢ଼ି ନେଇଚନ୍ତି। ସ୍ୱପ୍ନହୀନ ଉଦାସ ଆଖିରେ ଚଞ୍ଚଳ ତାରୁଣ୍ୟର ରହସ୍ୟମୟ ଚକ୍ଷୁ ବିନିମୟ ନାହିଁ କି ବିସ୍ମିତ ଆନନ୍ଦର ପୁଲକ ନାହିଁ। ଝରଝର କାନ୍ଦଣା ନାହିଁ କି ବେପରୱାଚାଲି ନାହିଁ କି ଠୋ ଠୋ ହସ ନାହିଁ। ଯୌବନ ଆଉ ମାଦକ ନୁହେଁ କି ମୋହଗ୍ରସ୍ତ ନୁହେଁ। ଯୌବନ ସତେକି ଏକ ଭାର ! ପିଲାମାନେ ଅକାଳରେ ବୟସ୍କ ହେଇଯାଇଚନ୍ତି ! ଯାର କେତେଗୁଡ଼ିଏ ସୁଖକର ପରିଣତି କବିତାକୁ ଆସିଚନ୍ତି। ଗୋଟିଏ

ହେଉଚି ଯୁବ ରଚନାରେ ବିସ୍ମୟକର ପରିପକ୍ୱତା, ଆଉ ଗୋଟିଏ ହେଉଚି କବିତାର ଆଙ୍ଗିକ ସୌନ୍ଦର୍ଯ୍ୟ ପ୍ରତି ଭ୍ରୂକ୍ଷେପ ନକରି ବକ୍ତବ୍ୟରେ ପହଞ୍ଚିବାର ବ୍ୟଗ୍ରତା ! ଏ ଦୁଇଟି ପରିଣତି ବିଶ୍ୱର ନୂଆକବିତାକୁ ଏକ ସ୍ୱତନ୍ତ୍ର ପରିଚୟ ଦେବା ଆରମ୍ଭ କରିଚନ୍ତି ଏକବିଂଶ ଶତାବ୍ଦୀରେ ।

ବିଶ୍ୱକବିତାର ସାମୂହିକ ସ୍ୱର ଥୟ କଲାବେଳେ ମୁଁ ଭୁଲିନି ଯେ ଏସିଆ, ଆଫ୍ରିକା, ଲାଟିନ ଆମେରିକା, ଯୁକ୍ତରାଷ୍ଟ୍ର ଆମେରିକା, ୟୁରୋପ ଓ ମଧ୍ୟପ୍ରାଚ୍ୟରେ ଜୀବନାନୁଭୂତି ସମାନ ନୁହେଁ, ଜୀବନଜିଜ୍ଞାସା ବି ସମାନ ନୁହେଁ । ଆର୍ଥିକ ଦିଗରୁ ଅବିକଶିତ କିନ୍ତୁ ସଭ୍ୟତାରେ ସମୃଦ୍ଧ ଦେଶମାନଙ୍କ ସ୍ଥିତି ତ ସମ୍ପୂର୍ଣ୍ଣ ଅଲଗା । ତେବେ ଯୁବସ୍ୱରରେ ବିଶ୍ୱର ଏ ସମୂହଗାନ କିପରି ସମ୍ଭବ ? ବାସ୍ତବରେ ବିଶ୍ୱ ରାଜନୀତି ୟୁରୋ-ଆମେରିକାନ କର୍ତ୍ତୃତ୍ୱ ସମ୍ଭବ କରାଇବା ସହିତ ଦ୍ରୁତଗାମୀ ଓ ବ୍ୟାପକ ସୂଚନା ସଂକ୍ରମଣ ଦ୍ୱାରା ଏଭଳି ଏକ କୃତ୍ରିମ ସମାନତା ସୃଷ୍ଟି କରିଚି । ହାନୋଇ ହେଉ କି ହାୱାଇ, ମୋଗାଦିଶୁ ହେଉ କି ନାଇରୋବି ହେଉ କି ଲଣ୍ଡନ କି ଢେଙ୍କାନାଳ, ଯୁବକଙ୍କ ଜୀବନଶୈଳୀ ଓ ରୁଚି ଲାଗୁଚି ଏକା ପ୍ରକାରର । କିନ୍ତୁ ଜୀବନର ଗଭୀର ସଂରଚନାରେ ବିରାଟ ପାର୍ଥକ୍ୟ ରହିଚି । ସେ ପାର୍ଥକ୍ୟ କବିତାକୁ ସ୍ଥାନୀୟତାର ବିଶେଷ ସ୍ୱର ଦେଉଚିକି ?

ଜୀବନର ଗଭୀର ସଂରଚନାରେ ଭାରତୀୟତା ବୌଦ୍ଧିକ, ଆବେଗିକ ଓ କାଳ୍ପନିକ ଦୃଷ୍ଟିରୁ ଅନ୍ୟମାନଙ୍କ ଠାରୁ ଭିନ୍ନ । କାରଣ ଅନେକ, କିନ୍ତୁ ଗୋଟିଏ କାରଣ ସର୍ବାଗ୍ରେ ସ୍ମରଣୀୟ । କାରଣଟି ହେଲା ଭାରତୀୟଙ୍କ ସଭ୍ୟତା । ଭାରତୀୟ ସଭ୍ୟତା ଭାରତୀୟ ସାହିତ୍ୟର ଆଧାରଶିଳା । ଭାରତୀୟ କବିତା କହିଲେ ଯେଉଁ ବୈଚିତ୍ର୍ୟମଣ୍ଡିତ ସର୍ଜନାକୁ ବୁଝାଯାଏ ତା'ର ଗୋଟିଏ ମୁଖ୍ୟସ୍ରୋତ ଅଛି । ସେ ମୁଖ୍ୟସ୍ରୋତର ତିନି ଧାରା: ଆର୍ଯ୍ୟ, ଦ୍ରାବିଡ଼ ଓ ଆଟବିକ । ଏ ତିନିଧାରାର କବିତା ଏକା ପ୍ରକାରର ନୁହଁନ୍ତି, କିନ୍ତୁ ଭାରତର ରାଷ୍ଟ୍ରୀୟ ପରିଚୟର ଆଲୋକରେ ଏମାନେ ଏବେ ପରସ୍ପରର ନିକଟତର । ରାଷ୍ଟ୍ରୀୟତାର ପରିଚୟ ସଭ୍ୟତା ଆବିଷ୍କାରର ଗୋଟିଏ ପ୍ରେରଣା । ଏହି ପ୍ରେରଣାରେ ବିକ୍ଷିପ୍ତ ସାଂସ୍କୃତିକତା ଏକ ହୁଏ । ସମ୍ବିଧାନ ଦ୍ୱାରା ସ୍ୱୀକୃତ ସବୁ ଭାଷାର ଭାରତୀୟ କବିତା ମୁଖ୍ୟ ସ୍ରୋତରେ ପହଁଚିଯାନ୍ତି ! ଆପେ ଆପେ ଭାରତର ବିବିଧ ଭାଷା ପରମ୍ପରାର କବିତା ଏକ ବର୍ଣ୍ଣାଢ୍ୟ ଭାରତୀୟ ଅସ୍ମିତା ନିର୍ମାଣ କରିଚାଲିଚନ୍ତି ବିନା କୌଣସି ପ୍ରୟାସରେ । ସଂସ୍କୃତି ଭଳି କବିତା ମଧ୍ୟ ଏକ କୋଷମୟ ଭାବ ଯାହା ସଂଶ୍ଳେଷଣକ୍ଷମ ! ତେଣୁ ସମକାଳୀନ ଭାରତୀୟ କବିତା ଗୋଟିଏ ଏକକ ହୋଇ ଆମ ସାମ୍ନାରେ ଉଭା ! ଅଦ୍ଭୁତ ଏ ଏକକ ! ମଣିପୁରୀ, ମରାଠୀ, ପଂଜାବୀ, ହିନ୍ଦୀ,

ଓଡ଼ିଆ, ଅହମୀୟା, ବାଂଗଲା, କନ୍ନଡ଼, ମାଲାୟାଲାମ ଯୁବକବିତାରେ ଏ କି ସାମ୍ୟ ! ପରସ୍ପରଠାରୁ ଏତେ ଅଲଗା, ପୁଣି ଏତେ ସମାନ ! କହିପାରନ୍ତି ଆଧୁନିକ ବିଶ୍ୱରେ ସମସ୍ୟା ଓ ସଙ୍କଟର ବ୍ୟାପକ ସମାନତା ଏମାନଙ୍କୁ ଏକାଠି କରିଚି। ବ୍ୟବସ୍ଥା ବିରୋଧରେ ବିଦ୍ରୋହ, ପରମ୍ପରା ସହିତ ବିସଙ୍ଗତି, ପ୍ରଭାବର ପ୍ରତ୍ୟାଖ୍ୟାନ, ବନ୍ଧନର ଅସ୍ୱୀକାର, ଲକ୍ଷ୍ୟହୀନ ଉଦ୍ଦାମ ଉଡ଼ାଣର ଜୟଗାନ, ପ୍ରେମର ସହଜପଣ, ଉନ୍ନିଦ୍ର ସ୍ୱପ୍ନହୀନ ରାତି, ଶୂନ୍ୟ ଘର, ପ୍ରତିଛବିବିହୀନ ଦର୍ପଣ, ଏମିତି କେତେ କଣ ! ପଇଁତିରିଶ ବର୍ଷରୁ କମ ବୟସର ସବୁ କବିଙ୍କ ଭିତରେ କମ-ବେଶି ଏ ଅସ୍ଥିରତା କ'ଣ ଏଇଥିପାଇଁ ଯେ ଆଜିକାଲି ସ୍ଥିର ହେବାପାଇଁ ସମୟ ଲାଗୁଚି, ଜୀବନ ଡେରିରେ ଆରମ୍ଭ ହେଉଚି ?

ପଇଁତିରିଶ ବର୍ଷରୁ କମ ବୟସର ଓଡ଼ିଆ ଯୁବକବିଙ୍କ କବିତାର ଏ ସଂକଳନ କାହା ପଇଁ କେତେ ପ୍ରତିନିଧିମୂଳକ ସିଦ୍ଧ ହେବ, ସେ ବିଚାର ନା ଅର୍ଥପୂର୍ଣ୍ଣ ନା ଜରୁରୀ। ହୁଏତ ମହତ୍ୱପୂର୍ଣ୍ଣ କେହି ଛାଡ଼ିହୋଇଯାଇଚନ୍ତି ବା ଏଭଳି କିଛି ବିଶେଷ ପ୍ରତିଭା ଅଛନ୍ତି ଯାହାଙ୍କୁ ଚିହ୍ନିବା ସମ୍ଭବ ହୋଇନାହିଁ ! ସେ ଯାହା ବି ହେଉ ସୂର୍ଯ୍ୟସ୍ନାତଙ୍କ ଦ୍ୱାରା ସଂକଳିତ ଏ କୃତି-ସଂଚୟନ ଅପୂର୍ବ ! ମୁଁ ବିନା ଦ୍ୱିଧାରେ କହିପାରେ ଯେ ଓଡ଼ିଆ ଯୁବକବିଙ୍କ କବିତା ଅନ୍ୟ ଯେକୌଣସି ଭାରତୀୟ ଭାଷାର ଯୁବକବିଙ୍କ କବିତାଠାରୁ ଅଧିକ ଚିତ୍ରମୟ ଓ ଅଭିବ୍ୟକ୍ତିକ୍ଷମ ! ଭାରତରେ ନୂଆପିଢ଼ିର ଶ୍ରେଷ୍ଠ କବିତା ଲେଖୁଚନ୍ତି ଓଡ଼ିଆ ଯୁବକବିଗଣ। ହିନ୍ଦୀଭଳି ଓଡ଼ିଆରେ କଳାବାଦ-ସମାଜବାଦ ଦ୍ୱନ୍ଦ୍ୱ ନାହିଁ, ଉର୍ଦ୍ଦୁ-ସଂସ୍କୃତ ବିବେକ-ସଙ୍କଟ ନାହିଁ, ସପାଟବୟାନୀ-ବିମ୍ବଯୋଜନା ଘନଘଟା ନାହିଁ। ଓଡ଼ିଆ ଯୁବକବି କୌଣସି ନିର୍ଦ୍ଦିଷ୍ଟ ବିଚାରଧାରା ପ୍ରତି ଅନୁରକ୍ତ ହୋଇ କବିତା ଲେଖୁନାହାନ୍ତି କି ପ୍ରତିକ୍ରିୟା-ସର୍ବସ୍ୱ ପ୍ରତିବାଦରେ ବିଶ୍ୱାସ କରୁନାହାନ୍ତି। ସବୁଠୁ ବଡ଼ କଥା ଓଡ଼ିଆ କବିତାର ମଠ ନାହିଁ କି ମହନ୍ତ ନାହାନ୍ତି। ୧୯୯୫ରୁ ଏପର୍ଯ୍ୟନ୍ତ ପ୍ରାୟ ପଚିଶ ବର୍ଷ କାଳ ଯୁବକବିଙ୍କ ରଚନା ସଂସାର ସହିତ ମୁଁ ଅନ୍ତରଙ୍ଗ ହୋଇ ରହିଚି। ଅମୃତାୟନ ମାସିକ ସାହିତ୍ୟ ପତ୍ରିକାରେ 'ନବପର୍ବ' ମାଧ୍ୟମରେ ବହୁ ଯୁବକବିଙ୍କ କବିତା ଉପସ୍ଥାପିତ କରିବାର ସୁଯୋଗ ମିଳିଚି ମତେ, ମୁଁ ମୋର ସାଧ୍ୟମତେ ତାଙ୍କ କବିତାର ଦୋଷଗୁଣର ବିଚାର ବି କରିଚି। ସେମାନଙ୍କ ଭିତରୁ କେତେଜଣ ମୁଖ୍ୟସ୍ରୋତର ଗମ୍ଭୀର କବି ଭାବେ ପରିଚିତି ଓ ସ୍ୱୀକୃତି ପାଇଚନ୍ତି, ଆଉକିଛି ପ୍ରତିଭାଶାଳୀ କବି ନିରବ ହୋଇଯାଇଚନ୍ତି ବା ନିଜକୁ ନଷ୍ଟ କରି ଦେଇଚନ୍ତି। ଯୁବକବିତାକୁ ପ୍ରୋତ୍ସାହିତ କରିବା ପାଇଁ ପ୍ରେରଣାର ଅଭାବ ନଥିଲା କି ନାହିଁ ! ଓଡ଼ିଆ ଯୁବକବି ଗୋଷ୍ଠୀରେ ନାହାନ୍ତି କି ବାଦରେ ନାହାନ୍ତି, ସେମାନେ ମୁକ୍ତ କ୍ଷେତ୍ରରେ ଅବାଧ ବିଚରଣ କରୁଚନ୍ତି।

ଓଡ଼ିଆ ଯୁବ କବିତାର ସ୍ୱର ଗୋଟିଏ ନୁହେଁ, ଅନେକ ! ଭାରତୀୟ କବିତାର ଯୁବ ସ୍ୱର କ'ଣ ଏ ବିଷୟରେ ଚର୍ଚ୍ଚା ଅନେକବାର କରାଯାଇଚି । ଭୋପାଳରେ, ଦିଲ୍ଲୀରେ ଓ ତ୍ରିଭାନ୍ଦ୍ରମରେ ତିନୋଟି ଅଲଗା ଅଲଗା ଆଲୋଚନାରେ ନିଷ୍କର୍ଷରେ ପହଞ୍ଚିବାର ପ୍ରୟାସ କରାଯାଇଥିଲା, ତେବେ ଏଯାଏଁ ଆମ ପାଖରେ ନିର୍ଦ୍ଦିଷ୍ଟ କୌଣସି ରିପୋର୍ଟ ନାହିଁ ଯାହାକୁ ଆମେ ଅନ୍ତିମ କହିପାରିବା । ବରଂ କୁହାଯାଇପାରେ ଯେ କୌଣସି ନିର୍ଦ୍ଦିଷ୍ଟ ସ୍ୱର ଠାବ ନକରିପାରିବା ଯୁବ କବିତାର ଚରିତ୍ର । ବିଶ୍ୱର ବିଭିନ୍ନ ଭାଷାରେ ମଧ୍ୟ ଯୁବସ୍ୱରକୁ ନେଇ ଏହି ସୁନ୍ଦର ଅନିର୍ଦ୍ଦିଷ୍ଟତା କାଏମ ରହିଚି ସବୁବେଳେ । ତେବେ ବିଶ୍ୱ କବିତାର ବିଶେଷତଃ ଆଙ୍ଗଲୋ-ଆମେରିକାନ -ୟୁରୋପୀୟନ କବିତାରେ ଏଇ ଗତ କୋଡ଼ିଏ ବର୍ଷ ଭିତରେ ଗୋଟେ ବଡ଼ ପରିବର୍ତ୍ତନ ଘଟିଚି । ବିସ୍ମୟକର ଭାବରେ ପୃଥିବୀ କ୍ରମେ ଅଧିକରୁ ଅଧିକ ସମସ୍ୟା-ସଂକୁଳିତ ଓ ଜଟିଳ ହୋଇପଡୁଥିବା ବେଳେ ସେ ଦେଶମାନଙ୍କରେ ଗୋଟେ ପ୍ରକାରର ଷ୍ଟେରିଓଟାଇପିଙ୍ଗ ଆରମ୍ଭ ହେଇଯାଇଚି । ଅଗ୍ନି ଓ ପୋଏଟ୍ରି ଭଳି କବିତା ପତ୍ରିକାମାନଙ୍କରେ ପ୍ରକାଶିତ କବିତାମାନଙ୍କରେ ଶବ୍ଦକୁ ଖେଳେଇବାର ବା ଶବ୍ଦଙ୍କୁ ନେଇ ଖେଳିବାର ଯୁବଚାତୁର୍ଯ୍ୟ ଏବେ ବିରକ୍ତିକର ହେବା ଆରମ୍ଭ କଲାଣି । ଯାର ଏକମାତ୍ର କାରଣ କବିତାର ଶିକ୍ଷାଦାନ । କ୍ରିଏଟିଭ ରାଇଟିଙ୍ଗ କୋର୍ସ ପଢ଼ି କବିତାଲେଖୁଥିବା ପିଲାଏ ବହୁତ ଟେକ୍ନିକାଲି ପରଫେକ୍ଟ ଖରାପ କବିତା ଲେଖୁଚନ୍ତି । କବିତାରେ ନୂଆ ବାସ୍ତବତାର ଆବିଷ୍କାର ହେଉନାହିଁ । କୁହାଯାଇପାରେ ଯେ ସେମାନେ କବିତାଠାରୁ ଆଉ ବିଶେଷ କିଛି ଆଶା କରୁନାହାନ୍ତି । ଭାଷାର ବିନ୍ୟାସ, ଶବ୍ଦ ଗଢ଼ିବାର ଚାତୁରୀ ଓ କହିବାର ଢଙ୍ଗରେ ନୂଆପଣ ତାଙ୍କ କବିତାରେ ଏବେ ମୂଳକଥା । କବିତା ପ୍ରତିଯୋଗିତା, ପତ୍ରିକା ପାଇଁ ଲେଖା ଆହ୍ୱାନ, ଏପରିକି ପ୍ରସିଦ୍ଧ କବିତା ପତ୍ରିକାରେ କବିତା ପ୍ରକାଶିତ ହେବାର ପରଖ ନୂଆ ଭାଷା ବିନ୍ୟାସ । ତାହେଲେ କ'ଣ କବିତା କେବଳ ଗୋଟେ କୌତୁକିଆ ଭାଷାଖେଳ ? ନୂଆ ଆବିଷ୍କାର, ପ୍ରାଚୁର୍ଯ୍ୟର ସନ୍ଧାନ, ବିବିଧ ଲୋକପରମ୍ପରାର ସଂଘାତ, ଜିଉ ଓ କୃଷ୍ଣକାୟମାନଙ୍କ ପ୍ରତିବାଦ ଓ ସୀମାନ୍ତରିତ ଜୀବନଶୈଳୀ ଏବେ ଗୌଣ ବିଷୟ ! ସେ କ୍ଷେତ୍ର ରାଜନୀତିର । କହିପାରନ୍ତି ସାହିତ୍ୟ ଭିତରକୁ ଜ୍ଞାନକ୍ଷେତ୍ର ଓ ଜ୍ଞାନକ୍ଷେତ୍ର ଭିତରକୁ ଏଭଳି ଅନୁପ୍ରବେଶ କରିଗଲେଣି ଯେ ଶୁଦ୍ଧ ସାହିତ୍ୟ ବୋଲି କିଛି ନାହିଁ... । ଏଥିରେ କବିତା ସବୁଠୁ ବେଶି କ୍ଷତିଗ୍ରସ୍ତ । ବଟ୍ ହୁ କେୟାର୍ସ !

ଉଇ କେୟାର ! ବିଶ୍ୱର ସବୁ ତଥାକଥିତ ଅନଗ୍ରସର ଦୁର୍ବଳ ଦେଶରେ କବିତା ବଞ୍ଚିଚି । ଲାଟିନ ଆମେରିକା, ଆଫ୍ରିକା, ମଧ୍ୟପ୍ରାଚ୍ୟ ଓ ଏସିଆରେ ଚମତ୍କାର କବିତା

ଲେଖୁଚନ୍ତି ଯୁବକବି। ସେଠି ସଂଘର୍ଷ ଅଛି, ବିପ୍ଳବ ଅଛି, ପୀଡ଼ା ଅଛି, ପ୍ରତିବାଦ ଅଛି...। ତେଣୁ କବିତା ଅଛି ! ୟୁରୋଆମେରିକାନ ମାଷ୍ଟରଟେକ୍ସଟ ଏବେ ଅକାମି।

କବିତାର ସବୁଠୁ ବଡ଼ କ୍ଷେତ୍ର ଏବେ ଭାରତ। ଭାରତ ପାଖରେ ସଂଘର୍ଷ, ପ୍ରତିବାଦ, ବିପ୍ଳବ ସହିତ ଗୋଟିଏ ବିଶାଳ ସଭ୍ୟତାର ଜାତୀୟ ସ୍ମୃତି ଅଛି !

ତେଣୁ ଆମର କାବ୍ୟବସ୍ତୁ ଅଭାବ ନାହିଁ। ଆମର ଐନ୍ଦ୍ରୀୟତା ତୀବ୍ର, ଆମର ବୋଧ ପ୍ରଖର !

ଓଡ଼ିଆ ଯୁବକବିଙ୍କ ପାଖରେ ଆଉ ଗୋଟିଏ ସାମର୍ଥ୍ୟ ଅଛି ଶାସ୍ତ୍ରୀୟ ଭାଷାର ଓ ଅନ୍ତତଃ ହଜାର ବର୍ଷର କାବ୍ୟ ପରମ୍ପରାର !

ସୂର୍ଯ୍ୟସ୍ନାତ ତ୍ରିପାଠୀ ନିଜେ ଜଣେ ଯୁବକବି। ତାଙ୍କୁ ଏ ସଂକଳନ ପ୍ରସ୍ତୁତ କରିବାର ଦାୟିତ୍ୱ ଦେଇ ପ୍ରକାଶକ ଏକ ଉଜ୍ଜ୍ୱଳ ସାହସିକ ପରମ୍ପରାର ଆରମ୍ଭ କରିଚନ୍ତି। ସୂର୍ଯ୍ୟସ୍ନାତଙ୍କୁ ଅଶେଷ ଧନ୍ୟବାଦ ତାଙ୍କର କବିତା ନିର୍ବାଚନର ଦୃଷ୍ଟି ପାଇଁ। ଯୁବଲିଖନର ଗତି ଓ ପ୍ରକୃତି ସହିତ ଜଣେ ସହଯାତ୍ରୀ ଭାବରେ ସାମିଲ ନହୋଇଥିଲେ ସେ ଏଭଳି ଏକ ସଂକଳନ ପାଇଁ କବିତା ବାଛିପାରିନଥାନ୍ତେ ! ଯୁବକବିଙ୍କ କବିତାକୁ ଗୋଟିଏ ସଙ୍କଳନରେ, ତା' ପୁଣି ପଇଁତିରିଶ ବର୍ଷରେ ଗାର ଟାଣିଦେଇ, ସଫଳ ଓ ପ୍ରତିନିଧିମୂଳକ କରାଇପାରିବା କେତେ ଦୂରୁହ କାର୍ଯ୍ୟ ମୁଁ ଜାଣେ। କିନ୍ତୁ ସଙ୍କଳକ ତାହା ସମ୍ଭବ କରାଇପାରିଚନ୍ତି ! ଓଡ଼ିଆ ଯୁବକବିତାର ଏଇଟି କେବଳ ଶ୍ରେଷ୍ଠ ସଂକଳନ ନୁହେଁ, କବିତାର ବିବିଧତାକୁ ସାଧି କରି ବହୁମୁଖୀ ଯୁବସ୍ୱରକୁ ପ୍ରତିଷ୍ଠିତ କରିବାର ଏ ପ୍ରୟାସ ବହୁଦିନ ପର୍ଯ୍ୟନ୍ତ ଏକ ସ୍ମରଣୀୟ ମାନକ ହୋଇ ରହିବ। ଯେଉଁମାନେ ଏଥିରେ ନାହାନ୍ତି ସେମାନେ ପରବର୍ତ୍ତୀ ସଂସ୍କରଣରେ ସ୍ଥାନ ପାଇବେ। ମୁଁ ଆଶା କରୁଚି ଯେ ଏ ଏକ ଅସମାପ୍ୟ ପରିଯୋଜନା ଭଳି ଆଗକୁ ବଢ଼ି ଚାଲିବ...। କିଛି ପୁରୁଣା ଯିବେ କିଛି ନୂଆ ଆସିବେ !

ପାଠକମାନଙ୍କୁ ଏ ସଂକଳନ ବିସ୍ମିତ କରିବ। ଓଡ଼ିଆ ଯୁବକବି ଅବଶ୍ୟ ପ୍ରେମକବିତା ଲେଖନ୍ତି, କିନ୍ତୁ ସେମାନେ ବୟପ୍ରାପ୍ତି, ପିତୃଋଣ, ପ୍ରକୃତି, କିମ୍ବଦନ୍ତୀ, ଦେଶ, ପୁରାଣ, ପରମାର୍ଥ, ବିଷାଦ, ଅବସାଦ, ସ୍ୱପ୍ନଭଙ୍ଗ, ସହରୀକରଣ, ଗ୍ରାମ୍ୟଜୀବନ, ଶ୍ମଶାନ, ଈଶ୍ୱର, ବିବଶତା, ପ୍ରଶ୍ନାକୁଳତା, ବ୍ୟର୍ଥତାକୁ କବିତାର ବିଷୟ କରିପାରନ୍ତି ! ଭାରତୀୟ କବିତାରେ ଓଡ଼ିଆ କବିତାର ଯୁବସ୍ୱର ବୋଧହୁଏ ସର୍ବଶ୍ରେଷ୍ଠ ଅଗ୍ରଗାମୀ ସମର୍ଥ ସ୍ୱର !

# ସମ୍ପାଦକୀୟ ନୁହେଁ

## ସୂର୍ଯ୍ୟସ୍ନାତ ତ୍ରିପାଠୀ

ପ୍ରଥମରୁ କହି ରଖେ, ମୁଁ ଏ ସଂକଳନର ସଂପାଦକ ନୁହେଁ, କାରଣ 'ସଂପାଦନା' ମତେ ଜଣା ନାହିଁ। ମୋର ଭୂମିକା ଏଠି, ଠିକ ସେଇ ଗୁଣ୍ଡୁଚିମୂଷାଟି ଭଳି, ଯାହାକୁ ରାମସେତୁ ନିର୍ମାଣର ଶ୍ରେୟ ମିଳେ କେବେ କେବେ। ସମସାମୟିକ କିଛି ତରୁଣ ସ୍ୱରଙ୍କ କବିତାସବୁକୁ ଗୋଟିଏ ଜାଗାରେ ଏମିତି ଏକାଠି କରିବାର ସବୁ ଶ୍ରେୟ 'ବ୍ଲାକ-ଇଗଲ ବୁକ୍ସ' ପ୍ରକାଶନୀକୁ ଓ ସତ୍ୟ ପଟ୍ଟନାୟକଙ୍କୁ (ମୁଁ ତାଙ୍କୁ ସତ୍ୟ ଅଙ୍କଲ କହେ) ମିଳିବା ଦରକାର। ଏକ ଅନୌପଚାରିକ କଥାବାର୍ତ୍ତା ବେଳେ, ୩୦ ବର୍ଷ ବୟସସୀମା ଭିତରେ ୩୦ ଜଣ କବିଙ୍କୁ ନେଇ ଏକ ସଂକଳନର ପରିକଳ୍ପନା କରୁଥିବା କଥା ମତେ କହିଥିଲେ ସେ। ସେଇଠୁ ଏ ଯାତ୍ରାର ଆରମ୍ଭ। ସଂକଳନଟିର ରୂପ ଓ କଳେବର ଏବେ କିନ୍ତୁ ଭିନ୍ନ ଓ ପରିବର୍ଦ୍ଧିତ। ଏବେ, ଏ ସଂକଳନରେ ସାମିଲ ହେଇଛନ୍ତି ୪୦ ଜଣ କବି, ଯାହାଙ୍କ ବୟସ ୩୫ ବର୍ଷରୁ କମ। ଏ ତାଲିକା କିନ୍ତୁ 'ଅନ୍ତିମ' କି 'ପୂର୍ଣାଙ୍ଗ' ନୁହେଁ। ଦେଖିବାକୁ ଗଲେ, ଏମିତି କୌଣସି ବି ତାଲିକା ଅନ୍ତିମ କି ପୂର୍ଣ୍ଣାଙ୍ଗ ହେବା ହୁଏତ ସମ୍ଭବ ନୁହେଁ। ଏ ସଂକଳନରେ ସାମିଲ ହେଇଥିବା ସ୍ରଷ୍ଟାମାନଙ୍କ ବ୍ୟତୀତ ଆହୁରି ଅନେକ କବି ନିଶ୍ଚିତ ଅଛନ୍ତି, ଯେଉଁମାନଙ୍କ ଆଭାରେ ଝଟକୁଛି ଏବେ ଓଡ଼ିଆ ସାହିତ୍ୟର ଦିଗ୍‌ବଳୟ। ଏ ସଂକଳନ ସେମାନଙ୍କୁ କଦାପି ଅସ୍ୱୀକାର କରେ ନାହିଁ। ତେବେ, ସଂକଳନର କଳେବରକୁ ଦୃଷ୍ଟିରେ ରଖି ଅନେକ ସ୍ରଷ୍ଟାଙ୍କୁ ବାଦ୍ ଦେବାକୁ ଆମେ ବାଧ୍ୟ ହେଇଚୁ। ଏଭଳି କରିବାରେ ହୁଏତ, ଅନେକ ଯୋଗ୍ୟ ସ୍ରଷ୍ଟା ମଧ୍ୟ ଏ ସଂକଳନରେ ସାମିଲ ହେଇପାରି ନ ଥିବେ। ସେମାନଙ୍କ ପାଖରେ ମୁଁ କ୍ଷମାପ୍ରାର୍ଥୀ।

ଏବେ ସେମାନଙ୍କ କଥା, ଯାହାଙ୍କ କବିତାରେ ଗଢ଼ା ଏ ସଂକଳନର କଳେବର। ଏକ ସମୃଦ୍ଧ ପରଂପରାର ଯୋଗ୍ୟ ଦାୟାଦ ସେମାନେ। ସଂକଳନଟି ପଢିଲେ ଆପଣ ଜାଣି ପାରିବେ, ଯେ ସମକାଳୀନ ଓଡ଼ିଆ ସାହିତ୍ୟର ଏ ତରୁଣମାନଙ୍କ କବିତା ହିଁ ସେମାନଙ୍କର ପରିଚୟ; 'କବିତା' ଭିନ୍ନ ଅନ୍ୟ କୌଣସି ବି ଭୂମିକା ଲୋଡ଼ା ନାହିଁ ତାଙ୍କର। ସେମିତି ବି, କବିତାଟିଏ ଲେଖିସାରିଲେ କବିର ବ୍ୟକ୍ତିସତ୍ତା ହଜିଯାଏ ବୋଲି ମୁଁ ଭାବେ। ପାଠକଟିଏ କେବଳ କବିତାକୁ ପଢେ, କବିକୁ ନୁହେଁ। କବିତା ହିଁ ବାକି ରହେ କବିର 'ଦସ୍ତଖତ' ହେଇ ସମୟ ବୁକୁରେ। ମୋର ବିଶ୍ୱାସ, ଏ ସଂକଳନର ପୃଷ୍ଠାମାନଙ୍କୁ ଟପି ଏମିତି ଅନେକ 'ଦସ୍ତଖତ' କବିତାର 'ସାଦାପୃଷ୍ଠା'କୁ 'ଉନ୍ନତ' କରିବେ।

କହିବା ବାହୁଲ୍ୟ, ଏ ସଂକଳନଟି ଏକ ଫୁଲଦାନୀ ନୁହେଁ, ଯହିଁରେ ବାଛି ବାଛି କିଛି ନିର୍ଦ୍ଦିଷ୍ଟ ରଙ୍ଗ ଓ ଗୁଣର ଫୁଲଙ୍କୁ ସଜେଇ ଦିଆଯାଇଛି, 'ସୁନ୍ଦର' ଦିଶିବା ପାଇଁ। ସେଭଳି 'ସୁନ୍ଦରତା'ର ମାନେ କିଛି ନାହିଁ। ଏ ସଂକଳନଟି ଏକ 'ବନଭୂଇଁ' ଭଳି, ଯହିଁରେ ଅନେକ କିସମର ଫୁଲଗଛ ନିଜ ନିଜ ଢଙ୍ଗରେ ଶୋଭିତ- କେହି ବି ଗୌଣ ନୁହେଁ ଏଠି, କାହାରି ବି ରଙ୍ଗ ତିଳେ ମାତ୍ର ଊଣା ନୁହେଁ ଅନ୍ୟ କାହାଠୁ! ନିଜ ନିଜର ସ୍ୱାତନ୍ତ୍ର୍ୟ ନେଇ, ଏତେ କିସମର ଫୁଲଗଛ ଏକାଠି ଅଛନ୍ତି ବୋଲି ସୁନ୍ଦର ଓ 'ବର୍ଣ୍ଣିଳ' ଦିଶୁଚି ଏ ଭୂମି, ନୁହେଁ? ମୋର ଆଶା, ଏଇ ସୁନ୍ଦରତା ଅନ୍ୟମନସ୍କ କରିବ ପାଠକମାନଙ୍କୁ, ଯେମିତି ଆନମନା କରେ ପହିଲି ବର୍ଷା ପରର ଭୁରୁ ଭୁରୁ ମାଟିଗନ୍ଧ! ମୋର ଆଶା, ତରୁଣ କବିମାନଙ୍କ ଅସତର୍କ ଆଂଗୁଳି ସ୍ପର୍ଶରେ ତିଆରି ଏ ଝୋଟି, ଓଡ଼ିଆ କବିତାର ମାଟିକାନ୍ଥରେ ଅମଳିନ ରହିବ ଅନେକ ବେଳ ଯାଏଁ!

ସଂକଳନଟି ପଢ଼ିବା ବେଳେ ହୁଏତ ପ୍ରଶ୍ନଟିଏ ଆସିବ ମନକୁ, ଯେ ଅନେକ ଯୋଗ୍ୟ ଲୋକଙ୍କୁ ଏଥିରେ ଯୋଡି ପାରିନଥିବା ବେଳେ, ନିଜ କବିତା ସବୁକୁ ଏଠି କେମିତି ଓ କାହିଁକି ସାମିଲ କରିଚି ମୁଁ! ଏ ପ୍ରଶ୍ନ ଯଥାର୍ଥ। ଏ ପ୍ରଶ୍ନ ମୁଁ ନିଜେ ବି ଅନେକଥର ପଚାରିଛି ନିଜକୁ! ସନ୍ତୋଷଜନକ ଉତ୍ତରଟିଏ ପାଇପାରିନି ବୋଲି, ନିଜକୁ ଏ ସଂକଳନରେ ସାମିଲ ନ କରିବା ପାଇଁ ନିଷ୍ପତ୍ତି ନେଇଥିଲି ମୁଁ। ପ୍ରକାଶକ ସତ୍ୟ ଅଞ୍ଚଲ କିନ୍ତୁ ଅରାଜି ହେଲେ ସେଥିରେ। ତାଙ୍କରି ସ୍ନେହ ଓ ତାଗିଦ୍‌କୁ ସମ୍ମାନ ଜଣାଇ ନିଜର କିଛି କବିତା ଯୋଡ଼ିଛି ମୁଁ ଏ ସଂକଳନରେ। ବୁଝିଛି, ଯେ ବଡ଼ମାନଙ୍କ କଥାକୁ କାଟି ପାରିବା ସବୁବେଳେ ସମ୍ଭବ ହୁଏନି!

# ସୂଚିପତ୍ର

| | |
|---|---|
| ସଂଘମିତ୍ରା ଭୂତିଆ | ୧୭ |
| ଐଶୂର୍ଯ୍ୟା ରାଉତ | ୨୨ |
| ବଳବଂତ ସାହୁ | ୩୧ |
| ବିକେଶ ସାହୁ | ୩୮ |
| ନାରାୟଣ ସାହୁ | ୪୩ |
| ଚିନ୍ମୟ ବାରିକ | ୫୦ |
| ଯୀଶୁକ୍ରୀଷ୍ଟ ଦାସ | ୬୦ |
| ସ୍ୱପ୍ନାଜିତା ଶଙ୍ଖୁଆ | ୬୯ |
| ସୋନାଲି ପଣ୍ଡା | ୭୪ |
| ରୂପେଶ ସାହୁ | ୮୩ |
| ଆଲୋକ ରଞ୍ଜନ ଷଡଙ୍ଗୀ | ୯୦ |
| ପ୍ରଜ୍ଞାପ୍ରଭା କୁଅଁର | ୯୭ |
| ପବିତ୍ର ବ୍ରହ୍ମପୁତ୍ର ନାୟକ | ୧୦୪ |
| ଶୁଭଶ୍ରୀ ତନିମା ନାୟକ | ୧୧୦ |
| ନିଖିଳେଶ ମିଶ୍ର | ୧୧୭ |
| ଦିପୁନ୍ ପୁହାଣ | ୧୨୪ |
| ସୁଭଦ୍ରା ପ୍ରିୟଦର୍ଶିନୀ ନାୟକ | ୧୩୨ |
| ହୃଷିକେଶ ମହାରଣା | ୧୩୭ |
| କାଜଲ ସ୍ୱାଇଁ | ୧୪୪ |
| ସୁଶ୍ରୀସ୍ମିତା ସାମନ୍ତରାୟ | ୧୪୯ |

| | |
|---|---|
| ପରମବୀର ଚକ୍ର | ୧୫୪ |
| ରାଜେଶ ପୂଜାରୀ | ୧୬୧ |
| ସଂପ୍ରୀତି ଶତଭିଷା | ୧୬୮ |
| ଡିଲେଶ୍ୱର ରଣା | ୧୭୫ |
| ଆଶିଷ କୁମାର ମିଶ୍ର | ୧୮୨ |
| ସୁବ୍ରତ କୁମାର ସେନାପତି | ୧୮୭ |
| ପ୍ରବୀଣ କୁମାର କବି | ୧୯୪ |
| ତୃପ୍ତି ରଞ୍ଜନ ଦାସ | ୨୦୧ |
| ସୁମିତ ପଣ୍ଡା | ୨୦୭ |
| ନିହାର ରଞ୍ଜନ ପରିଡା | ୨୧୨ |
| ପ୍ରଶାନ୍ତ କୁମାର ଦାଶ | ୨୨୦ |
| ମୃଗେଶ ବୈଷ୍ଣବ ପାଣିଗ୍ରାହୀ | ୨୨୬ |
| ସୁଜିତ କୁମାର ସତପଥୀ | ୨୩୫ |
| ସୁଜାତା ସାହାଣୀ | ୨୪୨ |
| ସୌମ୍ୟ ସାରସ୍ୱତ ଦାଶ | ୨୪୮ |
| ସିପୁନ୍ ଜେନା | ୨୫୩ |
| ମନୋଜ କୁମାର ବେହେରା | ୨୫୯ |
| ପ୍ରଣୟ ସୁଧା | ୨୬୮ |
| ପରମା ନାୟକ | ୨୭୪ |
| ସୂର୍ଯ୍ୟସ୍ମିତ ତ୍ରିପାଠୀ | ୨୮୧ |

"Believe in a love that is being stored up for you like an inheritance, and have faith that in this love there is a strength and a blessing so large that you can travel as far as you wish without having to step outside it."

**-Rainer Maria Rilke, Letters to a Young Poet**

SANGHAMITRA BHUTIA

## ସଂଘମିତ୍ରା ଭୂତିଆ

କବି ସଂଘମିତ୍ରା ଭୂତିଆଙ୍କର ଜନ୍ମ ୧୭ ଜୁଲାଇ, ୨୦୦୦ରେ, ହାତୀବାରି, ସୁକିନ୍ଦା, ଯାଜପୁରରେ । ଜୀବବିଜ୍ଞାନରେ ସ୍ନାତକ କରିଥିବା ସଂଘମିତ୍ରା କୁହନ୍ତି ତାଙ୍କ ଚେତନାକୁ ଦୋହଲାଇ ପାରୁଥିବା ମୁହୂର୍ତ୍ତମାନେ ହିଁ ତାଙ୍କ କବିତାର ଏନ୍ତୁଡ଼ି । ତାଙ୍କ ମତରେ, ଜୀବନ, ସାହିତ୍ୟ ଓ ସମୟ ଗୋଟେ ଗୋଟେ ପ୍ରବାହ, ଯାହାଙ୍କ ଲକ୍ଷ୍ୟ ସବୁବେଳେ ସମୁଦ୍ର ! ପ୍ରେମ, ବିରହ, ଜୀବନ ଓ ସମାଜକୁ ନେଇ କବିତା ଲେଖୁଥିବା ସଂଘମିତ୍ରାଙ୍କୁ 'sanghamitrabhutiagugly@gmail.com' ରେ ସଂପର୍କ କରାଯାଇପାରେ ।

### ଛାଇ

ଗୋଟେ ଅଶିଣ ରାତିର ଶେଷ ପ୍ରହର
ମାଟି ମୁଠେ ପାଇଁ
ଶିଳ୍ପୀକୁ ଡାକିନେଲା ନଗରୀର ଶେଷଗଳିକୁ !

ମାଟି ଧରି ଫେରିଲା ବେଳେ
ଅନ୍ୟମନସ୍କତାର ଶବ ଉପରେ
ଶିଳ୍ପୀ ଆଖିକୁ ବିଜୁଳିବେଗରେ ଛୁଇଁଗଲା
ଜହ୍ନ ପରି ଦିଶୁଥିବା ଅସ୍ପଷ୍ଟ ମୁହଁଟେ,
କେଜାଣି କାହା ମୁହଁ ଛାଇ ପାଲଟେ ?

ହାତରୁ ତା' ଶେଷସ୍ପର୍ଶ ଅଟକିଲା ବାରମ୍ବାର
ଅଟକିଲା ଛାତି ଉପରେ ଛାତ ପକେଇବାର ସମୟ
ତଥାପି ଭାଙ୍ଗିଥିଲା ସେ ନିଜର ଯେତେସବୁ ଛାଇ
ଶେଷକୁ ଦେବୀ ଗଢ଼ାହେଲେ ଯାଇ !

ଦଶହରାରେ ଭିଡ଼ଭିତରୁ ସେଇ ଶିଳ୍ପୀ
ଦେଖୁଥିଲା ଦେବୀ! ତା'ରି ହାତ ଗଢ଼ା,
କିନ୍ତୁ ବୁଝିପାରୁନଥିଲା ଫୁଲ ଭର୍ତ୍ତି ଦେବୀ ପାଦତଳେ
ମୁଣ୍ଡ ନୁଆଇଁବ, ନା ଦେବୀ କବରୀରେ
ଫୁଲଟେ ଖୋସିଆସିବ ? !

ଏପଟେ ନିଜ ଛାଇ ତାକୁ ବାରବାର୍ କହୁଥିଲା
ହୁସିଆର୍ ହୁଏତ ତୋଠୁ ଦେବୀ ଯାଏଁ
ଲମ୍ୱିପାରୁଥିବା ଛାଇଟି ଆଉ କା' ଆଖି ପିନ୍ଧିଥିବ !

## ଟଗର ଫଳ

ଯୋଉଦିନ ବୁଢାନଖରେ ଝୁଣ୍ଟିଲି
ପଳାଶଗଛର ଛାଇ
ପ୍ରଥମ କରି ସେଦିନ ହିଁ ଜାଣିଲି
ବିନା ଖଣ୍ଡିଆରେ ବି ଗାଧୁଆ ଘରେ
ବହିପାରେ ଲାଲ ପାଣିର ନଈ !

ଆହୁରି ବି ଜାଣିଲି,
ନୁଖୁରା ଦେହରେ ତେଲ-ହଳଦୀ ନାଁରେ
କେମିତି ନେସା ହୁଏ ବୋଉର ନାଲିଆଖି,
ଜେଜେମାର ଆକଟ,
ଟିପେ ଲୁଣ ଜିଭରେ ମାରିବାକୁ କହି
କେମିତି ସିଲେଇ କରିଦିଆଯାଏ
ଦୁଇ ପଟ ଓଠ !

ସେଦିନ ହିଁ ଜାଣିଲି
ଝିଅଟିଏ ଦୁଇଥର ଗାଧେଇଲେ,

ତା' ଛାଇଠୁ ବି ଦୂରକୁ ପଳାଏ
ଚଉଁରାର ତୁଳସୀ ପତ୍ର, ବାପାଙ୍କ ଭାଗବତ ଧୋତି
ଶିବ ମନ୍ଦିରକୁ ଲମ୍ବିଥିବା ବାଟ !
ଜାଣିଲି ବୟସର ଏକ ନିର୍ଦ୍ଦିଷ୍ଟ ଗଳିରେ
ଦାଣ୍ଡ ଦୁଆରେ ଆମ୍ବଡାଳ ପରି ଟଙ୍ଗାହୁଏ
ଫ୍ରକ୍ ପିନ୍ଧା ବୟସର ଡୋର, କୋଇଲି ମାଡ଼,
ଗୁଡ଼ି ଉଡ଼ଉଥିବା ହାତର ଲଟେଇ, ଖପରାର ଗାର !

ଏକଥା ବି ଜାଣିଲି, ଝିଅଟେ ଯେବେଠୁ
ଅଳ୍ଲୁଆଁ ରଙ୍ଗର ସାତଦିନ, ସାତରାତି ପିନ୍ଧେ
ସେବେଠୁ ବାଡ଼ିର ସବୁଫୁଲ ଫୁଟେ,
ଜେଜେମା ଭଅଁରକୁ ଡରେ,
ସନ୍ତର୍ପଣରେ ବାପାଙ୍କ ଆଖିରୁ ଲୁହ ଧାରେ ଖସେ ।

ଏତେ କଥା ଜାଣି ବି ଦିନେ
ବୋଉକୁ ପଚାରିଦେଲି
ବୋଉଲୋ ଏଥର ମେଘ ଉଠେଇଲେ
ମୁଁ କ'ଣ ଆଉ ଚଢ଼ିପାରିବିନି ଛାତର ପାହାଚ ?
ବୋଉ କହିଲା ମେଘ କଥା କହୁଚୁ ତ,
ଟଗର ଗଛରେ ଫଳ ଧରୁ
ମେଘକୁ ଚିଠି ଲେଖିବୁ,
ମୟୂର ପାଳଟିଯିବୁ !

## ଆମେ ଦୁହେଁ

ଆମେ ଦୁହେଁ ଯେବେ ସାମ୍ନାସାମ୍ନି ହେଲୁ
ସେବେ, କ୍ୟାଲେଣ୍ଡରକୁ ଢ଼ିରା ଦେଇ
ସିଗ୍ରେଟ ଟାଣୁଥିଲା ରାତି !

ଆମେ ଦୁହେଁ ଯେବେ ଆଖି ମିଶେଇଲୁ
ସେବେ, ପବନର ଡେଣା କାଟି ନିଜ
ନାଭିରେ ପୋତିଦେଲା ମାଟି !

ଆମେ ଦୁହେଁ ଯେବେ ଓଠ ନ ଚିହ୍ନିଲୁ
ସେବେ, ପୃଥିବୀର ସବୁ ଦ୍ୱାରବନ୍ଧ
ଖୋଲିଦେଲେ ଲାଜର ଶିକୁଳି !

ଆମେ ଦୁହେଁ ଯେବେ ଛାତି ଛୁଏଁଇଲୁ
ସେବେ, ପାଦତଳ ଚଟାଣରେ
ଛାଇଗଲା ଶୃଙ୍ଖଳା ବିଜୁଳି !

ଆମେ ଦୁହେଁ ଯେବେ ପାଦ ହଜେଇଲୁ
ସେବେ, ରାସ୍ତାର ମନେପଡ଼ିଲା
ସେ ରତୁମତୀ ବୋଲି !

ଆମେ ଦୁହେଁ ଯେବେ ଆମେ ହେଇଗଲୁ
ସେବେ, ଆମେ ଭୁଲିସାରିଥିଲୁ
ସମୁଦ୍ରକୁ ଅଇଁଠା କରିବାକୁ
ଆମେ କେତେ ଇଞ୍ଚର ଜିଭ ପଦାକୁ କାଢ଼ିଥିଲୁ !

## ପ୍ରେମ ଓ ଦୁନ୍ଦୁଭି

ଗୋଲାପର ସହରରେ ଘରକରି
ନାଲିରଙ୍ଗକୁ ଏତେ ଡର କାହିଁକି ଯେ
ଯେଉଁଠି କ୍ଷତାକ୍ତ ପାଖୁଡ଼ା ସେଇଠି ତ ଲାଲ ମହକ
ଏଥିରେ ଭୟ କଣ ?

ଜାଣିଛ,
ଘରେଘରେ ଅଳସୁଆ ନାଲିଚା'ପାଇଁ
ଚୁଲିରେ ଜଳିଥାଏ କେତେକେତେ ସିନ୍ଦୂରା ସକାଳ ?
କେତେ ଟୋପା ଲାଲ ଝାଳ ଆବଶ୍ୟକ ହୁଏ
ଦେଶର ସୀମାନ୍ତ ଆଙ୍କିବାକୁ ମାନଚିତ୍ରରେ ? !

ତୁମ ହିସାବରେ ନଥିବ ବୋଧେ,
ଫେବୃଆରୀ ମାସ ମ୍ୟୁନିସିପାଲିଟି ଡଷ୍ଟବିନ୍‌ରେ
ପଡ଼ିଥିବା ପ୍ରେଗନେନ୍ସି କିଟ୍‌ରୁ ହିଁ ଜଣାପଡେ,
ପ୍ରଣୟର ରଙ୍ଗ ଲାଲ ବୋଲି !
ଆହୁରି ବି ରାଜା ରାଣୀ କଣ୍ଢେଇ
ଯେଉଁ ବରଗଛର ଡାଳରେ ଫାଶୀଦେଇ
ମରିଯିବାର କାହାଣୀ ଗଢ଼ନ୍ତି,
ସେ ଗୋଧୂଳି ତିଥିର ରଙ୍ଗ ବି ଲାଲ ବୋଲି ! !

ଆଚ୍ଛା କହିଲ,
ଯେବେ ମୋ ଚିତ୍ର ବିଜୁଳି ଭଳି ଆସି
ଲୁଚିଯାଏ ତୁମ ପଲକର ଅନ୍ଧାରରେ,
ସେବେ ତୁମ ଆଖିର ରଙ୍ଗ ଗୋଲାପ ଭଳି
ଲାଲ ପଡ଼େ ନା ହ୍ୱିସ୍କି ଭଳି ?
ଆରେ ବୁଦ୍ଧୁ ତେଣିକି ଯୁଦ୍ଧ ହେଉ କି ରକ୍ତସ୍ରାବ
ରକ୍ତପାତ କୋଉ ବଡ଼ କଥାଯେ
କଥା ତ ସେଇଠି କୋଉଠି କେତେ ଗୋଲାପ ଫୁଟିଲା !

ତମେ ଏତେ ଡରୁଛ କାହିଁକି
ଯୋଉଠି ଫୁଲ ସେଇଠି ପା କଣ୍ଟା
ଯୋଉଠି ପ୍ରେମର ଘୋଷଯାତ୍ରା ସେଇଠି ହିଁ ଦୁନ୍ଦୁଭି !

■■

AISURYA ROUT

## ଐଶୂର୍ଯ୍ୟା ରାଉତ

କବି ଐଶୂର୍ଯ୍ୟା ରାଉତଙ୍କ ଜନ୍ମ ୧୦ ଜୁନ ୧୯୯୯ରେ, ନୂଆଗାଁ, କେନ୍ଦୁଝରରେ। ସ୍ନାତକୋତ୍ତର (ଓଡ଼ିଆ) ପ୍ରଥମ ବର୍ଷର ଛାତ୍ରୀ ଐଶୂର୍ଯ୍ୟା ନିଜ ଅନୁଭବ ଓ ଅନୁଭୂତିକୁ ନେଇ କବିତା ଲେଖନ୍ତି ଓ କବିତାରେ ଦୃଶ୍ୟ-ଅଦୃଶ୍ୟର ଖରାଛାଇ ଖେଳର ଗପ କୁହନ୍ତି। ଜୀବନବାଟରେ ସେ ଭୋଗୁଥିବା ଓ ଭେଟୁଥିବା ଘଟଣାସବୁ ହିଁ ତାଙ୍କ କବିତାର କଥାବସ୍ତୁ। କବି କୁହନ୍ତି, ଅକୁହା କଥାସବୁକୁ କବିତାରେ ବଖାଣିବା ପାଇଁ ତାଙ୍କ ଚାରିପାଖର ପୃଥିବୀ ହିଁ ତାଙ୍କୁ ଶବ୍ଦ ଦିଏ। କବିଙ୍କୁ ତାଙ୍କ ଇମେଲ (aisurya1999@gmail.com) ଜରିଆରେ ସଂପର୍କ କରାଯାଇପାରେ।

## ଦେବୀ ଉବାଚ

ମୋ ଶାଢ଼ୀ କାନିରେ
ଠାଆ ଠାଆ ଭୟ ଛପେଇ
ସେମାନେ ମୋ ନାଆଁ ଦେଲେ ନିର୍ଭୟା!
ମୋ ଛାତି ଭିତରେ ଅହରହ ଯୁଦ୍ଧ ଖଞ୍ଜି
ମୋତେ ଡାକିଲେ ନିଃଶବ୍ଦା।

ମୋ ଆଖିରୁ ଯେତେ ନିଆଁ ଝରିଲା
ତା'ର ନାଆଁ ହେଲା ନଈ,
ଯେଉଁଠି ନାଆ ମେଲିଲା କେହି,
ଭାସିଲା ଜଣେ କେହି
ସେ ନଈ ଆଉ ନିଆଁର ସମତା,
କେବଳ ଧାରାବାହିକତା!

ମୋତେ ହାଣ ଭିତରେ ରଖି
ସେମାନେ ମୋତେ ଖୁଆଇଲେ ଧୂପ ଧୂଆଁ,
ଚଢ଼େଇଲେ ଲାଲ୍ ମନ୍ଦାର,
ଯେଉଁଠି ମୁଁ କାଟି ହେଲି,
ମୋ ଚାରିପାଖେ ଗୁଞ୍ଜରିତ ମା... ମା... !

ମୋର ଚକ୍ଷୁଦାନ ପରେ
ମୋତେ ସାଲୁକନାରେ ଘୋଡ଼େଇ
କିଏ ଫିଙ୍ଗିଲା ଜଣେ ହଳଦୀ, ସିନ୍ଦୂର
ମୋ କ୍ଷତ ସାରା ସବୁ ଦେବୀ ଆବରଣ
ମୁଁ ଅଷାଢ଼ ଆମ୍ବୁଲ ବଢ଼ା,
ଜରକିଲି କେବଳ !

ମୋତେ ଶକ୍ତି କହି
ସେମାନେ କାଢ଼ିନେଲେ ଅଧିକାର;
ବାଇବାକୁ ଶରତର ସାହାନାଇ
ଦେଖିବାକୁ କାଶଫୁଲର କୁହୁକ ।

କାଠ ପିଢ଼ାରେ ମୋ ଅଣ୍ଟା ବାନ୍ଧି
କେତେ ମୋତେ ଗୁହାରି କଲେ
କେତେ କଲେ ଆଳତୀ
କେତେ ମୋତେ ପରଶିଲେ ବ୍ୟଞ୍ଜନ
ନଖାଇବାର ରାଣ ଦେଇ ।

ଶେଷଦିନ ହୁରି ପଡ଼ିଲା,
ମୋତେ ଦେବୀ ଦେବୀ କହିଲେ
ଖୋଳ, ତାଳ ଦେଇ
ବିସର୍ଜି ଦେଲେ ପାଣିରେ,

ମୋ ସାଙ୍ଗେ ଭସେଇଲେ କେତେ କେତେ ଅବସୋସ,
ମୋ ପାଇଁ କେତେ ମାନସିକ।

ଏବେ ମୁଁ ବୁଝିଲି,
ଧୋଉଥିବା ମାଟି ସବୁକୁ ଏକ କରି
ଛିଡୁଥିବା ସାଲୁକନା ଛାତିରେ ଲେଖିଲି:
ଦେବୀ ସିଏ, ଯାହାର
ମୁହଁ ବାନ୍ଧି ପରସାଯାଏ ଭୋଗ
ଯାହା ଆଖିକୁ ଅନ୍ଧାରର ଚିର ବରଦାନ
ଯାହା କ୍ଷତ ଉପରେ ବନ୍ଧା ହୁଏ ପାଟକନା
ଯାହାକୁ ଖଡ୍‌ଗ ଧରେଇ ଡକାଯାଏ ଅବଳା,
ଯାହାକୁ ଶିଖା ଯାଏ, ପିଠିରେ ପଥର ବାନ୍ଧି
ଆକାଶ ଛୁଇଁବାର
କଳା !

## ହାଣ୍ଡିଶାଳ ଗପ

ମନ ସବୁ ପୋଡୁଥାନ୍ତି
ଅଧିକାନ୍ଥୀ ସେପାଖର
ଡହ ଡହ ତତଲା ଅଂଗାରେ,
ଫଡା ଫଡା କଳା ହେଇ
ନେସୁଥାନ୍ତି ଚିହ୍ନ ହାଣ୍ଡି ପିଠିଟାରେ।

କିଛି ମନ ଫୁଟୁଥାନ୍ତି
ଦର ଫୁଟା ଭାତ ହେଇ
ନୀରବେ କି ଶବ୍ଦରେ
ଫୋପାଡ଼ନ୍ତି ମୁକ୍ତି ପ୍ରାର୍ଥନା
ନୀଳ ଶୂନ୍ୟତାରେ।

କେତେ ମନ ଝୁଲୁଥାନ୍ତି
ଅତୀତର ଶିକା ଛନ୍ଦରେ,
ଢୋକିଦେଇ ଅଳନ୍ଧୁ
ପିଇ ପିଇ ଧୂଆଁ ଧାପ
କ୍ଲାନ୍ତ ପ୍ରେତାତ୍ମା ପ୍ରାୟ
ଗୋଟେ ସ୍ୱର୍ଗ ସନ୍ଧାନରେ।

ଖଣ୍ଡିଆଭୂତ ହେଇ ଉଡୁଥିବା
ରସୁଣ ପିଆଜ ଖୋଳପା
ବିକ୍ଷିପ୍ତ ତାଟିଆ ଗିନାରେ
ବିଛୁଡ଼ି ହୁଅନ୍ତି କିଛି ମନ
ଛୁଞ୍ଚ ଦିଆ ଚଟାଣ ଗୋବରେ।

ମୁଦି ହୁଅନ୍ତି କିଛି ମନ
ଜିରା ଫୁଟଣର ଠିପି ତଳେ
ଫୁଟୁଥାନ୍ତି ତେଲ ସହ
ନିର୍ଧୁମ୍ ଖରାବେଳେ
ବାସିବାକୁ କରେଇ ପେଟରେ।

ଚୁଲି ଝିଙ୍କା ଦେଇ
ଉତୁରି ପଡୁଥିବା କ୍ଷୀର
ପୋଡ଼ିଯାଉଥିବା ଗନ୍ଧରେ
ମନ କିଛି ପୋଡ଼ିଯାନ୍ତି
ଚୋପା ପଡ଼ିବାକୁ କଳା ପଲମରେ।

ବାଲି ପିଣ୍ଡିରେ ଥିର ମାଟି କଳସୀରେ
ଶୀତଳ ଶିଥିଳ ପାଣି ହେଇ
ମନ ସବୁ ପହଁରୁଥାନ୍ତି

କିଛି ମନ ଶିଉଳି ହୁଅନ୍ତି
କଳସୀ ପିଣ୍ଡିର ସୂକ୍ଷ୍ମ ଫାଟରେ।

ମନସବୁ ଉଡ଼ି ଯାଆନ୍ତି
ଝରକା ଡେଇଁ ସଜନା ଡାଳକୁ
ପଶିଆସନ୍ତି ଦରଜା ଦେଇ
ଜଳନ୍ତା ଡିବିରିର ମୃତ୍ୟୁ ଲେଖିବାକୁ
ଅଶରୀରି ଅନ୍ଧାରରେ
ସ୍ପର୍ଶ ବୁଣିବାକୁ।

ହାଣ୍ଡିଶାଳ ପିଢ଼ା ମଥାନରେ
କା କା ରାବଦିଏ ମନ
ଭଙ୍ଗା ରୁଅରେ ଧାର କାଟି
ଗଢ଼ୁ ଗଢ଼ୁ ମାଟିଘର
ମନ କିଛି ଉଭେଇଯା'ନ୍ତି
ଅପେକ୍ଷିତ ନିର୍ବାଣରେ।

ଆହୁରି କିଛି ମନ
ଛନ୍ଦି ହୁଅନ୍ତି ବୁଢିଆଣୀ ଜାଲେ
ଛିଡିବାରୁ ଯୋଡିବା ମର୍ମରେ
ଅହରହ କସରତ ଯହିଁ
ଗୋଟେ ଘର ଗଢିବାରେ।

## ସ୍ୱପ୍ନ, ଜହ୍ନ ଆଉ ଜୀବନ

ଗପଟେ କହୁଛି ଶୁଣ !
ଇତିହାସଠୁ ପୁରୁଣା,
ପୁରୁଣା କୋଣାର୍କଠୁ, ତାଜମହଲଠୁ...... !

ଅନ୍ଧାରୀ ମୁଲକରେ ରହୁଥାନ୍ତି ଛାୟା ମୂର୍ତ୍ତି ଦୁଇ
ଅଶରୀରୀ କି ଈଶ୍ୱର କେଜାଣି
ମଣିଷ କି ମାନବେତର !
କିନ୍ତୁ ସଞ୍ଜ ହେଲେ, ଓଳି ପାଖ ପାଣି ଚାରେ
ଶହେ ଜହ୍ନ ଭାସିଯିବା ବେଳେ
ଜଣେ ପୋଛିଦିଏ କାଇଁ କେତେ କାଳର ଲଣ୍ଠନ କାଚ !
ଆଉ ଜଣେ କିରୋସିନି ଢ଼ାଳି କାଚ ଭିତରେ
ଜାଳୁଥାଏ ଜହ୍ନ !

ଜଣେ ଜଳକବାଟିରେ ସଜାଡେ ପରଦା,
ପବନ ଦାଉ ସାଧେ କେତେଥର
ଝଡରେ ଧୂଆଁ ଧୂଳି ଜୀବନ ସବୁଥର
ଆର ଜଣକ ଓଳାଏ ଚଟାଣ
ଓଦା କନାରେ ପୋଛେ ଦୁଃଖ ଅଦୁଃଖ... !

ଇଚ୍ଛାସବୁକୁ ଜଣେ ଚଉତି ସାଇତେ ଉଲୁଗୁଣୀ ଦେହରେ,
ଆରକ କଷ କରେ ବନ୍ଧା ପନାଶୀ
ଜଣେ ବସ୍ତା ବସ୍ତା ସ୍ୱପ୍ନ ବାନ୍ଧି ଟେକି ଦିଏ ସଂଗା ଛାତିକୁ...
ଆରକ ବାଉଁଶ ଭିଡେ !
ଜଣକ ଝୋଳରେ ରାଗ ହୁଏ ମରିଚ,
ହସେ ନେଉଟିଆ କୋଶଳା
ଆଉ ଜଣେ ମଞ୍ଜା କରି ବାଟ ଦେଖାଏ
ପୋଇ ନଟିକୁ !

କାନ୍ଦିଲେ କିନ୍ତୁ ଜଣେ, ଆରକ ଆଖି ପୋଛେ
ହସିଲେ ଆରକ ସେ ମଳାକର
ଅନ୍ଧାର ହସେ !

ସେଇଠି ବି ଥାଏ ଜଞ୍ଜାଳ, ଧରେ ଆଣ୍ଟୁ ଆଉ କମର
ଝାପସା ହୁଏ ଭାଗବତ ଧାଡ଼ି...
ଚାଲୁ ଚାଲୁ ଜଣେ ଥକେ, ବାଟ ସରେନି କିନ୍ତୁ
ଜୀବନ ସରେ... !

ସେ ଅନ୍ଧାରସାରା ବୁଲୁଥାଏ ଆରକ
ଉଲୁଗୁଣିରୁ ଖସନ୍ତି ଇଛାସବୁ,
ଛାୟାମୂର୍ତ୍ତିର ଛାତି ତଳେ ବିପର୍ଯ୍ୟସ୍ତ ପୋଇ ବଣ
ଲିଭୁଥାଏ ଧିମା ଲଣ୍ଠନ !
ଏବେ ସେ ଅନ୍ଧାର ଭିତରେ ଅନ୍ଧାର
ପାଣିଚାର ସାରା ଅନ୍ଧାର
କାଚ ଭିତରେ ଅନ୍ଧାର
କାନ୍ଥ ସାରା, ଶାଗ ମନ୍ଦା ସାରା
ଭେଦୁ ନଥିବା କାଳିମା, ଚିହିଙ୍କାଉଥିବା ଅନ୍ଧାର !

ଆରକ ଧିମେଇ ଉଠେ,
ଆଣ୍ଟୁ ଧରି ଚାଲେ ଏପାଖ ସେପାଖ
ପୋଛେ ସେ ଅନ୍ଧାରୁଆ କାଚ ଜାଳିବାକୁ ସ୍ମୃତିର ଜହ୍ନଟେ
ସଫାକରେ ଚଟାଣ, ଚାଲିବାକୁ ବଳକା ବାଟ ଚାଖଣ୍ଡେ
ବାଟ ଦେଖାଏ ପୋଇ ଗଛକୁ, ବଞ୍ଚିବାକୁ ଜୀବନ ଚେନାଟେ !

ସେ ଗପ ଚାଲେ,
ଯୋଡେ ଆଖି ଦେଖି ପାରୁଥିବା ଯାଏଁ
ପବନ ଯା' ଆସ କରୁଥିବା ଯାଏଁ
ଲଙ୍କା, ପୋଇ ଆଉ ନେଉଟିଆ
ହସୁଥିବା ଯାଏଁ....... !

# ଯୁଦ୍ଧଟେ ତ !

ଏବେ ବି ଶୁଖିନି
କାଇଁ କେତେ ଦିନରୁ
ବାଁ କାନ୍ଧର ଆଁଚୁଡ଼ା ଦାଗ,
ବିଶି ଆଙ୍ଗୁଳି ଅଗର
ଈଷତ୍ ନାଲିଆ ଚେଙ୍କ !

ବଦଳୁଥିବା ଟାଉଁସା କମ୍ବଳର ମାନଚିତ୍ର ତଳେ
ଏଇମିତି ସବୁ ଅଧରାତିଗୁଡ଼ା,
ଛିଗୁଲେଇ ଛିଗୁଲେଇ
ଡାକି ନିଅନ୍ତି ସେଇ ଆଡ଼କୁ
ଯୁଆଡ଼େ ଖାଲି ଅପ୍ରାପ୍ତିର ପାଦଚିହ୍ନ !

ତମାମ ଅବିଶ୍ୱାସ ଭିତରେ
କାହା ପରିତୃପ୍ତିର ନିଃଶ୍ୱାସ,
ସେପଟେ ଟ୍ରକ୍ ବୋଝେଇ ଜଞ୍ଜାଳ
ଘୋଳା ବିନ୍ଧା କରୁଥିବା ମନ
ସାଢ଼େ ଚାରିବର୍ଷି ପୁଅର ଯନ୍ତ୍ରବାକ୍ୟ !

ନିର୍ଦ୍ଧୁମ୍ ଖରାବେଳେ, ରକ୍ତରଙ୍ଗର କୃଷ୍ଣଚୂଡ଼ାରେ
ଜୀବନ ଢଉଳି ଢଉଳି
ଫିକା ହେଲାଣି ସେ ଜଳନ୍ତା ଫୁଲ
ଏପଟେ ନିଷ୍ପ୍ରଭ କୋଇଲା ଆଞ୍ଚରେ
ପୋଡ଼ି ହଉଥିବା ଜୀବନ !

ଏଇତ, ଏବେଏବେ ଅଗଣାରେ
ଉଭେଇଗଲା ସେ ନଈଟା,

ତଥାପି ଭଉଁରୀ ଭିତରେ ଡଙ୍ଗା
ନା ଅଛି ଆହୁଲା ନା ନାଉରୀ
ସେପଟେ ସାରା ଆକାଶରେ
ଝଡ଼ ଝଡ଼ ଆଉ ଝଡ଼ !

ଚୁଲିକନ୍ଦାରେ ଯୋଡେ ପୋଡ଼ା ଜହ୍ନି
ପଚାଶେ ମସୁର ଡାଲି ଭିତରେ
ଫୁଟୁଥିବା, ପୋଡୁଥିବା ମନ
ଝିଅର ଅର୍ଦ୍ଧଳି ଭିତରେ
ଦିଶିଲାଣି ଗାଁ ମୁଣ୍ଡ ମନ୍ଦିର କୁଣ୍ଡ !

ଏଇତ ଶୀତଳ ହେଲାଣି ସୂର୍ଯ୍ୟ
ଲିଭିଯିବ ଅଧା ମରା ଡିବିରିଟା
ବହଳ ଧରିବ ଅନ୍ଧାର ଛାତି
ହଉ ଅନ୍ଧାର ତ !
ଇଚ୍ଛା କରି କୋଉ ଶିକାରେ ଜହ୍ନ ବାନ୍ଧି ହୁଏ... !

କାଆଲି ଖରା ତେଜିଲେ
ଆଞ୍ଚରେ ପୁଣି ଜଳିବା ସାର,
ଯେ କୋଉ ଅଠରଦିନିଆ କି
ପ୍ରଲମ୍ବିତ ଦଶବର୍ଷର ଅବଧି ଯେ !
ନିଃଶ୍ୱାସ ଥିବା ଯାଏ
ଚାରିଦିନ କି ଚାଳିଶବର୍ଷ
ଜଳି ଜଳି ଆଲୁଅ କରିବାଟା ସାର...... !

■■

## BALABANTA SAHU

# ବଳବଂତ ସାହୁ

କବି ବଳବଂତ ସାହୁଙ୍କ ଜନ୍ମ ୦୫ ଜୁନ ୧୯୯୯ରେ, ବଲାଙ୍ଗୀର ଜିଲ୍ଲା ଅନ୍ତର୍ଗତ ଭୂଷଲାର୍ଡି ଗ୍ରାମରେ। ଇଚ୍ଛା ମୁତାବକ ପୃଥିବୀଟିଏ ଗଢ଼ିବାର ଭ୍ରମ ଓ ତଦ୍‌ଜନିତ ତମାମ ଅସହାୟତାରୁ ଲେଖାଲେଖି ଆରଂଭ କରିଥିଲେ ସେ। କବିତାର 'କ' ଅକ୍ଷର ଜାଣନ୍ତି ନାହିଁ ବୋଲି ସ୍ୱୀକାରୋକ୍ତି ବାଢୁଥିବା ବଳବନ୍ତଙ୍କ ପାଇଁ ସାହିତ୍ୟ କେବଳ ନିରୋଳା ଆତ୍ମଲିପି ନୁହେଁ, ବରଂ ନୈରାଶ୍ୟ କବଳିତ ପୃଥିବୀ ପାଇଁ ଆଶାବାଡ଼ିଟେ ଅଂଡାଳିବାର ନିଷ୍କପଟ ପ୍ରଚେଷ୍ଟା। ତାଙ୍କ ସହିତ 'balabanta.poet@gmail.com' ସଂପର୍କ କରାଯାଇ ପାରେ।

## ଅବସୋସ

ପୁଅ ସକାଶେ ବାଜୁଥିବା ତାଳି
ପ୍ରଶଂସା
ବାହାବାଜା ଦେଖି
କେତେ ଇଂଚ ଫୁଲିଯାଏ
ଗୋଟେ ବାପର ଛାତି,
ମୁଁ ଜାଣି ପାରିଲିନି !

ପୁଅ ସକାଶେ ବର୍ଷୁଥିବା ଗାଳି
ଶତ୍ରୁଗୁଳି, ନାଲିଆଖି ଦେଖି
କେତେ ଇଂଚ ସାଂକୁଡ଼ିଯାଏ
ଗୋଟେ ବାପର ଛାତି,
ମୁଁ ଜାଣି ପାରିଲିନି !

(ନିଜ ରୋଜଗାରରେ)
ପୁଅ କିଣି ଦେଇଥିବା କୁର୍ତ୍ତା ଖଂଡେ ପିଂଧୁପିଂଧୁ
କେତେ ବୁଢା ହୋଇଯାଏ ଗୋଟେ ବାପର ଧୋତି,
ବାଁ’ ଗାଲରେ ପାଚିଯାଏ କେତୋଟି ଦାଢି
ମୁଁ ଜାଣି ପାରିଲିନି !

କେଉଁ ବାର ତିଥି ନକ୍ଷତ୍ରରେ
ଗୋଟେ ବାପ କାଂଧର ଭାର
ସ୍ଥାନାନ୍ତରିତ ହୁଏ ପୁଅ କାଂଧକୁ
ମୁଁ ଜାଣି ପାରିଲିନି !

ନାତିଆକୁ ଖଂଗୁରା କରି
ପୁଅକୁ ତା’ ପିଲାଦିନ ମନେପକେଇ ଦେଉଥିବା
ଗୋଟେ ବାପର ରଜାରାନୀ କଥାନୀ
ମୁଁ ଶୁଣି ପାରିଲିନି !

ଦେହ ପା’କୁ ବେଖାତିର କରି
ନାତି ଟୋକା ସହ ମାତିଥିବା
ଗୋଟେ ବାପର ଅଧୁରା ପିଲାଦିନ ଧୂଳିଖେଳ
ମୁଁ ଦେଖି ପାରିଲିନି !
ଦେଖିଲି ଦେଖିଲି ଦେଖିଲି
କେବଳ
ଗୋଟେ ମାଆର
ଅପେକ୍ଷାରତ ହଳେ ଆଖି !

# ହିଚକି

ଆମ ରାତିକୁ ତମ ସଂଧ୍ୟା
ଘଂଟାକଂଟା
ସାତରୁ ପକେଇଚି ଗୋଟେ ପାଁହା

ଗ୍ୟାସ ବଂଦ୍ କରୁ କରୁ ପୋଡିଗଲା ତମ ତର୍କାରୀ,
ଏଣେ ଭୋକକୁ ଭାତ ଛୁଉଁ ଛୁଉଁ
ହିଚକି ହିଚକି ଆଉ ହିଚକି ?

ପାଣିଗ୍ଲାସେ ବଢ଼େଇଦେଇ ମାଆ କହିଲା
'କେହି ଜଣେ ବୋଧେ ମନେପକଉଛି'

ଆମ ଘୁଂଗୁଡିମରାକୁ ତମ ଖିଆପିଆ
ଘଂଟା କଂଟା
ଦଶକୁ ଦୁଇ ପାଁହା

ଧରୁ ଧରୁ ଛୁରୀ ଭଳି ଖସିପଡିଲା ଡାଏରୀ ଭିତରୁ ତମ ଚିଠି
ତେଣେ ତମେ ଫର୍ଷ୍ଟ ଫୋର୍କ ଚାମିନ ନେଉ ନେଉ
ହିଚକି ହିଚକି ଆଉ ହିଚକି ?

ପାଣି ଜଗ୍ ବଢେଇଦେଇ ବାପା କହିଲେ
'ଟେକ୍ ସମ୍ ୱାଟର, ବେଟି !'

ଆମ ଅଧରାତିକୁ ତମ ଲାଇଟ ଅଫ୍ ?
ଘଂଟା କଂଟା
ରିଫ୍ରେସ୍ ଆଉ ତେଜ୍ ?

ନିଦ ନାହିଁ; ଛଟ୍‌ପଟ୍ ଜୀବନ !
ବୋଧେ ଲେପଟପ୍ ଖୋଲିଲି
ବହୁ କଷ୍ଟରେ ପ୍ରୋଟେକ୍ଟ ଫାଇଲ ଖୋଲିଲି,
ଏଣେ ଆଖି ଆଗେ ରୁପା ଜହ୍ନ; ସପନରେ ତମ ମୁହଁ
ପାଣି ଗ୍ଲାସେ ଧରେଇ ଦେଇ
ମାଆ କହିଲା, 'ଆରେ, ସମୟ ଗୋଟାଏ ଶୋଇପଡ୍!'

ଆମ ଭୋର୍‌କୁ ତମ ନିଦ ଜୋର୍
ଘଂଟାକଂଟା ଭାରି ଜିଦ୍‌ଖୋର

କଳାହାଣିଆ ଥଂଡା ପବନ, ଶୀତେଇଯାଏ ଜୀବନ
ଶୋଉ ଶୋଉ ଉଠିପଡ, ଆଖି ତମ ଧାର ଧାର
ବିପ୍! କାହା ଗୋଟେ ମେସେଜ- 'ଗୁଡ ନାଇଟ୍ ?'

ଅନ୍ୟମନସ୍କତା ଆଢୁଆରେ ଶୁଭେ
ଭିନ୍ନ ଗୋଟେ କଁକରେ କଁ
ବୋଧେ ନୂଆ ସକାଳ
ଆଖି ଛଳଛଳ, ଦେହ ଦୁର୍ବଳ, ଓଃ... ତମ ବାଁ ଗାଲ

ମଂଦିର ମୋ ପାଇଁ ନୂଆ, ତମେ ଓ ଈଶ୍ୱର କିଂତୁ ବେଶ ଚିହ୍ନା
କେଜାଣି କଣ ମାଗୁଛ ତମେ ଆଖିବୁଜି ?
ମୁଁ ଦେଖୁଛି
ମୋ ଛାଇ ତମ ଛାଇ ମଝି ଈଶ୍ୱରଂକ ଛାଇ !

## ବର୍ଷା ହେଲେ

ବର୍ଷା ହେଲେ ଖୁବ ଡର ଲାଗେ
ନିଜ ଭିତରର ସମୁଦ୍ର
କୂଳ ଲଂଘି ଉପକୂଳକୁ ମାଡିବସେ

ଆଖି ଖୋଲି ଦେଖେ
ମାଆ ନାନୀଙ୍କ ଯୁଦ୍ଧକାଳୀନ ପ୍ରସ୍ତୁତି ।

ଗିନା, ଗଡୁ, ବାଲଟି, ଖୁରି
ସମସ୍ତେ ଜଣେ ଜଣେ ସେନାପତି, ନାନୀ ମଂତ୍ରୀ;
ମଚା ଉପରକୁ ଚଢେ ଡିବିରିଟେ ଧରି

ଯେଉଁଠି ଖପରଟେ ଫାଟି ଯାଇଛି ବୋଲି
ଧାର ଧାର ହୋଇ ବହିଯାଇଛି ମାଟିକାଂଥରୁ ରୁଧିର !

ରଜା ଉପରକୁ ସିଂଚା ପଡ଼ିଲେ ଶତ୍ରୁ ଆକ୍ରୋଶର
ମାଆ ପାତିଦିଏ ନିଜ ଛାତି,
ନାନୀ ରଡ଼େ 'ପାଣି ଗଳୁଛି ମହାପ୍ରୁ କଳସୀ ଉପରେ'
କାହାରିକୁ ଜଣା ନାହିଁ ମାଆ କେଉଁ କେଉଁ ଈଶ୍ୱରଂକ ନାଁ ନିଏ

ଯେତେ ବୁନ୍ଦା ପାଣି ଗଳି ନଥାଏ କଳସୀ ଉପରେ
ମାଆ ତା' ହଜାରେ ଗୁଣା ଈଶ୍ୱରଂକ ନାଁ ଜପିଦିଏ
ଅଗତ୍ୟା ବର୍ଷା ବଂଦ୍ ହୁଏ

ପୁନର୍ବାର ଯୁଦ୍ଧ ଘୋଷଣା ହେଲେ
ସର୍ବାଧିକ କ୍ଷୟକ୍ଷତି ଆଶଂକା ଥିବା ଇଲାକାମାନଂକରେ
ମୁଲତବି ରଖାଯାଏ ସୈନ୍ୟ,
ବାକି ସୈନ୍ୟମାନଂକୁ ଯୁଦ୍ଧ ବିରତି ଘୋଷଣା କରାଯାଏ

ଅଥଚ, ରାଜା ମନରେ ଚାଲୁଥିବା ଆଜିର ବିଶ୍ୱଯୁଦ୍ଧ
ସେଇଠୁ ହିଁ ଅୟମାରଂଭ ହୁଏ !

# ଦେଶଟିଏ ଥିଲା

କବିତା କ'ଣ ଗଛରେ ଫଳିଛି
ତୋଳି ଆଣି କହିବି ଧର
ନା ଘରେ ପଶି ମୁହଁ ଫୁଲେଇଛି ଯେ,
ବୁଝେଇ ମଣେଇ କହିବି ବାହାର

ସିଧା କଥା, କବିତା ଆସୁନି
କଥାନୀଟେ କହୁଚି,
ଶୁଣିବ ଯଦି ଶୁଣ

ଦେଶ ପରି ଦେଶଟିଏ ଥିଲା
ଯିଏ ମୁଡିଦେଲେ କୁଆଡେ ଦେଶଟିଏ
ଓହଲି ଯାଉଥିଲା

ଦେଶର ଗାରିମା ଯେତେ କହ ଊଣା
ସଂସ୍କୃତି ପରମ୍ପରା ଯେତେ ଦେଖ୍ ନୂଆ
ବର୍ଷର ଯେଉଁ ଦିନ ଦେଖ୍ ପାର୍ବଣ
ବର୍ଷାର ଯେଉଁ ବିନ୍ଦୁକୁ ଦେଖ୍ ଈଶ୍ୱର
- - - - - - - - -

ଘର୍ଲା ଡଂଗରରୁ ପଥର ଗଡ଼ିଲା ଭଳି
ଗଡ଼ି ଗଡ଼ି ଚାଲିଥିଲା ସମୟ;
ହଠାତ ଦିନେ ଛାଇ ନିଦରେ
(ସେ ଦେଶର) ରାଜା ଶୁଣିଲେ
'ସ୍ୱର୍ଗ ମର୍ତ୍ତ୍ୟ ପାତାଳ; ସେ ଇ ଏକମାତ୍ର ଈଶ୍ୱର
ସେ ଇ ହର୍ତ୍ତା କର୍ତ୍ତା ଦଇବ'

ଗର୍ବରେ ଫୁଲିଗଲେ ରାଜା
ଅବିଳମ୍ବେ ଡକାଇଲେ ଏକ ବିରାଟ ସଭା
ମାଛ କଇଁଛମାନଙ୍କୁ ଆଦେଶ ଦେଲେ-
'ଯଥାଶୀଘ୍ର ପ୍ରମାଣ ଦିଅ ତମେ ଜଳଚର
ସମୁଦ୍ର ତମ ସାତପୁରୁଷଂକ ଘର,
ନଚେତ ବାହାର ଏଇକ୍ଷଣି ବାହାର'

ମାଛରଂକାମାନଂକୁ ପ୍ରଶଂସି କହିଲେ-
'ଏଇ ନିଅ ଦ୍ୱିଜ ତମ ପ୍ରମାଣପତ୍ର
ତମର ହିଁ ତ ଏ ସମୁଦ୍ର, ତମର ହିଁ ଘର'

ଅନୁରୂପ କେତେ କେତେ କଠୋର ଆଦେଶ
ଯହିଁର ତାତିରେ ନିଆଁ ଲାଗିଗଲା ସାରାଦେଶ
ରାଜାଂକ ସନ୍ୟାସୀ ବେଶ
ନିଆଁଲିଭା କାମରେ ରକ୍ତାକ୍ତ ଦେଶର ସିଂହଭାଗ ସୈନ୍ୟ

ଶାଖା ଡାଳେ ଦେଖୁଥିଲେ ଦଳେ ପାତିମାଂକଡ
କିଛି କୁରୁଳି ଉଠିଲେ କହି ମିତ ମିତ
ଆହୁରି ବକେୟା କିଛି ଆଶ୍ଚର୍ଯ୍ୟ ସେଇ ଠାବେ ମୃତ

ମାଟି ମାଁ ଚିତ୍କାର କରି ହୋଇଗଲା ଦୁଇଫାଳ
ଆକାଶ ଭୋ ଭୋ କାନ୍ଦି ହୋଇଗଲା ପାଗଳ
ଆକାଶ ଆଖିର ଲୁହରେ ଉଛୁଳି ପଡିଲା ସମୁଦ୍ର...
ବୁଡିଗଲା ସୁନାର ସାମ୍ରାଜ୍ୟ!

ଏବେ ଚତୁଃଦିଗ କେବଳ,
ଜଳ ଜଳ ଆଉ ଜଳ

BIKESH SAHU

## ବିକେଶ ସାହୁ

୧୬ ମଇ, ୧୯୯୯ରେ ଜନ୍ମିତ କବି ବିକେଶ ସାହୁଙ୍କ ଘର ବଲାଙ୍ଗୀର ଜିଲ୍ଲାର ସିଂଧେକେଲା ଅନ୍ତର୍ଗତ ଭୁଷଲାଡ଼ ଗ୍ରାମରେ। ସଂପ୍ରତି ରେଭେନ୍ସା ବିଶ୍ୱବିଦ୍ୟାଳୟରେ ଓଡ଼ିଆ ଭାଷା ସାହିତ୍ୟ ବିଭାଗରେ ସ୍ନାତକୋତ୍ତର କରୁଥିବା ବିକେଶଙ୍କର ବାଲ୍ୟକାଳରୁ ହିଁ କବିତା ପ୍ରତି ରହିଛି ଅହେତୁକ ମୋହ। ସେ କବିତାକୁ ପ୍ରେମ କରନ୍ତି, କିନ୍ତୁ କବିତା ଲେଖିପାରନ୍ତି ବୋଲି କେବେ ଦୃଢ଼ୋକ୍ତି କରନ୍ତି ନାହିଁ। କବିତା ଲେଖିବା ଅପେକ୍ଷା କବିତା ପଢିବାକୁ ଅଧିକ ଭଲ ପାଉଥିବା ବିକେଶଙ୍କୁ 'bikeshsahu.cool9@gmail.com'ରେ ସଂପର୍କ କରାଯାଇପାରେ।

## ନିର୍ବାଣ

ବହୁତ ଦିନରୁ ଶାନ୍ତିରେ ଟିକେ ଶୋଇନି

ଆସ ତୁମ କୋଳରେ ମୋ ମୁଣ୍ଡକୁ ଜାବୁଡ଼ି ଧର
ମୋ କପାଳରେ ତୁମ ହାତ ରଖିଦିଅ।

ଶୁଣିଛି ଏଇ କପାଳରେ କାଳେ
ଲେଖା ହୋଇଥାଏ ମଣିଷର ଭାଗ୍ୟ, ଭବିଷ୍ୟ
ଜନ୍ମ-ମୃତ୍ୟୁ, ସବୁ କର୍ମଫଳ

ତୁମ ସୁନାରଙ୍ଗୀ ହାତ ପାପୁଲିରେ
ତା'କୁ ଆଜି ଢାଙ୍କି ଦିଅ।

ଅନ୍ଧକାର ହେଇଯାଉ ମୋ ନିୟତି
ବଦଳିଯାଉ ମୋ ଭାଗ୍ୟ ଭବିଷ୍ୟ ସବୁକିଛି

କେବଳ ରହିଯାଉ ବର୍ତ୍ତମାନ
ସେତକ ହିଁ ହେଉ ମୋର
ବଞ୍ଚିବାର ଆଧାର।

ଜାଣେ, ତୁମ କୋଳରେ ମୋ ମୁଣ୍ଡ ରଖିଦେଲେ
ସ୍ଥିର ହେଇଯିବ ଏ ସମୟ
ମେଣ୍ଟିଯିବ ଜୀବନତମାମ ସଞ୍ଚିଥିବା
ମୋ ଦୁଃଖ, ଯନ୍ତ୍ରଣା, ଅପ୍ରାପ୍ତି
ଯେତେ ସବୁ ମୋ ଅର୍ଜିତ ପୁଣ୍ୟ ଆଉ ପାପ।

ପ୍ରିୟ! ହୃଦୟରୁ ଆଜି ଆବାହନ କଲି
ତମେ ଆସ, ଏଇ ହେଉ ତୁମ ଆସିବାର,
ଆସି ମୋତେ ଛୁଇଁବାର ପ୍ରଥମ ଓ ଶେଷ ଥର

ତୁମ କୋଳେ, ତୁମରି ସ୍ପର୍ଶରେ
ନିର୍ବାଣ ହେଉ କଳଙ୍କିତ ଏଇ ଜୀବନର।

## ପାପୁଲିର ରେଖା

ମୋ ହାତ ପାପୁଲିରେ ଅନେକ ରେଖା
ତୁମ ହାତ ପାପୁଲିରେ ବି

ତମେ କ'ଣ ଜାଣିଛ,
ଏଇ ରେଖାମାନେ କାଳେ ନିର୍ଣ୍ଣୟ କରନ୍ତି
ମଣିଷର ଭାଗ୍ୟ, ଭବିଷ୍ୟ, ଜୀବନର ସବୁ କର୍ମଫଳ?

ତେବେ ଆସନା ଆଜି ଆମେ ଯୋଡି ଦେବା
ଆମ ଦୁହିଁଙ୍କ ହାତ ପାପୁଲିକୁ

ମିଶିଯାଉ ଆମ ଦୁହିଁଙ୍କ ହାତ
ମିଶିଯାଉ ଆମ ପାପୁଲିର ସମସ୍ତ ରେଖାତକ
ଅନିର୍ଦ୍ଦିଷ୍ଟ ହେଇଯାଉ ଆମ ଭାଗ୍ୟ
ବଦଳିଯାଉ ଆମ ପାଇଁ ଈଶ୍ୱରଙ୍କ ବିଧାନ ଯେତେକ

ଏଇ ମୁହୂର୍ତ୍ତରୁ ଆମେ ଈଶ୍ୱରଙ୍କଠୁ
ଛଡେଇ ଆଣିବା ଆମ ସମସ୍ତ ଅଧିକାର
ଆମ କର୍ମ, ଭାଗ୍ୟ, ପାପ, ପୁଣ୍ୟର ହିସାବ

ଆସ ଆମେ ଏବେଠୁ ହିଁ
ନିଜେ ନିଜକୁ ଘୋଷଣା କରିଦେବା ଈଶ୍ୱର।

ତତ୍ ପରାନ୍ତେ, ଆମେ ଯାହା ଇଚ୍ଛା ତାହା କରିବା
ନ ଥିବ ଜୀବନ ଜରାର ଭୟ
ଆମେ ମୁକ୍ତ ହୋଇ
ସୃଷ୍ଟି କରିବା ଅନ୍ୟଏକ ନୂତନ ପୃଥିବୀ
ଯେଉଁଠି ଥିବା କେବଳ ଆମେ ଦୁହେଁ
ଆଉ ଥିବ ପ୍ରେମ ଆମ ଜୀବନର।

## ସହର

କୁଢ଼କୁଢ଼ ଅଧର୍ମୀ, ଅନ୍ୟାୟୀ
ନାରୀ ମାଂସଭକ୍ଷୀଙ୍କ
ଅବୈଧ ସଂସର୍ଗରେ
ଆଜି ଗର୍ଭବତୀ ଏ ସହର
ଅଭିଶପ୍ତ ତା' ଜଠର।

ଆଜି ସେ ଲଜ୍ଜିତ
ମଥା ତା'ର ଅବନତ

ଥକେଇ ଥକେଇ ଚାଲୁଛି ସେ ପଥ
ଜୀର୍ଣ୍ଣ ତନୁ, ପାଦେ ତା'ର ନାହିଁ ଆଉ ବଳ

ଦେହେ ତା'ର ଅହରହ ଚାବୁକ ପ୍ରହାର
ଚର୍ମ ଆଉ ନାହିଁ ପ୍ରାୟ
କ୍ଷତସ୍ଥଳୁ ଝରେ ଆଜି ତାଜା ରକ୍ତ
କେତେ ପୂଜ
ଦାଉ ଦାଉ ଦିଶେ ମୋତେ
ତା' ପିଠିରେ ଶତାଧିକ କ୍ଷତ

ଜୀବନ ତା' କେଡେ ଦୁର୍ବିସହ।
ଆଖି ତା'ରେ ଲୁହ ନାହିଁ
ନାହିଁ ନାହିଁ ଓଠେ ତା'ର ହସ
ଲୁହ ତା'ର ହୋଇଅଛି ଶେଷ

କଣ୍ଠେ ଆଉ ନାହିଁ ତା'ର ସ୍ୱର
ନିର୍ବାକ ସେ ଆଜି ବାକରୁଦ୍ଧ
ଅଠାଳିଆ ଆଜି ପାଟି
କ୍ଷୁଧା ତୃଷ୍ଣା ଚିର ସହଚର
କୁଢ଼କୁଢ଼ ଆବର୍ଜନା
ନର୍ଦ୍ଦମା ତା' ସାଜିଅଛି ଘର।

ଅନେକ ଦିନ ଅତିକ୍ରାନ୍ତେ
ତା' ସାଥେ ଏ ଦର୍ଶନ ମୋହର
ମୋତେ ଦେଖି ମୁହଁ ପୋତି
ଏଇ ସେଇ ଚାଲିଗଲା
ଛାଡ଼ିଦେଇ ପାଦଚିହ୍ନ ତା'ର

ମନେ ମୋର କେତେ ପ୍ରଶ୍ନ,
କେତେ ଦ୍ୱନ୍ଦ୍ୱ

ଏଇ କି ସେ ମୋର ସେଇ ସ୍ୱପ୍ନର ସହର ?
ଯାହା ପ୍ରେମେ ପଡ଼ି ଦିନେ
ଛାଡ଼ିଥିଲି ପଲ୍ଲୀଭୂଇଁ, ଘର, ପରିବାର।

## ଜୀବନ୍ତ ଶବ

ଲକଡାଉନ୍ ପରଠୁ ମଦନା ପାଇଁ
ରାତିମାନେ ଡାହାଣୀ ହୋଇ ଆସନ୍ତି
ମଦନା ଦେହରୁ ରକ୍ତ ଶୋଷି
କଞ୍ଚା ମାଂସ ଖାଇ
ରକ୍ତ-ମାଂସହୀନ କଙ୍କାଳଟେ
କରିଦେଇ ଯା'ନ୍ତି

ଯେବେ ସକାଳ ହୁଏ
ମଦନାକୁ ଲାଗେ କେମିତି
ତା' ପିଣ୍ଡରେ ପ୍ରାଣ ନାହିଁ
ଦେହରେ ରକ୍ତ ନାହିଁ
ତା' ପାଞ୍ଚହାତିଆ ବପୁରେ ବଳ ନାହିଁ

ସେଇଥି ପାଇଁ ତ ଗଗନାର ଭୋକିଲା ପେଟ
ରଜନୀର ଶୁଖିଲା ମୁହଁ
ରାନୁ ବୋଉର ନିରୀହ ଆଖି
କିଛି ବି ତା' ଆଖିକି ଦିଶେନି।

ସେ ସେମିତି ପଡ଼ିଥାଏ ମୁଣ୍ଡ ଆଉଜି
ଘର କୋଣ ଅନ୍ଧାର ଭିତରେ
ଠିକ୍ ଗୋଟେ ଜୀବନ୍ତ ଶବ ପରି

ମୁଣ୍ଡ ଉପରେ ଚିନ୍ତା ଆଉ ଦୁଃଶ୍ଚିନ୍ତାର
ବୋଝ ବୋହି। ■■

## NARAYANA SAHOO

# ନାରାୟଣ ସାହୁ

କବି ନାରାୟଣ ସାହୁଙ୍କ ଜନ୍ମ ୭ ମଇ ୧୯୯୯ରେ, ଯାଜପୁର ଜିଲ୍ଲା ଅନ୍ତର୍ଗତ ନୂଆସୁନଗୁଡ଼ାରେ। ପଦାର୍ଥ ବିଜ୍ଞାନ ଛାତ୍ର ହୋଇ ମଧ୍ୟ କବିତା ଲେଖିବାର ନିଶାରେ ମସଗୁଲ ରହୁଥିବା ନାରାୟଣଙ୍କ ସୃଜନଯାତ୍ରା ଆରମ୍ଭ ହୁଏ ଯୁକ୍ତ ତିନି ପଢ଼ିବା ସମୟରୁ। ଆଧୁନିକ ଓଡ଼ିଆ କବିତା ପ୍ରତି ତାଙ୍କର ରହିଛି ଅହେତୁକ ଦୁର୍ବଳତା। ଏଯାବତ କୌଣସି ପୁସ୍ତକ ସଙ୍କଳନ ପ୍ରକାଶିତ ହୋଇନଥିଲେ ମଧ୍ୟ ବିଭିନ୍ନ ସମ୍ବାଦପତ୍ର ଓ ପତ୍ରିକା ଜରିଆରେ ପାଠକମହଲରେ ସେ ବେଶ ପରିଚିତ। ନାରାୟଣଙ୍କୁ narayan.sahoon@gmail.comରେ ସଂପର୍କ କରାଯାଇପାରେ।

## ସ୍ୱପ୍ନିଳ ପୃଥିବୀ

କେବେ କେବେ
ହାତ ପାହାନ୍ତାରୁ ଖସିଯାଏ ଚିର ଅପହୃତ ଜହ୍ନ,
ନୀଳନଈରୁ
ବନିଶୀରୁ ଦାନା ଖାଇ ଠକିଦିଏ ଓଜନିଆ ମୀନ।

କେ' ଜାଣେ ଜହ୍ନର ଠିକଣା
କେ' ଜାଣେ ମୀନର ଠିକଣା
କେ' ଜାଣେ ଶୂନ୍ୟତାରେ କେହି ଜଣେ
ଅଛି ବାଟବଣା !

ପାପ ଲାଗୁ ପାପ ଲାଗୁ
ବାମନ ଯେ ଖୁଣ୍ଟୁଥିଲା ଚନ୍ଦ୍ରମାର ସ୍ୱପ୍ନିଳ ପୁଷ୍ପ

ପାପ ଲାଗୁ ବନିଶୀକୁ
ମାଲିକର ଇଶାରାରେ କାହାକୁ ସେ ଠକିଥାନ୍ତା ଦିନେ

ବଦଳିଗଲି ମୁଁ,
ସାଉଁଟିଲି ମୁକ୍ତି, ସାଉଁଟିଲି ଧର୍ମ
ସାଉଁଟିଲି ଶିକ୍ଷା, ଦୀକ୍ଷା ଆଉ ମୋକ୍ଷର ବୀଜ !
ଲକ୍ଷ ଲକ୍ଷ ବୃକ୍ଷରେ ଭରିଦେଲି
ଅସଂଖ୍ୟ ସୁବର୍ଣ୍ଣ ହରିଣୀର ପରିସଂସ୍ଥାନ ।

ମୁଁ ସୁଦର୍ଶନ ହେଲି
କାଟିଦେଲି ଅତ୍ୟାଚାରୀ, ବ୍ୟଭିଚାରୀ ଓ
ଧର୍ଷଣକାରୀଙ୍କ ରାଜତ୍ୱ,
ମୁଁ ପାଉଁଶ ହେଲି
ମିଳେଇନେଲି ନିଜ ସହ
ମାଟିଜନ୍ମିତ ଅହଙ୍କାରୀଙ୍କୁ, ପଶୁଙ୍କୁ !

ଦଶରଥ ଆଖି ଦ୍ୱୟ ହେଲି,
ବଖାଣିଲି ଧର୍ମ, କର୍ମ ଆଉ ସଂକଳ୍ପର ଚରମ ସୀମା !
ଇତିହାସ ହେଲି
ଲିଭେଇ ଦେଲି ସମସ୍ତ କାନ୍ଥଚିତ୍ର, ଶିଳାଚିତ୍ରର ସଙ୍କେତ
ପୋଛିଦେଲି ନୃସଂଶତା ଇତିହାସ ଥିବା ପୋଥିପତ୍ର ଲେଖା
ନବନିର୍ମାଣରେ ଧଳା ରଙ୍ଗ ବୋଳିଲି !

ଆଉ କିବା ଜନ୍ମ ଆଉ ମୀନ ଲୋଡା ମୋତେ...
ଅତୀତ, ବର୍ତ୍ତମାନ ଓ ଭବିଷ୍ୟତର ଶାନ୍ତ ମୂର୍ତ୍ତିଟିଏ ମୁଁ,
ମୋତେ ପୃଥିବୀ ହିଁ ଲୋଡା ।

# ଏକଛତ୍ରବାଦ

ନଈକୁ ଡାକିଲି ଆ’
ପାଖରେ ବସ,
ସକାଳର କୁହୁଡ଼ିରେ ଆଙ୍କିଦେଲି
ରଙ୍ଗ ବେରଙ୍ଗର ଚିତ୍ର,
କୋଇଲିକୁ ଲାଞ୍ଚ ଦେଲି
ଆଉ ଟିକେ ସ୍ୱର ଉତାରିଲି ।

ବାତ୍ୟାଅଝିଅର କେଶରୁ ଚୋରେଇ ନେଲି
ଲାଜ ଆଉ ଭୟର ଉଷ୍ମତା,
ତାଳଗଛ ମୂଳେ ମଞ୍ଜି ପୋତିଲି ବିଶ୍ୱାସର,
ଆଉ ଘଡ଼ିଏ ରୋକିଲି ।

ଝରଣାରେ ଫୁଲବାଡ଼ ଦେଲି,
ମାଙ୍କଡକୁ ପୋଷା ମନେଇଲି,
ତୁଠପଥରରେ ପୂଜାପାଠ କଲି,
ଭସା ଶବ ସହ ଗୁପ୍ତ ଯୁଦ୍ଧ କରି
ସମର୍ପିଦେଲି ନିଜ ଅସ୍ତିତ୍ୱକୁ !

ବାଉଁଶର ସେତୁବନ୍ଧେ ବାନ୍ଧିଦେଲି
ମାର୍ଜିତ ଭାବନା ସବୁ,
ଆକାଶର ଅନ୍ଧାରପଣକୁ ପାପୁଲିରେ ରଖି
ନିସନ୍ଦେହେ ଫୁଲ ସାଉଁଟିଲି !

ବଇଁଶୀର ଧୂନ୍‌ରେ ରୋକିଦେଲି
ଜୁଆରିଆ ଜଙ୍ଗଲର ଯାବତୀୟ ପକ୍ଷୀସ୍ୱର,
ରଗଡାବାଲିରେ ସମର୍ପିଦେଲି ନଈକୁ, ନିଜକୁ !

ଫାସୀବାଦ, ନାଜିବାଦ ଆଦି
ହିଂସନୀୟ ନାରା ମୋ ପକ୍ଷରେ ସମ୍ଭବ ନୁହେଁ ମ,
କେବଳ ପାଖରେ ବସ,
ବାସ୍ ଏତିକି କହିଲି।

## ମାଟି

ମାଟି ଉପରେ ଠିଆହେଇ ବି
ତା' ଠାରୁ ଅନେକ ଦୂରରେ ମୁଁ
ପଥରର କଟା ଚିହ୍ନ
ପାଦର ଅସହ୍ୟ ଯନ୍ତ୍ରଣା
କ୍ଷତ ସ୍ଥାନେ ଭଣ ଭଣ ମାଛି !

ତା' ପିଠିରେ ଲାଉ ହେଇ
ଘୋଡା ଖେଳ, ହାତୀ ଖେଳ
କେତେ ଯେ ଖେଳିଛି,
ପଡ଼ିଛି, ଘୁସୁରିଛି, ଦରାଣ୍ଡିଛି
ଶେଷରେ ଦୌଡ଼ିଚି ଗୋଟେ ରାଜକୁମାର ଭଳି
ମାଟିର ଅଗଣାକୁ ରାଜପ୍ରାସାଦ ଭାବି।

ମାଟି କି ଯେ କଥା କୁହେ ?
ମାଟିର କାନ ଅଛି,
ଶୁଣିପାରେ ନବଗୁଞ୍ଜରଙ୍କ ସ୍ୱର !
ଆଖି ଅଛି,
ଦେଖିପାରେ ବସନ୍ତଋତୁର କଅଁଳ ଶିଶୁ
ଝଡ଼ିବା ହିଁ ଏକ ହିଁ ଧର୍ମ ଯା'ର !

ତା'କୁ ଆକାଶ ଲୋଡା
ମୋତେ ତା' ନଥିବାପଣ!
ତା'କୁ ଅସରାଏ ବର୍ଷା ଲୋଡ଼ା
ଆଉ ମୋର ଇଚ୍ଛା ଭୋଗିବାକୁ
ଏକ ଶୁଷ୍କ ମରୁଭୂମି
ଧୀରେ ଧୀରେ କଣ୍ଟା ଯା'ର ବକ୍ଷେ।

ତା' ଇସାରାରେ ଉଠ ବସ୍ ହୁଅନ୍ତି
ନଈ, ନାଳ, ହ୍ରଦ ଆଉ ସ୍ଥୂଳ ପାରାବାର,
ହଁ, ଲୋଟାଏ ପାଣି ହିଁ ଯଥେଷ୍ଟ ମୋତେ
ଦେହ ମନ ଶୁଦ୍ଧି ହେବା ପାଇଁ।

ହାତରେ ଧରିଥିବା ପକ୍ଷୀଟି ବି
ଉଡ଼ିଯାଉଛି ଆକାଶକୁ,
କେତେ ସନ୍ଧି, ଷଡ଼ଯନ୍ତ୍ର ସେ ଜାଣେ ଦେଖ!
ମାଟି ତ ତୁଚ୍ଛ!!

ଇତସ୍ତତଃ, ଖୁବ୍ ଆପଣାର ମୁଁ ମନୁଆ ରାଜା!
ଏ ମନ ହିଁ ପ୍ରଜା ମୋର
ମାଟି ମୋର ରାଜା।

## ଧୈର୍ଯ୍ୟ

ମୋ ପାଦ ପାଖରେ ଆଜି
ଅଦିନିଆ ଭୟଙ୍କର କାଳ ସର୍ପ,
କିଏ ଡରେ ମ ତା'କୁ,
ମୋ ଟକ୍ ମକ୍ ଉଷୁମ ରକ୍ତରେ
ସିଝିଯିବ ତା' ମୃତ୍ୟୁ ରୂପୀ ଚୋଟ!

ଅନ୍ଧାରକୁ ଡରେ ସତ, ଅନ୍ଧାରରେ ମୋର କିନ୍ତୁ ସମଗ୍ର ଅସ୍ତିତ୍ୱ !
ଗଳ ଗଳ ବିଷକୁ ଥୁ' କହି ଝାଡିବା ପାଇଁ
ଧାପେ ଆଲୁଅ ହିଁ ଯଥେଷ୍ଟ।

ମୋର ଅଜାଣତେ ମୋର ଘର,
ଗଡାଣିଆ ମାଟି ଦୁଆରରେ
ମୃତ୍ୟୁ ଆସି ଉଈ ହୁଙ୍କା କରେ,
ମୃତ୍ୟୁ ଯଦି କପାଳରେ ଲେଖା
ସେ ହୁଙ୍କାରେ ଛାଁ ଛାଁ ପାଦ ପଡ଼ିପାରେ।

କେଉଁ ଏକ ଭିଡ଼ ଜଙ୍ଗଲରୁ
ଛୁଟିଆସିବ ପତ୍ର ପୋଡ଼ା ଗନ୍ଧ,
କେଉଁ ଏକ ଶୂନ୍ୟତାକୁ
ମାଡ଼ିଯିବ ଅଜସ୍ର ଗମ୍ଭୀରତା।

ସବୁ ରାତି ଭଳି ଜହ୍ନ ଥିବେ ତାରା ଥିବେ
ଥିବ ପୁଣି ଗହଳିଆ ଅନ୍ଧାର,
ସୁରମ୍ୟ ସୁରମୟୀ ହୃଦୟ ବାହାରେ
ବିଷାଦରେ କମ୍ପୁଥିବ ଛାତି !

ତଥାପି, ସବୁ କିଛି ଆପଣେଇବାର ସାମର୍ଥ୍ୟ ବି
ମୋତେ ଖୁବ୍ ଭଲରେ ଜଣା।

କାହାର ବି ଲୋଡା ନାହିଁ ମୋତେ,
ଭକ୍ତି ହଉ କି ମୁକ୍ତି, ଶକ୍ତି ହଉ କି ସମ୍ଭାବନା,
ଧୈର୍ଯ୍ୟ ଧରି, ସବୁଥିରେ ପୂର୍ଣ୍ଣ ବିଜୟୀ ହେବା
ମୋର ଏକ ହିଁ କାମନା।

ସପ୍ତରଙ୍ଗେ ରଙ୍ଗାୟିତ ଇନ୍ଦ୍ରଧନୁ
କେବେ କ'ଣ ପିନ୍ଧିପାରେ କଳଙ୍କର ମାଳ ?
କଳଙ୍କିତ ନିର୍ବାସିତ ପାଣିରୁ ଯେ ସୃଷ୍ଟ
ସହିପାରେ ସବୁ ସର୍ପ ଦଂଶନର
ଶୁଦ୍ଧ ହଳାହଳ ।

■ ■

CHINMAYA BARIK

# ଚିନ୍ମୟ ବାରିକ

କବି ଚିନ୍ମୟ ବାରିକଙ୍କ ଜନ୍ମ ବ୍ରାହ୍ମଣଡ଼ିହି, ଜଗତସିଂହପୁରରେ, ୫ ଫେବୃୟାରୀ ୧୯୯୯ରେ। ଦଶମଶ୍ରେଣୀରେ ପଢିବା ବେଳରୁ ହିଁ ସାହିତ୍ୟ ସହିତ ଯୋଡିହେଇଥିବା ଚିନ୍ମୟ କୁହନ୍ତି, ଯେ କବିତା ମାଧ୍ୟମରେ ନିଜ ଜନ୍ମ ମୃତ୍ୟୁକୁ ଆଖି ଆଗରେ ଦେଖିପାରନ୍ତି ସେ। ତାଙ୍କ ଭାଷାରେ, କିଛି ନୂତନ ଶବ୍ଦ ହିଁ ତାଙ୍କୁ ଅଭିପ୍ରେରିତ କରନ୍ତି ରହସ୍ୟକୁ ଭେଦିବା ପାଇଁ ଓ ସାହିତ୍ୟମନସ୍କ ହେବା ପାଇଁ। ଏଯାବତ, ତାଙ୍କର କୌଣସି କବିତା ପୁସ୍ତକ ପ୍ରକାଶିତ ହେଇନଥିଲେ ମଧ୍ୟ ବିଭିନ୍ନ ପତ୍ରପତ୍ରିକା ଓ ଖବରକାଗଜ ଜରିଆରେ ପାଠକମାନଙ୍କ ପାଖରେ ସେ ବେଶ ପରିଚିତ। ଚିନ୍ମୟଙ୍କ ସହିତ 'chinmaybarik121@gmail.com'ରେ ସଂପର୍କ କରାଯାଇପାରେ।

## ଈଶ୍ୱର ! ଏକ ରହସ୍ୟ ! !

ଏ ପୃଥିବୀରେ କେଉଁଠି ଜନ୍ମନିଅନ୍ତି ମଲାଲୋକ !
କେଉଁଠି ଲୁଚିଥାନ୍ତି ଦରମଲା ମଣିଷ ! !
ଜନ୍ମ ମୃତ୍ୟୁର ସମ୍ବାଦ ତ ଈଶ୍ୱରଙ୍କୁ ଜଣା।

ଅତୀତରୁ ଇତିହାସକୁ ପଡିଛି ଷଡ଼ଯନ୍ତ୍ରର ରାସ୍ତା !
କେଉଁଠି ଜନ୍ମନିଅନ୍ତି ନିର୍ବୋଧ ଶିଶୁ !
ତା' ବି ଏ ସୃଷ୍ଟିରେ ଶ୍ରେଷ୍ଠ ରହସ୍ୟ।

ମୋ ଜନ୍ମବେଳକୁ ପୃଥିବୀ ଅନ୍ଧାର ଥିଲା
ଅଚେତ ଅବସ୍ଥାରେ ମାଟିକୁ ଛୁଇଁଲି,
ହଜାର ବର୍ଷର କଳାମାଟିକୁ ଘୋଟି
ସାରିଥିଲା କଳାଅନ୍ଧାର।

କୌଣସି ବି ରାସ୍ତା ସ୍ୱଚ୍ଛ ନୁହେଁ!
ଏ ଜନ୍ମ ଏକ ଏକାକାର ରହସ୍ୟରେ ଭରା।
ବିଶ୍ୱାସରେ ଡେଇଁଗଲି ଅଭିଶାପର ପ୍ରାଚୀନ ଦୁର୍ଗକୁ,
ଈଶ୍ୱର ଲୁଚିଥିଲେ ନଟେଇ ଭିତରେ।
ଗଲି ଅଜଗର ପରି ଗୁରେଇ ହୋଇ
ଜନ୍ମ ମୃତ୍ୟୁର ରହସ୍ୟକୁ ଶେଷ ଆଖିରେ ଦେଖିଲି।

ଦୀର୍ଘ ଆୟୁଷରୁ ପୁରି ଆସିଲା କାଳ
ଈଶ୍ୱର ଗଣୁଥିଲେ ମଣିଷର ମୃତଦେହ।
ସୂର୍ଯ୍ୟ ବୁଡିଗଲା ବ୍ରହ୍ମାଣ୍ଡର ମଣ୍ଡଳରେ,
ଦେଖିଲି ଶୂନ୍ୟ ଚେତନରୁ ବାହାରି।
ଆତ୍ମସ୍ଥ ହେଲି ଭୂମି ଛାଡି ଜୀବନକୁ ଆଙ୍କିଲି
ଶେଷ ଦଶା ବାକିଥିଲା ନିଷ୍ଠୁର ନାଦରେ।

କ୍ଷତାକ୍ତ ହେଲି! ନିଆଁ ଭିତରୁ ବାହାରି ଆସିଲି।
ଧାଡିରେ ଛିଡାହୋଇ ଧରିପାରିଲି ନାହିଁ
ପୋଡ଼ାକାଠର ଲଙ୍ଗଳା ଦେହକୁ,
ପ୍ରାଣପଣେ ପଶିଗଲି ପଥର ସନ୍ଧିକୁ।

ମାଟିରେ ରହି ଦେଖିଥିଲି ସେଦିନ ଈଶ୍ୱରଙ୍କ ଜନ୍ମ!
ଶେଷଦୃଶ୍ୟ ବାକି ଥିଲା,
ଧୃଷ୍ଟତାରେ ପିଛାଳି ନେଲି ଆଖି!
ଯାହା ସେଦିନ ଦେଖିଥିଲେ
ଅସୁରଗଣ ମର୍ତ୍ତ୍ୟରେ ରହି।

ସନ୍ଧିରୁ ମହାସନ୍ଧିକୁ ପଶିଗଲି!
ଆଖି ପିଛାଳିବା ପୂର୍ବରୁ ମହାସମାଧିରେ ହାବୁଡ଼ିଗଲି।
ଶେଷ ଶଯ୍ୟାରେ ମୋର ଅନ୍ତିମ ସ୍ୱାକ୍ଷର ଏବେ ବି ବାକି!
ଯାହା ସେଦିନ କହିଥିଲେ ପୁରାତନ ସନ୍ଥ!

ପ୍ରାପ୍ତି ଏକ ଗୂଢ଼ ରହସ୍ୟ !
ଭୁତ ହୁଅନ୍ତି ଅଚିହ୍ନା ମଣିଷ,
କଙ୍କାଳମାଳ ମଣିଷ ବି ଦେଖି ପାରନ୍ତି
ଲେଖି ବି ପାରନ୍ତି ମାଟିକାନ୍ଥର ଆୟୁଷ ।

ମୋର ଦେଖିବାର ଅଛି ସୃଷ୍ଟିରେ
କେମିତି ବଂଚନ୍ତି ଜନ୍ମିତ ରହସ୍ୟ ।
କିଛି ବି ବୁଝାପଡ଼େନି !
ଚାରିଆଡେ ବିସ୍ମୟ ଅନ୍ଧାର,
ଭ୍ରମ ସରେନାହିଁ କି ଜନ୍ମ ବି ନିଏ ନାହିଁ ?

ପକ୍ଷୀଟିଏ ଉଡୁଛି ଆକାଶର ଛାତିଚିରି !
ଅଗଣ୍ଡ ଜଳରେ ଭାସୁଛି ଜୀଅନ୍ତା ମଣିଷର ମଳାସ୍ୱପ୍ନ
ଏମିତି ତ କୌଣସି ସିଦ୍ଧାନ୍ତ ନାହିଁ,
ଯାହା ମୃତ୍ୟୁ ପୂର୍ବରୁ ରହିଯାଇଥାଏ
ଭୂଇଁତଳେ ରହସ୍ୟ ହୋଇ ।

ବାହାରି ଆସିଲି !
ମହାପ୍ରାନ୍ତରେ ଜଳୁଥିଲା ଶେଷଆଲୋକ ।
ଚାରିଆଡେ ଗହଗହ ଶୂନ୍ୟତା,
ଯେମିତି ଶୂନ୍ୟରେ ଲୁଚି ଯାଆନ୍ତି
ବୃକ୍ଷର କଳ୍ପିତ ଆଶା !

ଏ ରସାତଳେ ନାନାଦି କଳ୍ପନା !
ପୃଥିବୀକୁ ଗ୍ରାସୁଥିଲା ନିରନ୍ତର ରହସ୍ୟ,
ଈଶ୍ୱର ଲୁଚୁଥିଲେ ମହାସ୍ରୋତର ଶେଷତମ ଧାଡିରେ ।
ଛାଇମାନେ ଆସ୍ତେଆସ୍ତେ ମିଶୁଥିଲେ
ମଳାଲୋକର ଶେଷତମ ନିଃଶ୍ୱାସରେ ।

ପ୍ରତି ପାହୁଣ୍ଡରେ କ୍ଷୀଣସ୍ୱର !
ମୋର ପ୍ରବେଶ ଏବେ ବି ଅସ୍ପଷ୍ଟ,
ଯଦିଓ ମୋର ଜନ୍ମ ଏ ସୃଷ୍ଟିରେ ଶ୍ରେଷ୍ଠ ରହସ୍ୟ ।

## ଶେଷପାଳି

ତୁମେ ଦେଖିଥିଲ !
କାନ୍ଧରୁ କେମିତି ଖସିଯାଏ ଛାଇ ।
ଝିଣ୍ଟିକାର ଗାଢରୁ କେମିତି ନିଗିଡିପଡେ ପଚା ସଢ଼ା ଗନ୍ଧ !
କାହା କପାଳକୁ ନିନ୍ଦିବ ?
ନିଜ ଛାଇ ନିଜକୁ ବି ହତ୍ୟାକରେ ।

ପୃଥିବୀର ଲଙ୍ଗଳା ଦେହରେ
କଳା ଧଳା କ୍ଷତ !
ଏଥର ତୁମେ ଚିହ୍ନ ?

ଅସ୍ଥିରେ କେମିତି ଲୁଚିଯାଏ ମୁକ୍ତିର ମାର୍ଗ !
ପଥରୁ ପାଦ ଖସିଯାଏ,
ନଟେଇ ଭିତରର ସୁତଗଙ୍କୁ !

ତୁମ ପ୍ରତିଛବି ସବୁ ବୁହାହେଲେଣି ମୁଣ୍ଡରେ ।
ଯାହା ଶେଷଦୃଶ୍ୟ ହୋଇ ଦିନେ,
ଜଳୁଥିଲେ ସୁଦୀର୍ଘ ରହସ୍ୟରେ ।

ଶୁଆଇ ଦିଅ ଆହତ ହାତକୁ !
ତୁମେ ବିଜୟୀ ବୋଲି ଡେଙ୍ଗୁରା ପିଟନି ।
ଏବେ ବି ମୃତ୍ୟୁ ଚେଇଁଛି !
ଯେଉଁ ଡର ତୁମକୁ ଆଗରୁ ଗିଳିସାରିଥିଲା
ଅଜଗରର ପାଟିରେ ।

ଭୁଲିଯାଅ, ନଈପାଣିରେ ସୂର୍ଯ୍ୟ ଉଇଁବା !
ଦେବତା ଏପାରିରୁ ସେପାରିକୁ ବୁହାହେବା ! !
କୂଳରେ ନାଉରୀ ଶୋଇବା ! ! !
ଏଥର ତୁମେ ଆକାଶକୁ ଅନୁମାନ କରିପାର;-
ପାପୁଲି ଉପରେ ?
ବଡ଼ ଅଦ୍ଭୁତ ଏ ବିସ୍ମୟର ଚିହ୍ନ ।

କାହାର ଏ'ଛାଇ, ଏତେ ଲମ୍ବା !
ବାରମ୍ବାର ମୋତେ ଟାଣିନେଉଛି,
ସେଇ ମୃତ ମୁହୂର୍ତ୍ତର ରେଖା ଭିତରକୁ ?

କାନ୍ଦିକାନ୍ଦି ଶୋଇଗଲେଣି ଅବାଞ୍ଛିତ ଲୁହ ।
ଯେଉଁ ଡାଳରେ ଦିନେ ସଜାଡିଥିଲି ଫୁଲ ଓ ଫଳ ।
ଭୁଲେଇ ଥିଲି ମାଟିରୁ ଚାରା ।
ଅନ୍ଧହୋଇ ଧରିଥିଲି ପ୍ରାଚୀନ ମୂର୍ତ୍ତିକୁ ।
ତୁମେ ବ୍ରହ୍ମହୋଇ ଦେଖୁଥିଲ-
ମୋ ନିଶାସକ୍ତ ଆଖିକୁ ।
ଓହରି ଯାଅ ! ଶେଷ ପ୍ରହରରେ ।
ପୃଥିବୀର ଶେଷ ନିଦ, ତୁମକୁ ଠେଲିଦେଇପାରେ
ମରଣର ମୁହଁକୁ ।

ଏତେ ସହଜ ନୁହେଁ ଜୀବନ ଜୀଇଁବା !
ଯେଉଁ କୋଠରୀରେ ଈଶ୍ୱର ବି କାନ୍ଦୁଥିଲେ ଗୁମୁରି ଗୁମୁରି ।
ଏବେ ତୁମେ ହତ୍ୟା କରିପାର ତୁମ ଶେଷତମ ସ୍ୱପ୍ନକୁ ।

ଚାରିଆଡେ ବିକିଟାଳ ରଡି ।
ଯଦିଓ ମୁଁ ଜାଣିଥିଲି,
ଏ ଛାୟାପଥ କେଉଁଠି ଦିନେ ଅନ୍ତ ହେବ ବୋଲି ।

ଏଥର ଅଗ୍ନିରେ ଉଇଁବେ ଅନ୍ତିମ ସୂର୍ଯ୍ୟ !
ପ୍ରାଣ ବାୟୁ ଆକାଶ ଦିନେ ସରିଯିବ।
ତୁମେ ଏଥର ଛୁଇଁ ଯାଇପାର
ଆକାଶର ନୀଳିମାକୁ।

କେଉଁ ପାତାଳରେ ଲୁଚିବି ?
କେଉଁ ଦେବତା ଏଠି ଶ୍ରେଷ୍ଠ ?
ଏ ଶେଷପାଳି ବୋଧେ ଏବେ ବି ଜୀବିତ...

## ଶବ

ସମସ୍ତେ ଦୃଶ୍ୟହେଲେ
ଆଲୁଅର ଛାଇ,
କାଠକୁ ଗିଳିଲା ମାଟିକାନ୍ଥର ଉଈ।
ମୋର ବଦଳିବାର ନାହିଁ।

ତିଥି ବାର ଦିନ ନକ୍ଷତ୍ର, ସମସ୍ତେ ବଦଳି ଗଲେ।
ଅନ୍ଧ ହୋଇଗଲା ମୋ ଆଖି
ସ୍ୱର ଲୟ ତାଳରେ ନିବୁଜ ଘର
କାରାଗାରରେ ଶୋଇଛି ମୃତ୍ୟୁର ସ୍ୱପ୍ନ !
ଏବେ ମୁଁ ମିଳେଇଯିବି।

ତୁମ ଶେଷଦୃଶ୍ୟରେ ସମସ୍ତେ ବନ୍ଦୀ !
ପୃଥିବୀ ନିଃଶ୍ୱାସ ଓ ଆକାଶ।
ଦୃଶ୍ୟସବୁ ଶେଷହୋଇଗଲା ମୋ ଅଜାଣତରେ।
ଯାଅ, ନଈପରି ବହିଯାଅ !

ଏ ଆଲୁଅ ସରିନପାରେ ଆସକ୍ତିରେ
ମାଟିହାଣ୍ଡି ଦଦରାଦେହ ସେମିତି ପଡିଛି,
ଉଜୁଡ଼ା କ୍ଷେତରେ।
ଏବେ ବି ମଳା ନଈରେ ଭାସୁଛି କୁଢ଼କୁଢ଼ ଶବ।
ବିଲୁଆର ରଡ଼ିରେ ପ୍ରକମ୍ପିତ ହେଉଛି ପୃଥିବୀର ଦେହ!
ଦୃଶ୍ୟଭିତରେ ଟାଣିହୋଇଗଲି ସମୁଦ୍ରର ଗଣ୍ଡକୁ,
ପୋକମାନେ ଭେଟିଥିଲେ ପାହାନ୍ତିଆ ଜହ୍ନକୁ।
ଏବେ ଛାଇକୁ ଚିହ୍ନିବାର ବେଳ!!

ବାଟରେ ଈଶ୍ୱର!
ଏଣେ, ଘାଟଜଗି ବସିଛନ୍ତି ଦଳେ ଅସୁର!
ଚିହ୍ନ ବର୍ଣ୍ଣସବୁ ଲିଭିଗଲା।
ଆଲୁଅ ଡେଉଁ ବାହାରିଲା ପଚାସଢ଼ା ଗନ୍ଧ...
ଏଥର ନିଜକୁ ପୋତିଦିଅ!

କାଠରୁ ବାହାରିଲା ମିଳା ମୂର୍ତ୍ତି!
ଛାଇଦେଖି ଭୋଗିଲି ଭୋକର କପାଳିକୁ।
ଜଣେ ପରେ ଜଣେ ଧାଉଁଥିଲେ ଅଚେତ ମାଟି ଭିତରକୁ।
ଏଥର ତୁମ ପାଳି!

ରକ୍ତକୁ ଚାଟିଲେ ବୁଲାକୁକୁର!
ବର୍ଷାହୋଇ ସରିଗଲା ଉଷ୍ମମାଟିର ପିଠିରେ।
ଆକାଶରୁ ଆକାରକୁ ପଶିଆସିଲା ଇନ୍ଦ୍ରଧନୁ।
ଜନ୍ମରୁ ଜନ୍ମାତୀତ ମୋର ଅଜ୍ଞାତ ବାସ।
ଏମିତି ବି ଭୂତ ହୁଅନ୍ତି ଇଚ୍ଛା!
ଯାହାକୁ ମୁଁ ଦେଖିଥିଲି,
ସଢ଼ି ମିଳେଇଯିବାର ସେଦିନ ॥

ଯାଅ ! ଏଥର ଶବହୋଇ ଭୂମିଛାଡ଼ !
ଈଶ୍ୱର ଅଛନ୍ତି ?
ତୁମ ଶବ ଏବେ ବି ବଂଚିଛି !
ମାଟି ତଳେ ରକ୍ତର ସୁଅ ଛୁଟୁଛି ।

ମୋର ବିଦାୟ ! ଯେହେତୁ ମୋର ସମୟ ଶେଷ ?
ଏମିତିବି ଆସେ ଭୂତମାନଙ୍କର ମରଣ ।
ମଣିଷ ବି ପାଲଟେ ଭୂତ ।
ସେ ଶବ କାଇଁ କେଉଁ ଯୁଗରୁ ଭୂତହୋଇ,
ଶୋଇଛି ନିଘୋଡ଼ ନିଦରେ ।
ମୁଁ ଆସୁଛି ? ଏଥର ତୁମେ ଦେଖିପାର ? ?

## ଦଶା ଭାରିପଡ଼ିଲା

ପାଛୋଟି ଆଣ ଶେଷ ଦୃଶ୍ୟକୁ !
ମୃତ୍ୟୁର ଘଡି ବାଜି ସାରିଛି ବ୍ରହ୍ମାଣ୍ଡରେ ।
ଶୋଇବି, ନିଘା ନରଖି ମାଟିରେ ଶୋଇବି !
କୌଣସି ବି ସ୍ୱର ମୋତେ ସ୍ପର୍ଶ କରି ନପାରେ ।

ଯିବି, ସରିବା ପୂର୍ବରୁ
ଜନ୍ମିତ କର୍ମ ପାପ ଅର୍ଜିତ ଫଳକୁ
ହିସାବ କରିବି,
ବାହୁଡ଼ିବାର ମୁହୂର୍ତ୍ତକୁ ହାତ ପାପୁଲିରେ ଦେଖି ।

ଈଶ୍ୱର ଲୁଚିଛନ୍ତି ମାଟିର ଫରୁଆରେ !
ଶୂନ୍ୟ ପିଣ୍ଡର ବି ସରି ଆସିଲାଣି ଆୟୁ ।
ଫାଟିବା ପୂର୍ବରୁ ଓଁକାର ନାଦ ଦେଇକି ଯିବି,

ଆଗ ଧାଡିରେ ଠିଆ ହୋଇ
ଜନ୍ମିତ ମୃତ୍ୟୁକୁ ଆଖି ଆରପଟ ଦୃଶ୍ୟରେ ଦେଖିବି।

ମଝିରେ ମଝିରେ ଦୁଇ ହାତକୁ ଟେକି
ପ୍ରାପ୍ତି ପାଇଁ ଭିକ୍ଷା ବି କରିବି !
ପୂର୍ଣ୍ଣ ଅଧିକାର ପାଇବା ଯାଏ
ପୃଥିବୀ ପୃଷ୍ଠରୁ।

ଶେଷ ଦଶା ପୁରି ଆସୁଥିଲା !
ଆଗନ୍ତୁକ ସାଜି ଦେଖିଲି,
ବଳିଷ୍ଠ ଦେବତାଙ୍କ ରୂପ।
କେଉଁଠି ଛାଇ ତ ଆଉ କେଉଁଠି
ବକଳ ଧାରି ସନ୍ନ୍ୟାସୀ।

ଦୃଢ଼ ଉକ୍ତିରେ ମୁଁ ଶୁଣି ପାରୁଥିଲି
ଈଶ୍ୱରଙ୍କ ଫଟା ସ୍ୱର !
ରାତ୍ରି ସରି ଆସୁଥିଲା ସମୁଦ୍ରର ମହାମିଳନରେ,
ହିସାବ ଚାଲିଥିଲା ସୁଦୀର୍ଘ ଆସ୍ଥାନ ଉପରେ।

ଅନ୍ତରରୁ ଅନ୍ତରୀକ୍ଷ ଯାଏ ଗମୁଥିଲା କାଳ ଛାଇ !
ଏମିତି ବି ହୁଏ ? ସୂର୍ଯ୍ୟାସ୍ତ ପୂର୍ବରୁ ମୋତେ
ମୋ ସ୍ଥାନକୁ ଦେଖିବାକୁ ହେବ।
ଧାଯି ନରଖି ସେଇଠି ଶୋଇଯିବାକୁ ହେବ !

ମୁଁ ଜାଣିଥିଲି
ନିରବତାର ସ୍ୱର କେଉଁଠିବି ସରେନାହିଁ
ଧ୍ୱନ୍ ହୋଇ।
ଏଥର ସ୍ପର୍ଶ କରିପାର ମୋ
ଅର୍ଦ୍ଧ କପାଳିର ଶୀର୍ଷ ଭାଗକୁ।

ମୁଁ ଅଛି ! ଏଇଠି ଅଛି ! !
ଆପଣ ଆସିବା ଯାଏ
ମୁଁ ବିନା ଦ୍ୱନ୍ଦ୍ୱରେ ଏଇଠି ରହିଲି ।
ମୁଁ ସୁନିଶ୍ଚିତ ଆପଣ ଏଇଠି କେଉଁଠି ଅଛନ୍ତି ?

ମୁଁ ପ୍ରସ୍ତୁତ !
ମହାନିଦରେ ଶୋଇବା ଯାଏ ।
ତପସ୍ୟାରୁ ଉଠିଲା ବେଳକୁ ଶୂନ୍ୟକାଳ
ଆଦେଶ ଦେଲା ।

ହେ ନିରାକାର !
ଏ ଅଧମର ଶେଷ ପ୍ରଣତି ଘେନ ।
ଦଶା ଭାରି ପଡ଼ିଲା ।।

JISU KRISHNA DAS

# ଯୀଶୁକ୍ରୀଷ୍ଟ ଦାସ

କବି ଯୀଶୁକ୍ରୀଷ୍ଟ ଦାସଙ୍କ ଜନ୍ମ ୨୫ ଡିସେମ୍ବର ୧୯୯୮ରେ, ନହଙ୍ଗ, କୁପାରି, ବାଲେଶ୍ୱରରେ। ସଂପ୍ରତି ଦିଲ୍ଲୀ ବିଶ୍ୱବିଦ୍ୟାଳୟରେ ରାଜନୀତି ବିଜ୍ଞାନରେ ସ୍ନାତକୋତ୍ତର କରୁଥିବା ଯୀଶୁକ୍ରୀଷ୍ଟ ସମକାଳର ବାସ୍ତବତାକୁ ନେଇ କବିତା ଲେଖନ୍ତି। କବି କୁହନ୍ତି, ଜୀବନାନୁଭବ ହିଁ ତାଙ୍କ କବିତାର ପୁଞ୍ଜି। ନିଜ କବିତାର ବକ୍ତବ୍ୟ ତାଙ୍କୁ କିନ୍ତୁ ସନ୍ତୁଷ୍ଟ କରିପାରେନି କେବେ। ଲେଖୁ ଲେଖୁ, ସବୁଥର ଅଧା ରହିଯାଏ କବିତା। ଯୀଶୁଙ୍କୁ 'dasjisukrishna998@gmail.com'ରେ ସଂପର୍କ କରାଯାଇପାରେ।

## ଆତ୍ମାହୁତିଃ ସରୁ ନ ଥିବା ଗୋଟେ ଦୁଃଖ

ମୋତେ ପୁଣି ଥରେ ପାର ହେବାକୁ ପଡ଼ିଲା
ସେମାନେ ଚାଲି ଚାଲି ଘାସ ମାରି ବାଟ ଫିଟେଇଥିବା ହିଡ଼ରେ
ଯେଉଁ ବାଟେ ନିଖୋଜ ହେଇଥିଲେ ଦିନେ ଆଶ୍ୱିନର ଶେଷ ମେଘ,
କି' ବର୍ଷା କି' ଶୀତ କି' ଖରା ଖାଇ
ବିଶ୍ରାମର ଶେଷ ପ୍ରୟାସରେ ଥକା ଥକା ଦେହ ବୋହି
ସେମାନେ ଫେରିଯାଇଥିବା ରାସ୍ତାରେ।
ବାଟସାରା ପ୍ରତିବାଦର ସ୍ୱର ଏବେ ବି ପ୍ରତିଧ୍ୱନିତ।

ହିଡ଼ ସାରା ଛାଡି ଯାଇଥିବା ଭୋକିଲା ମଣିଷଙ୍କ
ପାଦଚିହ୍ନ କେତେ ହଲ ମୋତେ ଆସ୍ ଆସ୍ କହି ଡାକିନେଲେ,
ଆଙ୍ଗୁଳି ଠାରି ଦେଖେଇଲେ
ସେ ରାସ୍ତାରେ ପାରି ହେଇଥିବା ପ୍ରତ୍ୟେକଟି ପାଦ
ଏବେ କେମିତି ପାଳଭୂତ ଆଉ ପ୍ରତିଶବ୍ଦ ମାତ୍ର;

ଭୋକର, ଅପେକ୍ଷାର, ଆଶାର ଆଉ ଅସହାୟତାର,
ପ୍ରତିବାଦ ଆଉ ବିଷଣ୍ଣ ପରିଣତିର।

ମୁଁ ପୁଣି ଥରେ ଖବର ପଢ଼ିଲି,
'ଚାଷୀ ଆତ୍ମହତ୍ୟା'। ଚକରା ବିଶୋଇ। ବୟସ ବାଉନ।
ଅବିଶ୍ରାନ୍ତ ଫସଲ ଜଗିବା ପାଇଁ
ଆପଣେଇଲା ବିଲ ପାଖ ବରଗଛର ଡାଳ।
ଓହଳି ରହିଲା ପାଳଭୂତ ହେଇ

ମୃତ୍ୟୁ ଦୁଇଦିନ ତଳେ।
ମୁଁ ଖବର ପଢ଼ିବା ବେଳକୁ
ତା' ଦେହ ସହ ପଚି ଯାଇଥିଲା
କୃଷିମନ୍ତ୍ରୀଙ୍କ ସୁଦୀର୍ଘ ଭାଷଣରେ ପ୍ରତିପାଳିତ ପ୍ରତ୍ୟୟ
ଏବଂ ସରକାରଙ୍କ କୃଷି ଋଣ ଛାଡ଼ କରିବାର ପ୍ରତିଶ୍ରୁତି।

ଭଲରେ ଚିହ୍ନି ନ ପାରୁଥିଲେ ବି
ଜାଣି ପାରୁଥିଲି, ସେ ମୋର ନିଜର କେହିଜଣେ।
ଗାଁ ଠାକୁରାଣୀ ମନ୍ଦିର ପଛକୁ ଲାଗି
ତେନ୍ତୁଳି ଗଛ ପାଖକୁ ଘର ତା'ର।
ମୋ ପିତୃପୁରୁଷ ଭୋଗିଥିବା ଜମିରେ ଜନ୍ମ ତାର।

କେବେ ଅଧେ ଦେଖିଛି ତାକୁ,
ଥକା ଥକା ମୁହଁ ସାରା ଶ୍ରମର କାଦୁଅ ଛିଟା,
ଅନେକ ଦିନରୁ ଶୁଖିଲା ପଡିଥିବା ଜମିରେ
ଭାଙ୍ଗି ପଡିଥିବା ଗେଣ୍ଡା ଖୋଳପା ଭଳି
ହାଡୁଆ ଦେହ ତାର। କାନ୍ଧରେ କରଜର ଭାର।
ଆଖି ଯୋଡ଼ାଏରେ କେଣ୍ଡାଏ ଆଖୁମୂଳ ପରି ଅସଜଡ଼ା ସ୍ୱପ୍ନ।
ବାସ୍ ଅତୃପ୍ତ ଆଖୁ ପତ୍ରରେ ବନ୍ଧା।

ମୁଁ ଖବର ପଢ଼ିସାରି
ତା' ଘର ଛାଡ଼ି ଆସିବା ବେଳକୁ
ସେ କିନ୍ତୁ ଅଟକାଇ ରଖିଲା ମୋତେ।
କହିଲା ଦୁହେଁ ମିଶି ଭାଗ କରିବା ଭାଗ୍ୟ।

ସେ ବୋହିଲା ଯନ୍ତ୍ରଣା
ମୁଁ ଭୋଗିଲି ଫସଲ। ସେ ବଞ୍ଚିଲା ଦୁଃଖ
ମୋ ପାଖରେ ବନ୍ଧା ପକାଇଲା ସୁଖ।
ସେ କାଦୁଅ ହେଲା
ମୁଁ ସରକାର ହେଲି। ଏଥର ବି ତା ବଳରେ।
ସେ ଆଦରିଲା ଅଦେଖା ଆଖିର ଯନ୍ତ୍ରଣା
ଅଛୁଆଁ ଦାରିଦ୍ର୍ୟର ଚର୍ମ
ଅପଢ଼ା କୁତ୍ସିତ କର୍ମଫଳ।

ଯୋଜନ ଯୋଜନ ବ୍ୟାପି ପ୍ରତିଧ୍ୱନିତ ହେଲା,
ମୁଁ ସର୍ବହରା, ଅବହେଳିତ ଆଉ ନିଷ୍ପେସିତ
ମୁଁ ଜିଆ ଜୋକ ପଙ୍ଗପାଳ, ମୁଁ ଅସହାୟ ଉଚ୍ଚାରଣ,
କମ୍ବଳ ପାଇଁ ଆକୁଳ ଶୀତରାତି,
କେବେ ହେଲେ ଭରୁ ନ ଥିବା ପେଟ ଆଉ
ମରୁ ନ ଥିବା ଭୋକ।
ମୁଁ ଅସଫଳ ପଞ୍ଚବାର୍ଷିକ ଯୋଜନା
ମୁଁ ନିର୍ବାଚନ ଘୋଷଣାପତ୍ରରେ ମିଥ୍ୟା ପ୍ରତିଶ୍ରୁତି।

ଶେଷକୁ କ'ଣ ହବ ଆଉ ?
ମାଟିର ମଣିଷ ମାଟିରେ ମିଶିଲା।
ମୁଁ କିନ୍ତୁ ପରଦିନ ପୁଣି ଖବର ପଢ଼ିଲି,
'ଚାଷୀ ଆତ୍ମହତ୍ୟା'- ଏଥର ଚକରା ବିଶୋଇର ପୁଅ ବୋଧେ ?

# ପତ୍ରଝଡ଼ା

ଯିଏ 'ଭିକ୍ଷାମ୍-ଦେହି ଭିକ୍ଷାମ୍-ଦେହି'ର ଅନ୍ତଃସ୍ୱରକୁ
ଗ୍ରୀଷ୍ମ ଦାଣ୍ଡର ଖରାବେଳଟାରେ, ଖାଲିପାଦରେ
ଥୁଣ୍ଟା ସେଇ ବରକୋଳି ଗଛ ଧୂସର ଗଣ୍ଡିର
ଗୈରିକ ବସନ ପିନ୍ଧି
ଦାଣ୍ଡ ଦୁଆରରୁ ପାଦ କାଢ଼ି ଆସେ,
ଚୁଲି ନିଆଁକୁ ଫିଙ୍ଗିଦେଇ ଆସେ
ବଞ୍ଚି ସାରିଥିବା ଶରତର କାଶତଣ୍ଡୀ ପଟୁଆର
ହଜେଇ ସାରିଥିବା ହଳଦୀ ଗିନା
ଖାଲି ପଡିଥିବା ତାଟିଆ
ଆଷାଢ଼ର ପହିଲି ରୋମାଞ୍ଚ
ଶ୍ରାବଣରେ ଝଡି ବେଳର ଭୟ
ଶୀତରେ କୁଞ୍ଚ ପଡିଯାଇଥିବା ମନ।

କ'ଣ ହୁଏ ତା' ପରେ ?
ସବୁବେଳେ ସନ୍ୟାସିନୀର ଚିଠିଖଣ୍ଡକ
କାହିଁକି ହଜିଯାଏ
ଲୋହିତ ପ୍ରତିଶ୍ରୁତିର ଦୁର୍ଗମ୍ୟ ଅରଣ୍ୟରେ,
ଏକାନ୍ତରେ, ପଥ ବାହୁଡା ହେଇ।
କଣ ଲେଖେ ସେ ତା' ଚିଠିରେ ?
ପର୍ଣ୍ଣମୋଚୀ ଅରଣ୍ୟରେ ଝରାପତ୍ରର ଯନ୍ତ୍ରଣା
ନା ଚିରହରିତ ଅରଣ୍ୟର
ଯଥେଷ୍ଟତାକୁ ବାଛିସାରି ପାଇନଥିବା
ପ୍ରୀତିପତ୍ରର ଅବଶୋଷ !

ଯେଉଁ ଅରଣ୍ୟରେ ତପ୍ତ ହଜେଇଥିବା ରଶ୍ମି
ପଥ ହଜେଇଥିବା ଦିଗ ରଙ୍ଗ ହଜେଇଥିବା ଦିଗନ୍ତ

ଖୋଜି ପାଆନ୍ତିନି ନିଜ ନିଜର
ସାମାନ୍ୟ ଅନୁପସ୍ଥିତ ଅନୁଭବକୁ,
ସନ୍ୟାସିନୀ କେମିତି ଫେରିପାଇବ
ନିଜ ଭିତରେ ଉଦ୍‌ଜୀବିତ ଶୂନ୍ୟସ୍ଥାନର କାରଣ !

ଶୂନ୍ୟସ୍ଥାନ ଭରଣାର ଅଭିଳାଷ ଯେତେବେଳେ
'ଇଚ୍ଛାର ବିନାଶରେ ଯାତନାର ବିନାଶ' ମନ୍ତ୍ରକୁ
ପ୍ରତ୍ୟାଖାନ କରେ,
ବିଶ୍ୱ ଆବର୍ତ୍ତନର ବ୍ୟସ୍ତ ଜୀବନ ଯେତେବେଳେ
ନାହିଁ ନଥିବା ମନକୁ ଫିଙ୍ଗି
ବଳକା ବଞ୍ଚି ପଡିଥିବା ଦେହ ଦେଇ
ଅମୀମାଂସିତ ପ୍ରଶ୍ନ ସାଜେ,
ସେତେବେଳେ କେହିଜଣେ ପଛ ପିଠିରେ ହାତ ରଖି ପଚାରେ,
'ତୁମେ ଥକି ଯାଇଛ ବୋଧେ ?'

ମୁଁ ଥକି ପଡିଛି ବୋଧେ !
ଆଉ କେତେବାଟ ରହିଲା ଯେ !

ସେ ନିରୁତ୍ତର ନାଳିଗୁଡି ରାସ୍ତାର
ଠିକ୍ ମଝିରେ, ଯଉଁଟା ଲମ୍ବିଯାଇଛି
ବ୍ୟସ୍ତ ବୟସର ପର୍ଣ୍ଣମୋଚୀ ଅରଣ୍ୟକୁ,
ଯେଉଁଠି କେହି ବି ଜାଣନ୍ତିନି
ପତ୍ର କେତେବେଳେ ଝଡ଼ି ପଡିବ ।

# ଗଡ୍ ଇଜ୍ ଡେଡ୍

ଏମିତି ସ୍ୱପ୍ନ ଆଗରୁ କେବେବି ଆସିନି
ଓଃ ! କେଡ଼େ ଯନ୍ତ୍ରଣାଦାୟକ ସେ ସ୍ୱପ୍ନ ।
ଦେଢ଼ଶହ ବର୍ଷ ତଳେ, ଯେତେବେଳେ
ରାଜ ଜାତକ ଭଗବାନଙ୍କର ପ୍ରାକ୍-ସନ୍ଧି,
ଯେତେବେଳେ ପାଦ୍ରୀ ବାଛିବେ ରାଜା,
ଯେତେବେଳେ ଭଗବାନ- ଭାଗ୍ୟ,
ଜନ୍ମନେବାର କାରଣ, ପୁଣି ପୁନର୍ଜନ୍ମର ଅଭିପ୍ସା,
ଯେତେବେଳେ ବିଶ୍ୱାସ ଓ ଅବିଶ୍ୱାସର ହଜାରେ ଖଣ୍ଡରେ ବି
ଆତ୍ମା ବଞ୍ଚିରହି ପ୍ରସ୍ତୁତ କରେ ସଂଘର୍ଷ
ଆଗାମୀ ସମୟ ବିରୋଧରେ, ଆଗାମୀ ସଭ୍ୟତା ବିରୋଧରେ,
ସେତେବେଳେ ଘୋର ଅନ୍ଧାର ଭିତରୁ
ନିଚେ(Nietzsche) ନାମକ ବ୍ୟକ୍ତି କେହି ଜଣେ
ରାଜ ରାସ୍ତାରେ ପ୍ରଚାର କରେ,
'ଭଗବାନଙ୍କ ମୃତ୍ୟୁ ସମ୍ବାଦ' ।

ଆହାଃ !
ଏସବୁ କଣ ବିତି ଆସିଥିବା ଘୋର ଦୁର୍ଦ୍ଦିନର
ଗିଲୋଟିନ୍ ରେ ବଳି ପଡିଥିବା ନିର୍ଦ୍ଦୋଷ
ଇତିହାସର ଅଭିଶାପ ?

ଇଏ କଣ କେବଳ ସ୍ୱପ୍ନ ! ନା' ।
ଏବେ ବି ତ ମୁଁ ପ୍ରତିଦିନ ଉଧାର କରେ
ଭଗବାନଙ୍କ ମୃତ ଦେହ ।

ହେଲେ କାହାର ଏ ଷଡ଼ଯନ୍ତ୍ର ?

ଯିଏ ସ୍ତ୍ରୀ ଶବକୁ କାନ୍ଧେଇ କାନ୍ଧେଇ
ଯୁଗଟିଏ ବିତେଇ ସାରିଲାଣି,
ଯାହାର ଅଭିଶାପ କେବଳ ଦାରିଦ୍ର୍ୟ ?

ବହୁରାଷ୍ଟ୍ରୀୟ କମ୍ପାନୀର ଧୂଆଁରେ
ସ୍ୱଳ୍ପ ପାରିଶ୍ରମିକରେ ନିଅଣ୍ଟ ବନ୍ଧା ଜୀବନରେ
ଅଣନିଃଶ୍ୱାସୀ ଶ୍ରମିକ ଗୋଷ୍ଠୀ, ନା
ଯେଉଁମାନଙ୍କ ଆୟୁଷ ଠାରୁ ବି ଦୀର୍ଘ
ଚାଲିଚାଲି ଘରକୁ ଫେରିବାର ରାସ୍ତା ?

ଆମ୍ବ ଟାକୁରାକୁ କୋରି ଖାଉଥିବା
ଆଦିବାସୀ ସାରିଆର ଅପପୃଷ୍ଟି ପିଲା ?
ନା ଖଣି ମାଲିକ ନିଜେ ?

ଏବେବି କ୍ଷତାକ୍ତ ଈଶ୍ୱର,
ଯେତେବେଳେ ବିଶ୍ୱାସ ଭାଙ୍ଗେ
ଧର୍ମ ଓ ସଂସ୍କୃତି ପ୍ରତି,
ଯେତେବେଳେ ପୁଷ୍ପାଞ୍ଜଳି ଫୁଲସହ ପୂଜା ଥାଳିରେ
ବଳିପଡ଼େ ନିରୀହ ପଶୁର ଆଖି ହଳେ,
ଯେତେବେଳେ ଧର୍ମ ନାଁରେ
ପଣ୍ଡିତେଙ୍କର ଶବ ସତ୍କାର ହୁଏ କାଶ୍ମୀରରେ,
ଯେତେବବଳେ ଧର୍ଷିତା ଦେହର ଯନ୍ତ୍ରଣାକୁ
ବାଦ ଦେଇ କେହିଜଣେ ତା'ର ଧର୍ମ ଖୋଜେ ।

ହେଲେ ମୁଁ ମାରିଛି ପ୍ରଥମେ ଭଗବାନଙ୍କୁ

ଯେତେବେଳେ ମୁଁ ଜାଣିପାରିଲି,
ମଲାଲୋକର ସଂସାରରେ କିଏ ଖୋଜିବ ଦିଅଁ !

# ଅନ୍ତିମ ପର୍ବରେ ପ୍ରଶ୍ନ

ମୋ ଆୟୁଷଯାକ
ପୃଥକ୍ ପୃଥିବୀସବୁକୁ ଆୟତ ସଂସାର, ସ୍ୱପ୍ନ,
ସ୍ୱପ୍ନର ଭଗ୍ନାବଶେଷ, ସ୍ମୃତିର ସଳିତା,
ପ୍ରାୟଶ୍ଚିତର ପରିଣାମ, ପାପର ପଶ୍ଚାତାପ
ଆରକ୍ତ ପୂର୍ବାହ୍ନ, ଦଗ୍ଧ ସାୟାହ୍ନ
ଅକସ୍ମାତ ରାତ୍ରି ଅନ୍ଧକାର
ଶୋଷ ଓ ମୋକ୍ଷ ପାଇଁ ଶ୍ଲୋକ
ଜରା ବା ଜୀବନର ଅନ୍ତିମ ପର୍ବ।

ଦୁର୍ଭାଗ୍ୟ;
ସେ ସବୁକୁ ବୋହି ନ ପାରି
ଫେରିଯିବାର ଶେଷ ବସ୍ ପାଇଁ
ବିଳମ୍ବ ହେଉଥିବାର ଜାଣି
ସମୟର ଦୋଛକିରେ
ସେମାନଙ୍କୁ ଛାଡ଼ି ଆସିଲି।
ଭୁଲି ଆସିଲି ସହସ୍ରଜନ୍ମର ବ୍ୟଥାକୁ।

ମୋର ସହସ୍ରଜନ୍ମର
ସ୍ମୃତିସବୁକୁ ଫିଙ୍ଗି ଆସିବା ବେଳେ
ମନେ ଅଛି କେହିଜଣେ ନେଇଯା ନେଇଯା କହି
ମୋ ଆସିବା ବାଟରେ ବାଧ କରି ରଖି ଦେଇଗଲା,
ଜନ୍ମ ଜନ୍ମକୁ ସଂଯୁକ୍ତ ପାଞ୍ଜି ଏବଂ
ମୁଁ ବଞ୍ଚି ସାରିଥିବା କର୍ମ ସହ ଭୋଗିବାକୁ
ବାକିଥିବା କାୟା।

ମୁଁ କିନ୍ତୁ ବହୁଦିନରୁ ଭୁଲି ସାରିଥିଲି
ପାଞ୍ଜି ପଢ଼ିବାର ଠାର,

ଚତୁର୍ଦ୍ଦଶ, ଶୁକ୍ଳପକ୍ଷ, ଅମାବାସ୍ୟା
ପୂର୍ଣ୍ଣିମାର ଦ୍ୱନ୍ଦ୍ୱ, ଅର୍ଦ୍ଧଚନ୍ଦ୍ରରୁ ଅନ୍ଧକାର, ଅନ୍ଧକାରରେ ଅନ୍ତ
ଜନ୍ମରୁ ଜନ୍ମକୁ ଡେଇଁ ଆସିଥିବା ମାସନ୍ତ-ସଂକ୍ରାନ୍ତିରେ
ଦେହର ଭଙ୍ଗୁର ସ୍ଥାପତ୍ୟ।

ତାହେଲେ ମୁଁ କେମିତି କହିପାରିବି
ଗଙ୍ଗାତଟରେ ପିଣ୍ଡ ଅର୍ପଣ କରି
ମୋ ବଂଶଜମାନେ ଯେଉଁ ନାମ ଉଚ୍ଚାରିଲେ
ସେଥିରେ ମୁଁ ବାଦ୍ ପଡ଼ିନି ତ ?

ମୋ ମୃତ୍ୟୁରେ ମୁଁ ଆଡ଼େଇ ପାରିଲି କି
ଗୋଟେ ଅଭାଗିନୀ ଉପରେ ବିଧବା ଭାଗ୍ୟର ଲାଞ୍ଛନାକୁ ?

ଧର୍ମାବତାର ! ଜଣେଇ ଦିଅ
ମୋ ପୂଣ୍ୟରେ କିଏ ଭାଗ ନେଲା
ମୋ ପାପରେ କିଏ ମନା କଲା।
ଚିହ୍ନେଇ ଦିଅ, ଗହିର ବିଲ ଡେଇଁ
ଲୁଣହାଟରେ ମୋ ଝାଳବୁହା ପିଠିକୁ ବିକି
ନିଜର ନିଜର ବୋଲି ସମ୍ପର୍କ ଭିଆଇ
ପୋଷି ଆସିଥିବା ପାଞ୍ଚ ପ୍ରାଣୀ ଭିତରୁ
କିଏ ସାଇତି ପାରିଲା ଦୋଛକିରେ ଛାଡି ଆସିଥିବା ଦେହ ?

SWAPNAJITA SANKHUA

# ସ୍ୱପ୍ନାଜିତା ଶଙ୍ଖୁଆ

କବି ସ୍ୱପ୍ନାଜିତା ଶଙ୍ଖୁଆଙ୍କ ଜନ୍ମ ୨ ଜୁଲାଇ, ୧୯୯୮ରେ, ଟୁକୁଣା, ବଡରମ୍ପାସ, କେନ୍ଦୁଝରରେ। ରାଜନୀତି ବିଜ୍ଞାନରେ ସ୍ନାତକ କରିଥିବା ସ୍ୱପ୍ନାଜିତାଙ୍କ କବିତା ସେଇ ସ୍ୱପ୍ନର କଥା କହେ, ଯାହା ଅପହଞ୍ଚ ଗୋଲ୍ ଜହ୍ନଟିଏ ଭଳି ରାତି ରାତି ଉଜାଗର ରଖେ ତାଙ୍କୁ। ସେଇ ଜହ୍ନକୁ ଅପଲକ ଚାହିଁ ରହିବାରେ ଯେଉଁ ସୁଖ ଟିକକ ମିଳେ, ତା'କୁ ଖୁବ ଯତ୍ନରେ ନିଜ କବିତାରେ ସାଇତି ରଖନ୍ତି କବି। ନିଜ ପ୍ରିୟ ମଣିଷର ହାତରେ ହାତ ଛନ୍ଦି ସୋରିଷକ୍ଷେତ ଧାରେ ଧାରେ ଚାଲୁ ଚାଲୁ ମୁହୂର୍ତ୍ତମାନେ ହଠାତ୍ ରଙ୍ଗହୀନ ହେଇପଡ଼ିବାର ଦୁଃଖକୁ ବି କବିତାରେ ସଜେଇ ରଖନ୍ତି ସେ। ସ୍ୱପ୍ନାଜିତା କୁହନ୍ତି, କିଛି ସୁଖ ଓ କିଛି ଦୁଃଖକୁ ବାଂଟିଦେବା ପାଇଁ କବିତା ହିଁ ଏକମାତ୍ର ମାଧ୍ୟମ। କବିଙ୍କୁ "swapnajitasankhua14@gmail.com" ରେ ସମ୍ପର୍କ କରାଯାଇପାରେ।

## ହାତବୁଣା ସମୟ

ମୋ ସ୍ୱେଟର୍ ଛୁଇଁ ଫେରିଯାଉଥିବା ଶୀତ,
ଆମ ଆମ୍ବଗଛକୁ ବାଟ ନପାଇ
ଫେରିଯାଇଥିବା ହଳଦୀବସନ୍ତ,
ନୂଆବୋଉ ବାପଘରକୁ ଯାଇଛନ୍ତି ବୋଲି
ଆମ ଦାଣ୍ଡଦୁଆରୁ ଫେରିଥିବା
କେଲୁଣି ବୁଢ଼ୀର ଅଳତା ଟିକିଲି ଚୁଡି ଭର୍ତ୍ତି ଟୋକେଇ;
ଏ ସବୁକିଛି ତା' ପାଇଁ ଗୋଟେ ଗୋଟେ ଚିଠି।

ସବୁ ଚିଠିର ଉତ୍ତର ସାଜି ଫେରିବ ସେ ନିଜେ
ମନ୍ଦିର ବେଢ଼ା ପଛଦେଇ ବହିଯିବ ନଈ,

ରାତି ହେବ ଡଙ୍ଗା, ଫୁଲଙ୍କର ନିଦ ଭାଙ୍ଗି ସମୟ ଗାଇବ
'ଏଇ ତାରା ଭରା ଜହ୍ନରାତି...' ଗୀତ।

ଆହା ଏ ସ୍ୱପ୍ନ ମୋର ତା' ନିଜ ହାତେ
ନିଜପାଇଁ କେତେ ଯତନରେ ଗଢୁଥାଏ ବସା
କେତେ ସରାଗରେ ରଙ୍ଗ ବେରଙ୍ଗର ଉଲ୍ ଧରି
ବୁଣୁଥାଏ ନିଜ ପାଇଁ ପୋଷାକ,
ଘର ସଜେଇବାକୁ ତିଆରିକରେ
ଶୁଆ ସାରି, ଫୁଲ ଆଉ ପ୍ରଜାପତି।

ଏ ସ୍ୱପ୍ନ ବି କୋଉଠୁ ପାଇଲା ସତେ
ଏତେ କଳା,ଏତେ କାରିଗରୀ
କୋଉଠୁ ଆଣିଲା ପୁଣି ଏତେ ରଙ୍ଗ
ଲେସିବାକୁ ଜୀବନ ଗୋଟାକ!

## ନିଆଁ

ମାଟି ଛୁଉଁ ଛୁଉଁ
ଜଳିଗଲେ ସବୁ ବର୍ଷା ବୁନ୍ଦା,
କେହିଜଣେ ହାତ ବଢେଇ ପୋଛିଦେବା ଆଗରୁ
ଜଳିଗଲା ଦୁଇଟୋପା ଲୁହ
ମୁଁ କେଉଁ ଏକ ଠିକଣାକୁ ବାଟ ବତାଉ ବତାଉ
ପାଉଁଶ ପାଲଟି ସାରିଥିଲା ଗୋଟେ ନଈ।

ଢେର୍ ଦିନ ତଳେ
ମୋ ପାପୁଲିର ଭାଗ୍ୟରେଖା ଉପରେ
ଅଙ୍କାଯାଇଥିବା ଗୋଟେ ଜହ୍ନର ନିଆଁରେ ହିଁ
ଜଳିଗଲା ସବୁକିଛି! ଏମିତିକି, ବାଦ୍ ପଡ଼ିଲାନି

ଗୋଲାପ ପାଖୁଡ଼ାରେ ଲାଗିଥିବା କାକର,
କଲମର ସ୍ୟାହି, ମୋ ଅପେକ୍ଷାରେ ଥିବା
ଗୋଟେ ରଙ୍ଗ ପିଚକାରୀ।

କିଏ ସେ ଆଙ୍କିଥିଲା ମୋ ପାପୁଲିରେ ଜହ୍ନ!
ସେ କି ଜାଣିଥିଲା ବେଳେବେଳେ
ଜହ୍ନ ନିଆଁ ପାଲଟେ,
ବାଟସାରା ଆକାଶରୁ ତାରା ଖସେ
ଖଣ୍ଡ ଖଣ୍ଡ ଭଙ୍ଗା କାଚ ହୋଇ।

## ସେଇ ରାତିର କବିତା

ମୋ ଚମ୍ପାରଙ୍ଗର ପାଟଶାଢ଼ୀର କାନିରେ
ମୁଁ ମାତ୍ର ଶହେ ବର୍ଷ ପାଇଁ
ଭୋଗିବାକୁ ବାନ୍ଧିଥିବା ସବୁଜ ରଙ୍ଗର ଦୁଃଖକୁ
ତମେ ଆସ୍ତେ କରି ଫିଟେଇ ନେଲାବେଳେ
ମୁର୍କି ହସି କହିଲ,
ମୁଁ ଜାଣିଥିଲି ତମ ପାଖେ ଥିବା
ଦୁଃଖର ରଙ୍ଗ ବି ସବୁଜ ହେଇଥିବ।

ତମେ ବି ମୋ ହାତକୁ ବଢ଼େଇଦେଲ
ସାରୁ ପତ୍ରର ପୁଟୁଳି ପରି
ଛୋଟ ପୁଟୁଳିଟେ
ଯେଉଁଥିରେ ଗୁଡେଇହେଇ ଥିଲା
ଜୀବନ ଭର୍ତ୍ତି ସ୍ୱପ୍ନ।

ସତରେ, ପ୍ରେମରେ ସହସ୍ର ବର୍ଷ ବଂଚିବା
ଆମ କପାଳରେ କେଜାଣି
କିଏ ଲେଖିଥିଲା!

ତମେ କହିଲ ଯାହାର ବୟସ ବଢେନି
ତା'ର ଆୟୁଷ ଆକଳନ କରନି
'ସହସ୍ର' କେବଳ ଗୋଟେ ଶବ୍ଦ ମାତ୍ର
ଆଖି ବନ୍ଦ କର ଏଇମିତି ହଜାରେ ଶବ୍ଦ
ଭରିଦେଉଛି ତମ ଛାତିରେ,
କହିଲ ଆଉ ମୋ ଆଖି ବନ୍ଦ କରିବାକୁ
କୋଉ ଅପେକ୍ଷା ବି କଲ !

ଆଃ ଏତିକିରେ ଭାଙ୍ଗିଗଲା ନିଦ,
ବୋଧେ ପାହିସାରିଥିଲା ରାତି
ଖାଲି ଯାହା ତମେ ଦେଇଥିବା
ସେ ଶବ୍ଦକୁ ନେଇ ଲେଖାହେଇନଥିଲା
କବିତା ।

## ଆଜି

ଆଜି ଜହ୍ନଫୁଲ ଫୁଟିବାର କେଇଘଣ୍ଟା ଆଗରୁ
କେହିଜଣେ ଖଡ଼ିଧରି ଛାତିଭିତରେ
ଟାଣି ଦେଇଗଲା କିତ୍ କିତ୍ ଖେଳିବାକୁ ଗାର
ଆଉ ମୁଁ ପ୍ରଥମ ଥର ମୋ ଭିତରେ ଦେଖିଲି
ଝୁଣ୍ଟି ପଡିବାର ଭୟ ।

ଆଜି ସଞ୍ଜବେଳେ କେହିଜଣେ
ସବୁଦିନ ପରି ବାଡ଼ିଦୁଆରେ
ଦଉଡ଼ିଆ ଖଟରେ ବସି ଖୋଲୁଥିଲା
ତା କାନିରେ ବାନ୍ଧିଥିବା କାହାଣୀ ସବୁକୁ,
ମୁଁ କିନ୍ତୁ ଆକାଶକୁ ଚାହିଁ
ଜହ୍ନ ଭିତରେ ଖୋଜୁଥିଲି ଗପଟିଏ ।

ପ୍ରଥମଥର ଆଜି ସକାଳେ
ହଳଦୀବସନ୍ତର ଡାକରେ ସ୍ୱପ୍ନମାନେ
ସଞ୍ଜବେଳେ ବଉଳପାଟ ପିନ୍ଧି ଆସିଲେ,
ଆଜି ହିଁ ଫିକା ଅଳତାର ଗାରକୁ
ମୁଁ ପଚାରିବସିଲି ମୋ ବାଟର ଠିକଣା
ଆଉ ଆଜି ବି ପ୍ରଥମେ ଜାଣିଲି
ଲୁହର ବି ଗୋଟେ ବାସ୍ନା ଥାଏ।

କେବଳ ଆଜି ତ ମୁଁ ନିଜକୁ ନିଜେ
କିଛି ପଚାରିବସିଲି,
ହଁ ପଚାରିଲି ଯେ, ଏ ଭୟ, ଏ ସ୍ୱପ୍ନ,
ଏ ବାଟ, ଏ ଠିକଣା, ଏ ବାସ୍ନା,
ଏ ଗପ ଆଉ ଏ ପ୍ରଶ୍ନ ସବୁର ନାଁ କ'ଣ?

SONALI PANDA

## ସୋନାଲି ପଣ୍ଡା

କବି ସୋନାଲି ପଣ୍ଡାଙ୍କ ଜନ୍ମ ୨୭ ଫେବୃୟାରୀ, ୧୯୯୮ ମସିହାରେ, ପୁରୀ ଜିଲ୍ଲା ଅନ୍ତର୍ଗତ ବଳଙ୍ଗାରେ। ଇନ୍ଦିରା ଗାନ୍ଧୀ ଜାତୀୟ ମୁକ୍ତ ବିଶ୍ୱବିଦ୍ୟାଳୟରୁ ସ୍ନାତକ ଡିଗ୍ରୀ ହାସଲ କରି ସେ ଏବେ ସ୍ନାତକୋତ୍ତର ପ୍ରଥମ ବର୍ଷର ଛାତ୍ରୀ। ସୋନାଲିଙ୍କ ଦୃଷ୍ଟିରେ, ତାଙ୍କର ପ୍ରତ୍ୟେକ କବିତାରେ ସେ ନିଜେ ତୃତୀୟ ପୁରୁଷ, କିନ୍ତୁ ଉକ୍ତ କବିତାମାନ ନିଜସ୍ୱ ମାଧ୍ୟମଠୁ ଅଲଗା ନୁହଁନ୍ତି ବିଲକୁଲ୍। ୨୦୨୦ରେ ପ୍ରକାଶିତ 'ରକ୍ତମଲ୍ଲୀ' ତାଙ୍କର ପ୍ରଥମ କବିତା ସଂକଳନ। ସୋନାଲିଙ୍କୁ "sonalipanda556@gmail.com"ରେ ଯୋଗାଯୋଗ କରାଯାଇପାରେ।

### ଘୋଷଣାନାମା

ଯଦି ପୃଥିବୀର ଶେଷ ଗଛଟି ଆସି
ଠିଆ ହୁଏ ରାଜରାସ୍ତାରେ
ଏବଂ ଉଚ୍ଚ ସ୍ୱରରେ କହେ :-
'ପ୍ରତ୍ୟେକ ଦିନ କେହି ନା କେହି ମରନ୍ତି
ସହରରେ, ଜଂଗଲରେ, ଯୋଜନାରେ,
ମହାମାରୀରେ !'

ଯାଅ ଖବର ନିଅ ସେମାନଙ୍କର,
ଯେଉଁମାନଙ୍କୁ ମାରିଦେବାରେ କୌଣସି ସମସ୍ୟା ଆସେ ନାହିଁ
ଏବଂ ଯେଉଁମାନଙ୍କୁ ଜଣାନାହିଁ ନିଜ ନିଜ ଜାତି ଓ ପ୍ରଜାତି !

ଯେଉଁମାନେ ଖୋଜନ୍ତି ନାହିଁ ମୃତ୍ୟୁଦର, ଦସ୍ତାବିଜ
ଟିକସ ଓ ରିହାତି !

ଯାଅ ଖବର ନିଅ ସେମାନଙ୍କର,
ଯେଉଁମାନେ ପ୍ରାୟତଃ ଗାଆନ୍ତି ନାହିଁ ନୀରବ ସଂଗୀତ
ଏବଂ ଯେଉଁମାନଙ୍କ ମୃତ୍ୟୁ;
ତୁମ ଭାଷାରେ 'ଜରୁରୀ' ଓ 'ଅବହେଳିତ' !

ଯଦି ଶେଷ ଫୁଲଟି ହଠାତ୍ କାନ୍ଦି ଉଠେ
ନିଜ ନାଁ ବଦଳେଇ ଶୂନ୍ୟରେ ଲେଖିଦିଏ 'କଣ୍ଟା'
ଏବଂ ଚିତ୍କାର କରେ :-
'ଦୟାକରି ଦଳି ଦିଅନାହିଁ
ଦଳି ଦିଅନାହିଁ ମୋର ପ୍ରଜାପତି ମନ
ମୁଁ ସ୍ୱାଧୀନ... ମୁଁ ଆହୁରି ସ୍ୱାଧୀନ !'

ଆଉଥରେ ପଢ଼ାଯିବ କି ମୁଖବନ୍ଧ ?
ଆଉଥରେ ଲଢାଯିବ 'ପରାଧୀନତା ସଂଗ୍ରାମ' ?

ଯଦି ଶେଷ ଝିଅଟିଏ ସ୍ୱର ଉତ୍ତୋଳନ କରେ
ଧରାବନ୍ଧା ନିୟମ ବାହାରେ,
ହେ ସମାଜ ! କେଉଁ ଧାରରେ କାଟିବ
ତୁମେ ତା' ଗଳା ? ?

ଯଦି ଶେଷ ନଦୀଟି ଅବଜ୍ଞା କରିବ 'ସମୁଦ୍ର'
ମାତ୍ର ଦୁଇ ଗଜ ଦୂରତାରେ ଥାଇ
ଘୋଷଣା କରିବ :-
'ତୁମ ଉଦ୍ଦାମତା ନୁହେଁ କେବଳ ମୋ ଗତିକୁ ଇ ମୋର ପ୍ରେମ !'

ତା'କୁ ମିଳିବ କି ଫାଶୀଦଣ୍ଡ ? ?
କାଟି ଦିଆଯିବ କି ତା'ର ଅକୃତ୍ରିମ ଘୃଣା ଓ ଆକ୍ରୋଶ ? ?

ଯଦି ଶେଷ ପକ୍ଷୀଟି ଛିଣ୍ଡାଇ ଦେବ ତା' ଡେଣା
ନାକଚ କରିବ ଉଡ଼ାଣର ସମସ୍ତ କୌଶଳ
ପଞ୍ଜୁରୀରେ ବାନ୍ଧିଦେବ ମନ,
ଏ ଆକାଶ ବଞ୍ଚିବ ? ?

ଯଦି ଶେଷ ଝରଣାଟି ରାସ୍ତା ଭୁଲି
ବହିଆସିବ ଗଳିରେ, କନ୍ଦିରେ, ନାଳ, ନର୍ଦ୍ଦମାରେ
ତା'ର ଧମନୀମାନଙ୍କୁ ଅଟକରଖି
ଘୋଷଣା କରାଯିବ କି ପୃଥିବୀ ସାରା
'ମେଘ, ମଲ୍ଲାର ଓ ପବନ' ? ?

ଯଦି ଶେଷ କବିଟି ମରିଯିବ କେବେ
ତା'ର ଛନ୍ଦ, ଲୟ, ତାଳ
ଶବ୍ଦ, ଶବ୍ଦ ଫାଙ୍କ ଏବଂ ପ୍ରତ୍ୟେକଟି ପଂକ୍ତି ଦେଇ
କବିତାମାନେ ଉତୁରିଆସିବେ କି ନିଆଁରୁ ?

ମଣିଷମାନେ ଦ୍ୱନ୍ଦ୍ୱରେ ପଡ଼ିବେ କି,
କେଉଁ ଉପାୟରେ କାଟି ଦିଆଯିବ ତା' ଜିଭରୁ
ଏ ତୀକ୍ଷ୍ଣ ଓ ଜ୍ୱଳନ୍ତ ଦମ୍ଭ
ଯାହା ଜଳି ସୁଦ୍ଧା ଅକ୍ଷତ ଓ ଅକ୍ଷୁଣ୍ଣ ଥିବ ? ?

ଯଦି ଦୁଆର ବନ୍ଦରୁ ଶେଷ ପ୍ରେମିକାଟି ଅଟକେଇନିଏ ପାଦ,
ଏବଂ ରୋମାଞ୍ଚିତ ଆକର୍ଷଣେ କହେ;
'ଆଜିଠାରୁ ପୃଥିବୀରେ ପ୍ରେମ ଲମ୍ପଟ, ଚରିତ୍ରହୀନ !'

ପ୍ରତିଉତ୍ତରରେ ଈଶ୍ୱର ପାଲଟିଯିବେ କି
ଆହୁରି ନିରୀହ; ଆହୁରି ଜଟିଳ ? ?

ଯଦି ଶେଷ ପାହାଡ଼ଟା ଆରମ୍ଭ କରିବ ଉଡ଼ାଣ
ହେ ସମାଜ ! ତୁମେ କ'ଣ ଯୋଡ଼ିଦେଇ ପାରିବ ଡେଣା ?
ପିନ୍ଧେଇପାରିବ ତା' ମଥାରେ ତୀବ୍ର ଅହଂକାର
ଯାହା ଉଭୟ ଶାଣିତ ଓ କୋମଳ !
ଛନ୍ଦିଦେଇ ପାରିବ କି ତା' ପାଇଁ ଅଚଞ୍ଚଳ ପାଦ ହଳେ ?
ଗଢ଼ିଦେଇ ପାରିବ କି ଛାତିରେ ତା' ତରଳ ବିଶ୍ୱାସ ? ?

ଯଦି ଉପରୋକ୍ତ ପ୍ରତ୍ୟେକଟି ଉତ୍ତର 'ନା'
ତେବେ ସ୍ପଷ୍ଟ ଯେ ; ତୁମେ ଭୀଷଣ ଅସଭ୍ୟ !
ଘୃଣ୍ୟ ଓ କୃତ୍ରିମ !

## ନାରୀ ଜାଗରଣ

ନଦୀ :- ପ୍ରତିଥର ସମୁଦ୍ରକୁ ପିଠି କରି ମୁଁ ଏଡ଼ାଇ ଯାଇଛି
ଶୋଷ, ଅବସୋସ, ଆତ୍ମା ଅନ୍ତର୍ଦାହମାନ !
କିନ୍ତୁ ଏଇଥର ଥାପିଲି; ଭାଗେ ଉଷୁମ ନିଃଶ୍ୱାସ
ଆଉ ଭାଗ ଉତପ୍ରେରକ ଭ୍ରମ !

ଧ୍ୟାନ ରଖ; ମୋର ଲାଭାରଙ୍ଗର ହୃତପିଣ୍ଡ
ଆକର୍ଷିତ କରେନାହିଁ ତୁମ ଅଭିସାର
କି ମୋର ଘନନୀଳ କଳିଜା ତଳେ ତରଳେ ନାହିଁ ସମୁଦ୍ର !

ବିନା କାଣିଚାଏ ତୃଷ୍ଣାରେ ବହିଯିବାର ଦମ୍ଭ ଯେ ରଖେ
ସେ ନଦୀର ବିପରୀତ ଶବ୍ଦ 'ନାରୀ'
ପୁଣି ବିଛଣା ଦାଢ଼ରେ ସଚିତ୍ର ଝୋଟିଟାଏ ଆଙ୍କି
ଯେ ବୁଝିପାରେ ବନ୍ଦୀତ୍ୱର ସୁଖ ସେ ନାରୀ –
ନଦୀର ପ୍ରତିଶବ୍ଦ !

ଉଭୟେ ଅଭିନ୍ନ; ଉଭୟେ ବିପରୀତ !

ଝଡ଼ ପୂର୍ବବର୍ତ୍ତୀ ସଂଧ୍ୟା ଏବଂ ଝଡ଼ ପରବର୍ତ୍ତୀ ଅନ୍ଧାର
ମଧ୍ୟରେ ଫରକ୍ ଖୋଜୁଚ ତ ?
ଦର୍ପଣ ସାମ୍ନାରେ ଠିଆ ହୁଅ ଏବଂ ଦେଖ;
ବିନା ଓଠରେ ଯେ ହସିପାରେ ସେ ନଦୀ
ବିନା ହସରେ ଯେ ଓଠଖୋଲେ ସେ ନାରୀ !

ନିଆଁ :- ବଦଳିଗଲେ, ବଦଳିଯାଉ ଅନ୍ଧାରର ରଙ୍ଗ
ତୁମେ ଘରକୋଣେ ମଶାଲ ଧରି ରଖ !

ବଦଳିଯାଉ ଅନ୍ଧାରର ଅର୍ଥ, ଉଚ୍ଚାରଣ, ଅକ୍ଷର ପୁଞ୍ଜ
ତୁମେ ତୁମ ମଥାରେ ଶିରପା ବାନ୍ଧ !

ରୁହ ଆସ୍ତେ ପକାଅ ପାଦ, ତୁମ ନାଁ ଆଜିଠୁ 'କୃଷ୍ଣପକ୍ଷ'
ରୁହ ଆସ୍ତେ ଖୋଲ ଓଠ, ନିଃଶବ୍ଦ ହେଉ
ତୁମ ପ୍ରତ୍ୟେକଟି ଛାମୁଦାନ୍ତ !

ଉପରକୁ ଉଠାଅନାହିଁ ମୁହଁ :
ଗୋଟେ ଝିଅ ପକ୍ଷେ ଏହା ଜଘନ୍ୟ ଅପରାଧ !
ସ୍ୱର ଉତ୍ତୋଳନ କରନାହିଁ, ହେ ଝିଅ :
ମାନବିକ ଅଧିକାର ଦେଇନାହିଁ ତୁମକୁ
ସେ ପ୍ରତିବାଦର ଦମ୍ଭ !

ନୀରବ ରୁହ, ନୀରବ ରୁହ, ନୀରବ ରୁହ କେବଳ
ବଦଳିଗଲେ ବଦଳିଯାଉ ଋତୁ, ଋତୁଚକ୍ର, ଋତୁସ୍ରାବ
ତୁମେ କେବଳ ନୀରବ ରୁହ, ନୀରବ ରୁହ
ଅଦ୍ୟାବଧି 'ନିଆଁ' ତୁମ ପ୍ରତିଶବ୍ଦ ନୁହଁ !

ସଂଗୀତ :- ଯେତିକି ଚମକଦାର୍ ଦିଶେ ବିପ୍ଳବ;
ସେତିକି ଘୃଣ୍ୟ ବିକଳ୍ପର ସ୍ତମ୍ଭ !

ନାରୀବାଦ ବିପକ୍ଷରେ ଲେଖିବା ଏବଂ
ନାରୀ ଜାଗରଣ ସପକ୍ଷରେ ଲେଖାଯିବା
ଦୁଇଟିଯାକ ସଂପୂର୍ଣ୍ଣ ଭିନ୍ନ ଅନ୍ୱେଷଣ !

ଏ 'ବାଦ' ଆରଂଭର ଅବ୍ୟବହିତ ପୂର୍ବରୁ ହିଁ
ନାରୀବାଦର ଯାତ୍ରା ମିଶିସାରିଥିଲା ମାଟିରେ !
ଏବେ ଆମେ ନିଜକୁ ଇଚ୍ଛାକୃତ ଭାବେ ଅସ୍ୱୀକାର କରି
ପ୍ରେମ ସଂଗୀତରେ ପୁନଃସ୍ଥାପନା କରିବାକୁ ହେବ 'ଜାଗରଣ'ର ଲୟ !

ଧ୍ୟାନ ରଖିବେ ; ସବୁଥିରେ 'ବିପ୍ଳବ' ହିଁ ଲେଖାଯିବ
ଏମିତି ଜରୁରୀ ତ ନୁହଁ !

## ହତ୍ୟାକାରୀ

ନାରୀ :- ଆଶ୍ଚର୍ଯ୍ୟ ! କେଉଁଠି ବି ଆଘାତ ଲାଗିନାହିଁ
ଅଥଚ କ୍ରୁଶକାଠରେ ଗଢ଼େଇଦେଇଛି ଦେହ ।

କହୁଛ ତ 'ଆତଙ୍କ' ମୋ ପ୍ରତିପକ୍ଷ ? ?
ଏଇ ନିଅ ପେଟ୍ରୋଲ ଓ ଅଙ୍ଗାରରେ ଗଢ଼ା
ମୋର ନିଆଁରଙ୍ଗର ଦେହ
ଯାହା ମୁଁ ରଖିଆସିଛି ଅନ୍ଧାରର ଜଳନ୍ତା ମଶାଲ ଉପରେ
ଏବଂ ଆଲୋକରୁ ଫେରାଇ ଆଣିଛି ମୁହଁ !

ତୁମେ କହୁଛ ତ, ନଦୀ, ନାରୀ, ଫୁଲ ଏବଂ ଉଲକା ମୋର ପ୍ରତିଶବ୍ଦ ?
ଜାଣିରଖ ମୋ ଦେହର କୋଣ ଅନୁକୋଣରେ ଭର୍ତ୍ତି ରଞ୍ଜକ !
ରୂପ ମୋର ଭୟହୀନ, ଭ୍ରମହୀନ ଏବଂ ବନ୍ୟ ଓ ନିର୍ଜନ
ପ୍ରେମ ମୋର ଦଗ୍ଧୀଭୂତ ଲାଲ୍ କ୍ଷତଚିହ୍ନ !

ତୁମ ନାଁର ପ୍ରତ୍ୟେକଟି ଅକ୍ଷର ମୁଁ ଓଠରେ ଛୁଏଁ
ଅଥଚ ମାଚିସଖୋଳର ଶେଷ ଦିଆସିଲି କାଠି
ଦେହ ମୋର ଛୁଇଁନି ଏଯାଏଁ !

ଏବେ ବି ତୁମେ କହୁଛ ତ ମୁଁ 'ସ୍ତ୍ରୀ' ? ?
ଯାଅ, ଏଇ ମୁହୂର୍ତ୍ତରୁ ମୁଁ ନାକଚ କଲି ତୁମ ପୁରୁଷତ୍ୱକୁ
ଆଘାତଦେଲି ତୁମ ଯନ୍ତ୍ରଣାରେ ଓଠ ରଖି
ଆଜି ପରଠୁଁ ମୋ ଦୃଷ୍ଟିରେ ପୃଥିବୀର ପ୍ରତ୍ୟେକ ପୁରୁଷ
ଜଣେ ଜଣେ 'ମଣିଷ', କେବଳ 'ମଣିଷ' !

ଚିତ୍କାର କରିବାକୁ ଚାହଁ ? ?
ନିଅ ଓଠରେ ରଖ ଜଳନ୍ତା ଅଙ୍ଗାର
ଗଳାରେ ବାରୁଦ
ଏବଂ ଛାତିରେ ଶୀତଳ ବରଫର ଖଣ୍ଡ
ଏବେ ତୁମ ମୃତ୍ୟୁ ସୁନିଶ୍ଚିତ !

ପୁରୁଷ :- ତୋ ସଂପୂର୍ଣ୍ଣ କବିତାର ମୋଡ଼ ବଦଳାଇ ପାରୁଥିବା
କେଇ ମାତ୍ର ଶବ୍ଦ ;-
ଓଠ
ନାଭି ମଣ୍ଡଳ
ଘୂର୍ଣ୍ଣିବଳୟ
ପ୍ରେମ ଓ
ଇନ୍ଧନ !

ଆଃ !
ତୋ ପାଇଁ ଏ ଦହକତା ମୋର ଚିର ଇପ୍ସିତ; ଅଭିନ୍ନ !

# ତିନୋଟି କବିତା

।। ଏକ ।।

ମୁଁ କହିଲି ମନ୍ଦିର; ଭଗ୍ନ, ଜରାଜୀର୍ଣ୍ଣ
ତୁମେ ଲେଖିଲ ମଇଳା ଫୁଲର ମୁହଁ
ମୁଁ କହିଲି ମନ୍ଦିର ଭିତରୁ ନୀରବିଗଲା
ବିଶ୍ୱକର୍ମା ଶବ୍ଦ ଆଉ ସ୍ୱନ
ତୁମେ ଲେଖିଲ ଅଧାଗଢ଼ା ଦିଅଁ !

ମୁଁ କହିଲି ମନ୍ଦିରଚୂଳରେ ଶତସହସ୍ର ମେଘ କି ନକ୍ଷତ୍ର
ତୁମେ ଲେଖିଲ କେବେ କେବେ ଏମିତି ବି କୁହୁଳେ ସମୁଦ୍ର !
ମୁଁ କହିଲି ମନ୍ଦିର, ମନ୍ଦିର, ମନ୍ଦିର କେବଳ
ତୁମେ ଲେଖିଲ ବିନା ଲିଙ୍ଗ, ଯୋନି କି ମୃତ୍ତିକାଘଟରେ
ବିନା ଘଣ୍ଟ ଘଣ୍ଟା ହୁଳହୁଳି ଶବ୍ଦ ପରି ପବିତ୍ର ଧ୍ୱନୀରେ
ବିନା ଦାରୁ, ସମୁଦ୍ର କି ଆକାଶ ସ୍ପର୍ଶରେ ମଧ୍ୟ
ପୃଥିବୀପୃଷ୍ଠକୁ ସ୍ୱୟଂ ଓହ୍ଲାଇଆସନ୍ତି 'ଈଶ୍ୱର' !

।। ଦୁଇ ।।

ଅନ୍ଧାର ଚାହଁ ? ?
ଏଇ ଦେଖ ଅସଂଖ୍ୟ ଆଲୋକବର୍ଷ ଗୁନ୍ଥି
ମୁଁ ଫିଙ୍ଗିଦେଲି ଅମଡ଼ାନଈକୁ
ସମୁଦ୍ର ଏଇ ଏବେ ଓଦା ଓଦା ଦିଶିବ !

ମାଇଲ୍ ମାଇଲ୍ ବ୍ୟାପି ଅନ୍ଧାର ;
ଜ୍ଞାନ, ଗର୍ବ, ଆତ୍ମବଡ଼ିମାର !

ଅନ୍ଧ ଯୁବକଟିଏ କହୁଛି; ମୋର ଆଖି ଜଳୁଛି
ଆତ୍ମା ଜଳୁଛି ଏବଂ ଜଳନ୍ତା ମଶାଲରେ ମୁଁ ରଖିଆସିଛି ଦେହ !

ଲକ୍ଷ ଲକ୍ଷ ଆକୃତିବିହୀନ ଇଟାରେ ଗଢ଼ାଚାଲିଛି ମୁଖଶାଳା
ଠକ୍... ଠକ୍... ଠକ୍
ପୂର୍ବା-ପର ଶବ୍ଦ ଫାଙ୍କେ ବଦଳିଚାଲିଛି ଆଲୋକର ମୁହଁ !

।। ତିନି ।।

ଦେବତା ଉଦ୍ଦେଶ୍ୟରେ ରୁଦ୍ଧଦ୍ୱାର ଖୋଲି ତୀକ୍ଷ୍ଣ ସ୍ୱରେ ଉଚ୍ଚାରଣ କର ମନ୍ତ୍ର
ଯାହା କେଉଁ ଅଭିଧାନେ ନାହିଁ ଅବା ଯାହା କେବେ ପୃଥ୍ୱୀ ଶୁଣିନାହିଁ !

ବାଢ଼ି ଦେ' ନୈବେଦ୍ୟ; ଫଳ, ମୂଳ, ଶୁଭ୍ର ସ୍ୱଚ୍ଛ ତୁଷାର କଣିକା
ଅଲଗା ରଙ୍ଗର, ଅଲଗା ବର୍ଣ୍ଣର, ଅଲଗା ସ୍ୱାଦର
ଯାହା କେବେ ରୋପିନି ଧରିତ୍ରୀ ଅବା ଯାହା କେବେ ଜିହ୍ୱା ଭୋଗିନାହିଁ !

ସେ ଛାର୍ ମଣିଷ; ଯେ ମନ୍ଦିରର ପଛପାର୍ଶ୍ୱେ ଥାଇ
ଯେତେ ଇଚ୍ଛା ସେତେ ମାତ୍ର ଫୁତ୍କାର କରୁଅଛି ତ କରୁ
'ଈର୍ଷା ମୋର ଅତିପ୍ରିୟ ଭ୍ରମ' କହୁ; ବାରମ୍ବାର କହୁ !

ତୁ ତୋର ମଣିବନ୍ଧ କାଟି
ରକ୍ତରେ, ସ୍ୱେଦରେ, ସ୍କନ୍ଦରେ ଲେଖିଚାଲ୍
ଶେଷ ସ୍କନ୍ଧ ଭାଗବତ ଶୂନ୍ୟ !

ଆଃ ! ମୁଁ ପୁନଃ କହିଲି ମନ୍ଦିର; ଭଗ୍ନ ଓ ଜରାଜୀର୍ଣ୍ଣ
ତୁ ଲେଖିଲୁ 'ମୁଖଶାଳା' କେବେ ଦାରୁ କେବେ ବ୍ରହ୍ମ !

RUPESH SAHU

# ରୂପେଶ ସାହୁ

୪ ଡିସେମ୍ବର, ୧୯୯୭ରେ ଜନ୍ମିତ କବି ରୂପେଶ ସାହୁଙ୍କ ଘର ରାଧାକୃଷ୍ଣ ନଗର, ପଦ୍ମପୁର, ରାୟଗଡାରେ ! କବିତା, ଗପ ଓ ପ୍ରବନ୍ଧ ଲେଖିବାରେ ରୁଚି ରଖୁଥିବା ରୁପେଶ କୁହନ୍ତି, କବିଟିଏ ସମାଜର ପ୍ରତିନିଧି, ଓ ନିଜ ଆବେଗକୁ ଶବ୍ଦ ମାଧ୍ୟମରେ ସାମାଜିକ ପ୍ରତିବଦ୍ଧତା ରଖି ଉପସ୍ଥାପନ କରିବା ହିଁ କବିକର୍ମ। ୨୦୨୦ ରେ ପ୍ରକାଶିତ 'ଏକ ଏକାକାର' ତାଙ୍କର ପ୍ରଥମ କବିତା ସଂକଳନ। କବିତା ହିଁ ସତ୍ୟ ଓ ଈଶ୍ୱରୀୟ ସତ୍ତାର ଚରମ ଅନୁଭବ ବୋଲି ବିଶ୍ୱାସ ରଖୁଥିବା ରୁପେଶଙ୍କୁ 'way2rupeshsahu@gmail.com'ରେ ସଂପର୍କ କରାଯାଇପାରେ।

## ସେତୁ

କେବେ ମାପିଛ !
ଆକାଶଠୁ ମାଟିର ଦୂରତା
ମାଇଲ ମାଇଲ ଦୂରରେ ବି
ସ୍ନେହ, ପ୍ରେମ ବେଶ୍ ନିବିଡ଼,
ବେଳେବେଳେ ଛୁଇଁବି ଛୁଇଁବି ହୋଇ
ଆକାଶ, ମାଟିକୁ ଚୁମିଦେଇ ମେଘସବାରୀରେ
ଫେରିଯାଏ ଇନ୍ଦ୍ରଧନୁ ସେତୁ ବାଟ ଦେଇ,
ମାଟିକୁ ଲାଜେଇ, ଭିଜେଇ, ବତୁରେଇ।

ଜଣେ ଶୋଷ, ଜଣେ ପାଣି
ମଝିରେ ଅୟୁତ ଅୟୁତ କ୍ଷଣର ଅପେକ୍ଷା
ବାରମ୍ବାର ଉଦ୍ୟମ ଚାଲେ

ମିଶିଯିବାକୁ, ତଲ୍ଲୀନ ହେବାକୁ,
ନିଜ ପାଇଁ ସେଇ ଜଣକୁ ଖୋଜିବାକୁ;
କେହିଜଣେ ଭଗୀରଥ ମିଳିଯାଇପାରେ
ଯୋଜନ ଯୋଜନ ଦୂରରୁ ଗଙ୍ଗାଙ୍କୁ ବି
ଓହ୍ଲେଇ ଆଣିପାରେ।

ତେବେ ଚାଲନା
ବନ୍ଧାହେଉ ସେତୁଟିଏ
ଧନୀ ଘରୁ ଗରିବ ଘର ଯାଏଁ
ଶିକ୍ଷିତଠୁ ଅଶିକ୍ଷିତ ଯାଏଁ
ସବଳାଠୁ ଅବଳା ଯାଏଁ
ପୁରୁଷୋତ୍ତମଠୁ ପୁରୁଷ ଯାଏଁ

କିଛି ହୁଏତ ବଦଳିପାରେ
ସେତୁଟିଏ ଗଢ଼ା ହେଲାପରେ।

## କବିତା

କବିତାସବୁ ଗଛଡାଳରେ
ଘୁମେଇପଡିଥିବା ପକ୍ଷୀ,
ଉଠିବା କ୍ଷଣି ସୃଷ୍ଟିକରିବେ କଳରବ।

କବିତାସବୁ ଉଷୁମରାତିର
ଜହ୍ନ ଆଲୁଅ, ଅଗଣିତ ତାରାଙ୍କ ମେଳରେ
ରେଡ୍‌ୱାଇନର ବରଫ।

କବିତାସବୁ ସିଗାରେଟର
ଖସିପଡୁଥିବା ନିଆଁଝୁଲ,
ଭରପୁର ଜଳିସାରିଥିବା ପାଉଁଶ।

କବିତାସବୁ ବରଗଛର ଓହଳ,
ନିଃସ୍ୱ ପଥହରା ପଥିକର
ଅନ୍ତଃହୀନ ତୃଷ୍ଣା; ମେଣ୍ଟାଏ ଅବସୋସ।

କବିତାସବୁ ଜଙ୍ଗଲୀ ମହୁଲ
ଲୁଇପା ଶବରୀପା ଯେତେ ଲୋକଗୀତ,
ପୁଟାସିଂ କାହ୍ନୁର ଇଡିତାଲ ଚିତ୍ର।

କବିତା ବୋଧେ, ଉପାସନା ଗୃହରୁ
ଶୁଭୁଥିବା ପ୍ରାର୍ଥନାର ସ୍ୱର,
ତ୍ରସ୍ତ ଜୀବର ଆତୁରଡାକରେ
ଜାଗୁନଥିବା ନିରବ ନିଥର ଈଶ୍ୱର।

## ଦ୍ୱିତୀୟ ଈଶ୍ୱର

ଶବ୍ଦକୁ ଯୋଡି
ଭାବର ଦୁନିଆଟେ ଗଢେ ବୋଲି
ପିନ୍ଧିଛି ଶିରିପା, ପାଇଛି ଶକ୍ତି
ବୋଲାଇବାକୁ ଦ୍ୱିତୀୟ ଈଶ୍ୱର।

ଗଢ଼ିଦେଇ ଦୁନିଆକୁ
ଅବ୍ୟକ୍ତ ହୋଇଗଲେ ଅସଲି ଈଶ୍ୱର
ବର୍ଣ୍ଣିବାକୁ ତାଙ୍କ ସର୍ଜନାକୁ

ଦେଇଗଲେ ଶବ୍ଦର ସମ୍ଭାର,
ତେଣୁ ଇ ତ ମୁଁ ଲେଖିପାରେ -
ଗଢ଼ିପାରେ ଭାବର ମିନାର।

ଇତରର ଦୁଃଖ ଲେଖେ,
ସ୍ଥାବରର ପ୍ରେମ ଆଉ ଜଙ୍ଗମର ମୁକ୍ତି
ଅଥଚ ଦେଖେଇ ପାରେନା କାହାକୁ
ନିର୍ବାଣର ମାର୍ଗ !
ଚିତ୍କାର କରୁଥାନ୍ତି ହରିଣୀମାନେ
ବିବସନା ହୋଇ ଚାଲିଥାନ୍ତି
ଜଣେ ଜଣେ ଦ୍ରୌପଦୀ,
ବଞ୍ଚେଇ ପାରେନା କି
ଦେଇ ପାରେନା ଖଣ୍ଡେ ବସ୍ତ୍ର
ଅବା ଅଭୟ ଆଶ୍ରୟ।

ଲିଭେଇ ପାରେନା ସମାଜ କାନ୍ଥରୁ
ଜାତିବାଦର ମିଛ ପ୍ରଲେପ
ରାଜାର ଅହଂକାରୀ ଶାସନ ତଳେ
ଜର୍ଜରିତ ପ୍ରଜାର ଦହନ
ଦୁନିଆ ଚାଲିଥାଏ ତା'ରି ବାଟରେ
ମୁଁ ଜୀଇଁଥାଏ
ମୋ କବିତା ଭିତରେ !

ମନେହୁଏ କେବେ କେବେ
ଫୋପାଡ଼ି ଦିଅନ୍ତି ଖୋଳପା କବିର
ଲୋଡ଼ାନାହିଁ ମୁଖା ମୋର ଦ୍ୱିତୀୟ ଈଶ୍ୱର
କେତେ କାଳ ମୋ ଭିତରେ ମୁଁ
ଲଢ଼େଇ କରୁଥିବି,
କବିତାରେ ମାଜୁଥିବି ମୋ ଅସହାୟପଣ !

ହେଲେ ହାୟ,
ସର୍ବଦ୍ରଷ୍ଟା ଈଶ୍ୱରଙ୍କୁ କିବା ଅଗୋଚର,
କାନେ କାନେ କହୁଥାଆନ୍ତି ପରମ ଈଶ୍ୱର !

ଶୁଣ ଶୁଣ ଦ୍ୱିତୀୟ ଈଶ୍ୱର,
ଏବେ ବି ଢେର୍ ବାକି ଅଛି
ଦିଅ ନାହିଁ ଛତ୍ରଭଙ୍ଗ ଏଇ ରଣାଙ୍ଗନେ
ଉଦ୍ଦେଶ୍ୟ ମୋ ସାଧିବାକୁ
ଦଣ୍ଡେ ରହ ଦଣ୍ଡେ ରହ ଧର୍ମ ଧ୍ୱଜାଧାରୀ
ଅସୀଠାରୁ ମସୀ ବଳି,
ଲେଖିଚାଲ ଯନ୍ତ୍ରଣାର ଅଭିସାର
ଗାଇଚାଲ ମାନବ ପ୍ରେମର ପବିତ୍ର ଓଁକାର !!

## ବେଳ ଅବେଳ

ଖବରକାଗଜର
ଫର୍ଦ୍ଦ ପରେ ଫର୍ଦ୍ଦ ଚିରା ହୋଇ
ପକୁଡି ଖିଆଗଲେ, ଅବା
ଜୀବନ ଦର୍ଶନ ବହିରେ
ଉଇ ଚରିଗଲେ, ମୋର କି ଯାଏ !
ମୁଁ ମୋ ଦୁଃଖରେ ଯୁଝି ହୁଏ,
ଯନ୍ତ୍ରଣାର ଗୀତ ଗାଏ ।

ସକାଳର ସୂର୍ଯ୍ୟ ଉଏଁ,
ନିଜ ପୃଥିବୀକୁ ମୁଣ୍ଡରେ ମୁଣ୍ଡେଇ
ଚାଲିବାକୁ ବାର୍ତ୍ତା ଦିଏ,
ଭୟର ସଂକ୍ରମଣ ପାଖ ମାଡେନା

ଦୁର୍ଗନ୍ଧର ସୀମା ଡେଇଁ
ଦୟାର ହାତ ପହଂଚିପାରେନା,
ଭାଗ୍ୟର ବୁଲନ୍ଦ ଦରବାଜା କେବେଠୁ
ବନ୍ଦ ହୋଇ ସାରିଛି
ସୁଖ ଲେଖୁ ଲେଖୁ ଦଇବର
ହାତ ବୋଧେ ଅଟକି ଯାଇଛି !

ରାତିର ଜହ୍ନ ଖୋଜୁ ଖୋଜୁ
ବେଳ ଅବେଳରେ ତାରା ଖସେ,
ସ୍ତ୍ରୀ ପାଦର ଭାର ଅଧିକ ହେଲେ
ଚାରିଦିଗ ଅନ୍ଧାର ଦିଶେ,
ଫଟା ମାଟିରେ ସୁନା ଫଳେଇ ଫଳେଇ
ଦେଖୁନ ପାଦ ଫାଟି ଆଁ କଲାଣି,
ଲୁହତକ ନିଗାଡି ପାରିଲାନି ବୋଲି
କୁନା ଭାଇଟା ଦଉଡି ଦେଲା,
ବେକରେ ଯୋଡ଼େ ଝିଅ ଛନ୍ଦା ମୋର
ମୁଁ ସେତକ ବି ପାରିବିନି !

ଏତକ ସହେନି ସାଆନ୍ତେଙ୍କ ଢିମା ଢିମା ଆଖି,
ହସିଲା କ୍ଷେତକୁ ଉଜାଡ଼ିଦେଇ
ବସେଇ ଦିଅନ୍ତି ପାହାର ପାହାନ ପ୍ରହାର
ଲହୁ ଲୁହ ଏକ କରି ନୀରବରେ
ସହିଯିବା ଛଡା ମୋ ଚାରା କାହିଁ ;
ନ୍ୟାୟର ଅନ୍ଧପୁଟୁଳି ମୋ ପାଇଁ
କେବେ ଖୋଲେନା,
ପିଠିଏ ଯନ୍ତ୍ରଣାକୁ ମଇଲମ
କୋଉଠି ମିଳେନା !

ବେଳ ଅବେଳରେ ପଢେ ଉଠେ
ଟିଭି, ଖବରକାଗଜ
ମଧ୍ୟଯୁଗ ନୀତି ବିରୋଧରେ,
ଢେର ଲେଖାହୁଏ କବିତା,
ପଢାହୁଏ ଜୀବନ ଦର୍ଶନ,
ପୁନେଇଁ ସରିଲେ ସବୁ ଶେଷ
କବିତା ଛପା କାଗଜରେ
ସେମିତି ପକୁଡ଼ି ଖିଆ ଚାଲିଥାଏ,
ବହିରେ ଉଇ ଚରୁଥାଏ,
ସହାନୁଭୂତିର ଶବ୍ଦ ଅସହାୟ ହୋଇ
ଧାଁ ଦୌଡ଼ର ଜୀବନ ଜୀଉଁଥାଆନ୍ତି;
ଏଣେ ମୁଁ ମୋର ଅମାବାସ୍ୟା ପାଳୁଥାଏ !

■■

## ALOK RANJAN SARANGI

# ଆଲୋକ ରଞ୍ଜନ ଷଡଙ୍ଗୀ

କବି ଆଲୋକ ରଞ୍ଜନ ଷଡଙ୍ଗୀଙ୍କ ଜନ୍ମ ୧୫ ଜୁଲାଇ ୧୯୯୭ରେ, ବରଗଡ ଅନ୍ତର୍ଗତ ଗନିଆପାଲିରେ। ସଂପ୍ରତି, ସେ ଉତ୍କଳ ବିଶ୍ୱବିଦ୍ୟାଳୟ, ବାଣୀବିହାରରେ ଓଡ଼ିଆ ଭାଷା ସାହିତ୍ୟ ବିଭାଗରେ ଗବେଷଣାରତ। ଆଲୋକ କୁହନ୍ତି, ଯେ ଜୀଉଁଥିବା ସମୟର ମରମ କଥାକୁ ସବୁ ଜାଗାରେ ସିଧାସଳଖ କହି ହୁଏନା ବୋଲି 'କବି' ନାମକ ଛଦ୍ମତାକୁ ଆବୋରି ନେଇଛନ୍ତି ସେ। ଏଇ ଛଦ୍ମତାର ଛାଇରେ ବସି, କବିତାରେ ସେ ନିଃସଙ୍କୋଚ ଲେଖନ୍ତି ନିଜ ଅଙ୍ଗେଲିଭା କଥା। 'ନିର୍ବାଣ ଋତୁ' ତାଙ୍କ ରଚିତ ଏକମାତ୍ର କବିତା ସଙ୍କଳନ। ଆଲୋକଙ୍କୁ 'ars2hadts@gmail.com' ରେ ସଂପର୍କ କରାଯାଇପାରେ।

## ମା ପାଇଁ ନାନାବାୟା

ସେ ଗୁଣୁଗୁଣେଇ ଗଣୁଥାଏ ଜୀବନର ଅଙ୍କ !

ମହଳଣ ଅନ୍ଧାରରେ ସ୍ମୃତି ପରେ ସ୍ମୃତି ଡେଇଁ
ସପନ ପ୍ରାନ୍ତର ପାର ହେଉହେଉ
ସେ ଆଂଗୁଠିର ଗାରକୁ ସାକ୍ଷୀ ରଖି ଗଣିଦିଏ,
ଏକତରା ଦୁଇତରା ତିନ୍ ତରା....

ଆଶିଣ ନପସୁଣୁ ତା' ମୁଣ୍ଡ ଉପରେ
କଳାବଉଦର ଛାଇଟେ ପରି ଘେରିଯାଏ ଶୂନ୍ୟ ଅମାର,
ଅଦିନେ ଓଳିତଲୁ ପାଣି ଝରେ ଝପର ଝପର ତ
ଆଖିରେ ତା' ଲୁଚେଇଦିଏ ଛଳଛଳ ଶିରାବଣ ଧାର,

ଅଧଗଢା ଜହ୍ନର ଭାଗ୍ୟ ଆଦରି
ବାପାଙ୍କ କପାଳରେ ଟାଣି ହୋଇଥିବା ଥାକଥାକ କୁଂଚନର ରହସ୍ୟ
ବାକିଖାତାର ମିଶାଣ ଫେଡାଣରେ ବି
ସତେଜ ଦିଶିବାର ମହାଭାଷ୍ୟ ସବୁକୁ ସେ ହିଁ ଏକା
ଚିହ୍ନିପାରେ ଗାଢ ଅନ୍ଧାରରେ
ପଢିପାରେ ନୀରବ ଆତୁରତାରେ,

ଦିଅଁ ପୁଜି ନଈକୂଳ ମନ୍ଦିରୁ ଫେରି ନଥିବା ବାପାଂକ ପାଇଁ ଖୋଲିଦେଇ
ଅପେକ୍ଷାର ଦର ଆଉଜା କବାଟ
ଡିବିରି ଆଲୁଏ ତିଳତିଳ କରି ପୋଡୁଥାଏ ଦୁଶ୍ଚିନ୍ତାର ପୋକ
ଏକ୍ ଏକକ ଦୁଇ ଏକକ ତିନ୍ ଏକକ....

ଜୀବନର ଧୂଧୂ ଖରାବେଳଟାରେ
ବିସ୍ମରି ନିଜନିଜ ପିଲାବେଳ ଧୂଳିଖେଳ
ପହଁରା ଶିଖି ନଥିବା ଝିଅମାନେ
ଧାଡିବାନ୍ଧି ଛିଡା ହୋଇଯାଆନ୍ତି
ତାଆରି ଅକାତକାତ ଲୁହ ଆଉ କୋହ ଭର୍ତ୍ତି ଛାତିର ଦମ୍ଭରେ,

ପାଣିର ସୁଅ କାଟିକାଟି କେମିତି ଲଂଘାଯାଏ
ଏ କୂଳ ସେ କୂଳ, ଶିଖାଉ ଶିଖାଉ
ସେ ନିଜକୁ ଇ ନଈରେ ବୁଡେଇ ଦେଇ
ଲଘୁପାଦେ ଛୁଇଁଛୁଇଁ ପାଣିର ଅତଳ ସ୍ପର୍ଶ
ମାପୁଥାଏ ଗଭୀରତା
ପୁରୁଷେ ଦି'ପୁରୁଷ ତିନିପୁରୁଷ...

ସେ ମାନି ନେଇନି କାହା ନୀତି ଆଦର୍ଶର ଭାଗବତ
ନିଜେଇ ସରଜିଛି ଜୀଇଁ ରହିବାର ମନ୍ତ୍ର
'ଅଂକଗଣା ମୂଳେ ଏ ଜଗତ'

କାହିଁକି ନା, ସେ ଜାଣେ କଳାବଉଦଟେ ଛିଂଡି ପଡିବାର ଦୁଃଖ
ସେ ଜାଣେ ମୁରବିହୀନ ଘରେ କେତେ ଉଭଟ ନାଚ ନାଚନ୍ତି ଭୂତ
ସେ ଜାଣେ କୂଳ ପାଉ ନଥିବା ନାଆର କରୁଣ ଇତିହାସ
ସେ ଜାଣେ ଆୟୁଷର ହିସାବ ଭୁଲିଥିବା
ଅଗଣିତ ପକ୍ଷୀଙ୍କ ଅବଶୋଷ,

ସେଥିପାଇଁ ତ ସେ ଗୁଣୁଗୁଣେଇ ଗଣୁଥାଏ ଜୀବନର ଅଙ୍କ !

## ବୁଦ୍ଧ

ସଜ କାକର ବୁନ୍ଦାଏର ପ୍ରେମ ସମ୍ମୋହନ ପରି,
ମୁମୂର୍ଷୁ ଆଖିର ଲୁହ,
ହାତରେ ପୋଛି, ମୁଣ୍ଡରେ ନେସିଦେଇ ହେଲାନି ଯେ
ଛି' କରି ଚାଲିଗଲ ନିଜଠୁ ଯୋଜନ ଯୋଜନ ଦୂର !
ମୋକ୍ଷ ଖୋଜିବାକୁ ?

ତମେ ହେଲେ ଆସ ଥରେ
ଖୋଜି ଖୋଜି ତମର ଇ ନିରଞ୍ଜନା ବାଟେ
ମୋକ୍ଷ ଆଉ ନିର୍ବାଣରୁ ନିରାପଦ ଦୂରେ
ଲୁହ ଓ ଲେଂଜରା ଲଗା ସାଦାସିଧା ଆଖି ନେଇ ଦେଖିବାକୁ,
କେତେ ନୂଆ ?
କେତେ ଯେ ଚହଲା ଢେଉ,
ପରିଚିତ 'ନିରଂଜନା' ସୁଏ,
କେତେ ଯେ ସାଗୁଆ ଆଶା
କଅଁଳିଆ ପତ୍ରଂକ ଗହଳି
ଅବିଚଳ ବୋଧିଦ୍ରୁମ ଦେହେ !
ଆସ ! ଆସିବ ନା ? ଆସିବ ତ ?

କିଏ ଜାଣେ,
ତମର ଏଥରକ ଆସିବାରେ ଇ
ବେଶ୍ୟାର ପ୍ରେମରେ ଆଂଠେଇ ଯିବେ
ନିର୍ବାଣ ଆଉ ମୋକ୍ଷ !
ତୁମକୁ ଅନୁସରି ଯାଇଥିବା କିଛି
ପାଦଚିହ୍ନରେ ବି ମିଳିଯିବ
ତୁମ ପ୍ରତି ପ୍ରଗାଢ଼ ଆସକ୍ତିର ଇତିବୃତ୍ତ !
ହୁଏତ ତୁମ ନୀରବତାରୁ ବି ଉଚ୍ଚାରିତ ହେଇଯିବ

'ସବୁ କାମନା ଦୁଃଖ ନୁହେଁ
ସବୁ ଦୁଃଖ ବି କାମନା ନୁହେଁ ' ପରି
ନୂଆ ଏକ ଉନ୍ମୋଚିତ ସତ୍ୟ !

## ଝିଅ

ମାଟିଲଗ୍ନା ହ ଝିଅ,
ମାଟି ଧୂଆଣୀ ବି ।

ମୁଠାମୁଠା ସ୍ୱପ୍ନପରି ଯେଉଁ ମାଟି ମେଂଚାକ
ପାପୁଲିରୁ ଫୁ କରି ଉଡେଇ ଦେଇଛୁ ଶୂନ୍ୟକୁ
ସେ ମାଟି ମୁଠାକ ଇ ସତ
ମିଛ ଯେତେ ଶୂନ୍ୟତାର ଗପ ।

ଶୂନ୍ୟତାକୁ ଭରସି ଯାଆନି ଝିଅ
ଶୂନ୍ୟରୁ ଧଳାହାତୀ ଚଢି ଆସିବନି ରଜାପୁଅ,
ଆସିବନି ବି ସୌଦାଗର, ହାତେ ଧରି ମୁଠାମୁଠା
ହସନ୍ତ ସକାଳ !

ନିଜେ ନିଜ ପାଇଁ ଗଢିବା ଶିଖ୍ ଝିଅ !
କଣ୍ଢେଇଗଢ଼ା ମାଟିରେ ଗଢି ଦେ ମନର ମଣିଷ, ଦେ ଜୀବନ୍ୟାସ
ଅନ୍ଧାର ଆକାଶେ ତୋର ଝୁଲେଇଦେ ମାଟିର ସୁରୁଜ,
ଦେ ତାକୁ ଅକ୍ଷୟ ଆଶିଷ ।

ଦିଗନ୍ତକୁ ଚାହିଁ ଚାହିଁ କାହାର ଏ ପ୍ରତୀକ୍ଷା ମା !
ସପନ, ଜୀବନ ନା ଆତ୍ମୀୟସ୍ୱଜନର ?
ମାଟି ଚକଟି ଚକଟି
ସୃଷ୍ଟି କରୁନୁ କିଆଁ ଇଛାର ପୃଥିବୀ, ତୋ ଇଛାର ପରିଧି ?
ଯହିଁ ତୋର ସବୁ ସ୍ୱପ୍ନ ସତ,
ତୋର ସଭିଏଁ ନିଜର !

ଧନ ମୋର
କେବେ ଯଦି ଇଛାହେବ ସମାଧି ନେବାର
ତେବେ ବି ଚାହିଁବୁନୁ ଆକାଶକୁ,
ପ୍ରାର୍ଥନା ନୁହେଁ ଆଦେଶ କରିବୁ
ତୋର ଇଛାପାଇଁ ଏ ମାଟି ହିଁ ଚିରିଦେବ ତାର ଛାତିକୁ ।

ତୁ ଇଛିଲେ ଇ କଣ୍ଟାରେ ଫୁଟିବ ଫୁଲ
ଫୁଲେ ଫୁଲେ ଚୁମିବ ଭଅଁର,
ତୁ ଇଛିଲେ ଇ ଗଛ ହେବ ଫଳବନ୍ତୀ
ତହିଁରୁ ଓହଳି ଯିବେ ଯେତେ ସବୁ କାଳ ମହାକାଳ,
ମିଠା ମିଠା ଫଳ ବାହାନାରେ,
ତୁ ଡାକିଲେ ଇ ନଇଁଯିବ ଆକାଶ, ଧୋଇଯିବ ମାଟି
ତୋର ଅଣାୟତ୍ତ କ୍ଷୀରାବ୍ଧି ପ୍ରେମରେ ।

ଆକାଶରେ କଣ ଅଛି ଝିଅ ?
ଆ ! ଡେଇଁପଡ ମାଟିକୁ

# ନଈଗୀତ

ପାଉଁଜି ହଜେଇଦବାର ବାହାନାରେ
ନଈ, ମୁଁ ଫେରୁଛି ତମରି ପାଖକୁ

ଭାବିଥିଲି ଜୀବନର ଗୋଟେ ଜହ୍ନରାତିରେ
ଜୀଇଯିବି ମୋ ଭାଗର ଜୀବନ,
କଳ୍ପନାର ଉର୍ବର ଭୂଇଁରେ ପୋତିଦେବି
ମୋ ଭାଗର କୁନିକୁନି ସପନ,
ଦୁଃଖ ବଗିଚାରୁ ଖୋଜି ଆଣିବି
ମୋ ଭାଗର ଯେତକ ସୁଖଫୁଲ,
ମୋ ଭାଗର ଯୁଦ୍ଧରେ ଦେହର ରକତ ଦେଇ
ଶୁଝିଦେବି କରଜର ସୁଧମୂଳ,
ହେଲେ ପାରିଲିନି ନଈ
ନିଜକୁ ଭାଗଭାଗ କରି ଜୀଇ ପାରିଲିନି ।

ନଈରେ ତୁ କି ଜାଣୁ
ନପାରିଲାପଣର ପାପଗର୍ଭରୁ
ଏ ଭିତରେ ଅନେକଥର ଜନମି କୁଆଁକୁଆଁ କାନ୍ଦିଚି,
ଦରୁଟିଏ ଆଦରର ଦୁର୍ବାର ମୋହରେ
କଦାକାର ମୁହଁକୁ
କେତେକେତେ ରୂପାନ୍ତର ଦେଇଛି,
ରାସ୍ତାର ଆଗକୁ ବଢି ଯିବାର ଚଂଚଳତାରେ
ପାରିଜାତବନ ସୁରମ୍ୟଉଦ୍ୟାନ
ଜୀବନର ନୈମିଷ୍ୟାରଣ୍ୟ
ସବୁକୁ ପଛରେ ଛାଡିଛି,

ମୁଁ ଜାଣେ !
ଜୀଇଁ ନପାରିବାର ବାହାନାରେ
କେହି କେବେ ପାଇନି ନଈକୁ,
ତେଣୁ ସିନା ଖସେଇ ଦେଲି
ଝମ୍ ଝମ୍ ଛମ୍ ଛମ୍ ଜୀବନ ଗୀତି ରଚୁଥିବା
ମୋର ପାଦ ପାଉଁଜିକୁ ।

ତୁ ସବୁଥର ପରି
ଆଜିବି ଅନବରତ ବହିବାକୁ ପସନ୍ଦ କରୁଥିବୁ
ତୋ ପ୍ରେମିକମାନଙ୍କ ଆଖିରେ ଛାତିରେ
ତୁ ଆଜିବି 'ତୁ' ହୋଇଥିବୁ
ଏଇ ନିରୀହ ବିଶ୍ୱାସରେ
ମୁଁ ଫେରୁଛି ନଈ ତୋରି ପାଖକୁ
ପାଉଁଜି ହଜେଇଦବାର ବାହାନାରେ ।

# PRAJNAPRABHA KUANAR

# ପ୍ରଜ୍ଞାପ୍ରଭା କୁଅଁର

କବି ପ୍ରଜ୍ଞାପ୍ରଭା କୁଅଁରଙ୍କ ଜନ୍ମ ୧୯ ଅକ୍ଟୋବର, ୧୯୯୬ରେ, ବାଲେଶ୍ୱର ଅନ୍ତର୍ଗତ କନ୍ଦଡ଼ାରେ। ବିଜ୍ଞାନରେ ସ୍ନାତକ ଓ ପ୍ରାରମ୍ଭିକ ଶିକ୍ଷାରେ ଡିପ୍ଲୋମା ପରେ ଉଚ୍ଚ ଶିକ୍ଷା ପାଇଁ ପ୍ରସ୍ତୁତ ହେଉଥିବା ପ୍ରଜ୍ଞା ସଂପ୍ରତି ସମାଜ, ସଂସ୍କୃତି, ଆର୍ଥିକ ଓ ରାଜନୈତିକ ପ୍ରସଙ୍ଗ, ଏବଂ ଜନବାଦୀ ସାହିତ୍ୟ ଉପରେ ଅଧ୍ୟୟନରତ। ସେ କୁହନ୍ତି, ସାହିତ୍ୟ ସମାଜର କଥା କହିବା ନିହାତି ଆବଶ୍ୟକ, ଯେହେତୁ ସାହିତ୍ୟ ଓ ସମାଜ ଅଙ୍ଗାଙ୍ଗୀ ଭାବରେ ଜଡିତ। ସମାଜର ବିଭିନ୍ନ ଶୋଷିତ ବର୍ଗର ସ୍ୱର, ତାଙ୍କ କବିତାର ସ୍ୱର। ସମକାଳୀନ ସମାଜର ଛବି, ତାଙ୍କ କବିତାର ଛବି। ପ୍ରଜ୍ଞାଙ୍କ ସହିତ 'prajnaprabhak19@gmail.com'ରେ ଯୋଗାଯୋଗ କରାଯାଇପାରେ।

## ଡେଣା

ବେଳ ଅବେଳରେ
ମୁଁ ତାକୁ ଖୋଜେ, ପାଏ
ଦୂରରେ ଥିଲେ ବି ଡାକିଲେ
ଓ' କରେ, ଧାଇଁ ଆସେ।
ମୋ ସବୁ ଆଂଚୁଡା ଦାଗର
ଚମଡା ତଳେ ତା' ମଲମ,
କେବେ କେବେ ଫେରିଯାଉଥିଲେ
ଆଗକୁ ଟାଣି ନିଏ।

ଆଗ ପଛ, ପଛ ଆଗ
ଆମେ ଗୋଡାଗୋଡି ହଉ

ସେ ମୋତେ ଧରି ପକାଏ,
ମୁଁ ପାରେନି।
ମେଘ ସେପାରେ ଲୁଚିଲେ ବି
ସେ ଖୋଜିପାଏ, ମୁଁ ପାଏନି।

ବାଘ ଦେଖି ଆଖି ବନ୍ଦ କରନ୍ତିନି
ସେ କହିଛି
ମାଙ୍କଡ଼ ବି ପାହାଡ଼ ଚଢିପାରେ
ସେ ଶିଖେଇଛି।

ସେ ପ୍ରଜାପତି,
ଜାତି ଜାତି ରଙ୍ଗର ପର
ସବୁ ରଙ୍ଗ ମୁଁ ଛୁଇଁଛି
ରଙ୍ଗୀନ ପର ହଲେ ବି ଯୋଡ଼ିଛି
କିନ୍ତୁ ବାଟ ବନ୍ଦ, ଉଡି ପାରୁନି।

## ବନ୍ଦୀଦିନ

ହେଇପାରେ,
ୟା ଭିତରେ ଜନ୍ମ ନେବେ କୃଷ୍ଣ
ପୁଣି ପାପୀଙ୍କ ବିନାଶ, ଗୋପୀଙ୍କ ସହ ରାସ
ତା'ପରେ ଗୀତା, ଜାତିପ୍ରଥା, ମହାଗାଥା।

ହେଇପାରେ ଜନ୍ମନେବେ ରାମ
ଅସୁରକୁ ମୃତ୍ୟୁଦଣ୍ଡ,
ଅଗ୍ନିପରୀକ୍ଷା ପରେ ବି ଅସନ୍ତୁଷ୍ଟ
ଗର୍ଭବତୀ ସ୍ତ୍ରୀକୁ ବଣରେ ଛାଡି,
ମର୍ଯ୍ୟାଦା ପୁରୁଷ।

ଯାଅ, ଦେଖ ରାମାୟଣ
ନିଜମନସ୍କ ହେବାର ନିଃସର୍ତ୍ତ ସୁଯୋଗ
ମାଟିମନସ୍କ ମାନେ ତ ରାବଣ।

କିନ୍ତୁ, ଏଇ ଦିନରେ
ଯେ ଭାତ ବଦଳରେ ଖାଉଛି ଘାସ
ସେ କିଏ ? କାହାର ଗର୍ବ ?

ସଂଖ୍ୟା ପରେ ଏକକ ବସେଇ
ମାପିନେଲ ଯାହା ପାଦର ସାମର୍ଥ୍ୟ,
ଭାଗ୍ୟରେ ଭୋକ, ପେଟରେ ପବନ ପୁରେଇ
ଯିଏ ଫେରୁଥିଲା
ଯାହାକୁ ମୂର୍ଖ, ମାନବଜାତିର ଶତ୍ରୁ ବୋଲି ଗାଳିକଲ
କଣ ଭୁଲ ଥିଲା ତା'ର ?

ଶୀତତାପ ନିୟନ୍ତ୍ରିତ ଆକାଶ ଦେଇ
ସୁଟକେଶରେ ବୋହି ଯୋ'ମାନେ ଭୁତାଣୁ ଆଣିଲେ
ତାଙ୍କ ଘରବାହୁଡ଼ାକୁ ଅଭିନନ୍ଦନ,
ଡହ ଡହ ଖରାର ରାସ୍ତା ଉପରେ
କାନ୍ଧରେ ସଂସାର ଝୁଲେଇ
ଛାଲ ନଥିବା କି ଢାଲ ନଥିବା ଦେହରେ
ଯାହାକୁ କୀଟନାଶକରେ ବିଶୁଦ୍ଧ କରାଗଲା
ସେ କରିଥିଲା କ'ଣ ?

ହାଃ, ପ୍ରଶ୍ନ କରୁଛୁ ବୋଲି
ତମ ଆଖିରେ ନିଆଁବାଣ !

# ଦୌଡ଼

ସେ ମୋତେ ଡାକିଲା
ହାତ ବଢ଼େଇ, ମିଠା ମିଠା କଥା କହି,
ମୁଁ ଦଉଡି ଗଲି
ଗେଲହେଇ କହିଲା,
ତ ଶୁଣିଲି, ମାନିଲି ତା' କଥା
ଆପଣାର କଲା
ମୋତେ ଛାତିରେ ଜାକି ଧରିଲା
ମତେ ବି ଆରାମ ଲାଗିଲା, ମୁଁ ତା' ଭିତରକୁ
ଆହୁରି ପାଦବଢ଼େଇଲି।

ଏବେ ମୋ ପାଦରେ ପିନ୍ଧାଇଲା ରୂପା ପାଉଁଜି
ମୋତେ ଅଡୁଆ,
ହେଲେ ଅନ୍ୟଙ୍କୁ ସୁନ୍ଦର ଦିଶୁଥିଲା
ସଭେଁ କହିଲେ ଭଲ
ମୁଁ ଭାବିଲି ହେଇଥିବି ଭଲ
ଏ କ'ଣ ପାଦରୁ ଦି'ପାଦ ଘୁଞ୍ଚିପାରୁନି
କ'ଣ ହେଲା, ମୋ ପାଦଟା ମୋତେ ଧୋକା ଥିଲା ?
ଦେଖିଲି, ପାଉଁଜିରୁ ଲମ୍ବିଛି ଗୋଟେ ଦଉଡି
ତା' ହାତରେ ଶେଷ ଅଂଶଟି
ମୋତେ ଛାଡୁନି
ମୁଁ ଯେତେ ଆଗକୁ ବଢୁଛି
ସେ ସେତେ ଟାଣିଦଉଛି, ମୁଁ ହାରିଯାଉଛି।

ହଠାତ ଠିଆ ହେଲି
ଦୃଢ଼ ହେଇ ଠିଆ ହେଲି
ଛିଣ୍ଡେଇ ଦେଲି ଦଉଡି

ଭାଙ୍ଗିଦେଲି ପାଉଁଜି
ଦୌଡ଼ିଲି, ମନଇଛା ଦୌଡ଼ିଲି
ହାଟରେ ଦୌଡ଼ିଲି
ସବୁ ବାଟରେ ଦୌଡ଼ିଲି ।

ଏସବୁ ଦେଖି ତା' ଆଖିରେ ଖେଳିଲା ଘୃଣା
ଆଉ ଚାରିପାଖରେ ମୋର
ଲୋକଙ୍କ ଛିଛାକର
ମୁଁ ବୁଝିପାରିଲିନି ସେ ରାଜନୀତି ଫନ୍ଦିଫିକର
ଫେରିଯାଉଥିଲି, ଫେର ଅଟକିଗଲି
ଭାବିଲି ସେ କିଏ
କାହିଁକି ଯିବି ତା' ପାଖକୁ
ସେ କିଏ ମୋତେ ଘୃଣା କରିବାକୁ ?

ପୁଣି ଦୌଡ଼ିଲି
ପୁଣି ତା' ଘୃଣା, ଲୋକଙ୍କ ଛି'ଛାକର
ଯେତେ ଦୌଡ଼ିଲି, ସେତେ ପାଇଲି
ମୁଁ ଜାଣିଲି ମୋ ଦୌଡ଼ିବା
ତା' ପସନ୍ଦ ନୁହେଁ
ତା'ର ଭୟ କାଳେ
ମୁଁ ଦୌଡ଼ି ଦୌଡ଼ି ଚାଲିଯିବି
ତା' ପରିଧିରୁ ବହୁ ଆଗରେ
ପାଠକେ, ସେ ମୋତେ ପ୍ରେମ କରେ ।

## ପ୍ରତିବଦଳେ

ଆମ ଯୋନିରୁ ପୁରୁଷ ଚିନ୍‌ହିତ ହେଇ ବାହାରିଲା ପରେ
ଆମ ଦେହରେ ହିଁ ପୌରୁଷର ପ୍ରମାଣ ଦିଅ,
ଯେଉଁ ସ୍ତନର କ୍ଷୀର ଖାଇ ଶକ୍ତ ହେଲ
ତାକୁ ହିଁ ଦଳି ମକଚି ନିଜ ପାରିଲାପଣିଆର ରୁବାବ ଝାଡ଼।

ଆମକୁ ଦେଖିଲେ ଲାଳ ଗଡେ ବୋଲି ପରଦାରେ ରଖ
କୋଉ ଅଙ୍ଗକୁ କେତେ କନା, ତା'ର ମାପ ଶିଖାଅ
ପୁଣି ଅନ୍ଧାର ଘରେ ବନ୍ଦ ରଖି
ଅତିବାଇଗଣୀ ରଶ୍ମିର ବିଜ୍ଞାନ ପଢ଼ାଅ।

ଆମର ଉଡିବା ତମେ ଚାହଁନି,
ଶିକୁଳି ଛିଣ୍ଡିଯିବା ଭୟରେ
ଘରର ମାନ ସମ୍ମାନ କହି ଭୁଆଁ ବୁଲାଅ
ନଚେତ ଧର୍ଷଣ, ଲୁଣ୍ଠନ, ଏସିଡ ଶବ୍ଦମାନଙ୍କୁ ନିଦରୁ ଉଠାଅ।

ତମ ଅଟ୍ଟହାସରେ ଚାପିଯାଉଥିବା ସ୍ୱରରେ
କଥା କହିଲୁ ତ ଭଲ,
ଟିକେ ଜୋର କହି ଯଦି ଇତିହାସ ଥରେଇଲୁ
ମୂଳଖୁଣ୍ଟି ଉପୁଡିଯିବା ଡରରେ
କୋଉ ଭୁଲରେ ଶାଢ଼ୀ ଖୋଲିବ,
କୋଉ ଦୋଷରେ ବ୍ଲାଉଜ ଚିରିବ,
ତା'ର ଆଇନ ଚଳାଅ।

ତମ ଆଖିରେ ଆମେ ତ ମଣିଷ ନୋହୁଁ
ବରଂ ମେସିନ,

ଯାହାର ପ୍ରତ୍ୟେକ ଯନ୍ତ୍ରାଂଶ
ତମ ବିଳାସ ବ୍ୟସନରେ ନିଃଶେଷ।

ରଖ ହୋ
ଓଠକୁ ଦାନ୍ତରେ ରଗଡି
ନିଜ ସ୍ୱାର୍ଥ ପାଇଁ ଦେଉଥିବା ଉପମା ସବୁ
ତମ ପାଖରେ ରଖ
ବଂଶ ଉଧରିବା ପାଇଁ 'ସର୍ବଂସହା ଜନନୀ'ର ପ୍ରଳାପ
ଶେଷବିନ୍ଦୁ ଯାଏଁ ଦାସୀ ହେବୁ ତ 'ଦୁହିତା' ବୋଲି ବିଳାପ ଆଉ ଚଳିବନି।

ଭାବିଦେଖ, ଥରେ ଭାବିଦେଖ
ଯୋଉଦିନ ସ୍ତନଗ୍ରନ୍ଥିର ବାଟ ବନ୍ଦ କରିବୁ
ଗର୍ଭାଶୟକୁ ନିଜ ଦେହରୁ ଅଲଗା କରିବୁ
କ'ଣ କରିବ ସେଦିନ ?
କାହାକୁ ବାଣ୍ଟିବ ପ୍ରମାଣପତ୍ର ଆମ ଚରିତ୍ରର
କାହାପାଇଁ ଲାଗୁ କରିବ ଦଣ୍ଡ, ମର୍ଯ୍ୟାଦା ଉଲ୍ଲଘଂନର
ଆଉ କୋଉଠି ଉଷୁମେଇବ
ଏତେ ସବୁ ଚିତ୍କାର ?

PABITRA BRAHMAPUTRA NAYAK

# ପବିତ୍ର ବ୍ରହ୍ମପୁତ୍ର ନାୟକ

କବି ପବିତ୍ର ବ୍ରହ୍ମପୁତ୍ର ନାୟକଙ୍କର ଜନ୍ମ ୧୫ ଜୁଲାଇ, ୧୯୯୬ରେ, କେନ୍ଦ୍ରାପଡା ଜିଲ୍ଲା ଅନ୍ତର୍ଗତ ରାଜନଗରରେ। 'ଋତୁ ଓ ଅନ୍ୟାନ୍ୟ କବିତା' ଏବଂ 'ଭୋକ' ଶୀର୍ଷକରେ ତାଙ୍କର ଦୁଇଟି କବିତା ସଂକଳନ ପ୍ରକାଶିତ। ପବିତ୍ରଙ୍କ କବିତା ମାଟି ଓ ମନର କଥା କହେ, ଜୀବନ ଓ ଜୀବିକାର ଚିତ୍ର ଆଂକେ। ତାଙ୍କ ସହିତ 'writerpabitra@gmail.com'ରେ ସଂପର୍କ କରାଯାଇପାରେ।

## ନିଃସଙ୍ଗ ବିହଙ୍ଗ

ମାଗିଲେ ମାଗନ୍ତି
ହଲେ ଆଖି ପାଇଁ ଘଡ଼ିଏ ନିଦ
ଚିତ୍କାର କରୁଥିବା ପେଟ ପାଇଁ
ମୁଠାଏ ଦାନା,
ବର୍ଷକୁ ଅନେଶତ ବାର
ଫୁଙ୍ଗୁଳା ରହୁଥିବା ଦେହପାଇଁ କନା

ହେଲେ ମୁଁ ମାଗି ପାରିବି ନାହିଁ।
ମୋର ହାତ ନାହିଁ, ପାଦ ନାହିଁ,
ଜିଭ ନାହିଁ, ଆଖି ନାହିଁ।

ମାଗିଲେ ମାଗନ୍ତି ରାତି ପାଇଁ ଶେଯ
ଅଚିହ୍ନା ସହରରେ ଠିକଣା ପାଇଁ
ଦୟାଳୁ ଲୋକଟିଏ

ଜିଇଁ ରହିବା ପାଇଁ
ଶହେ ଭାଗ ସୁରକ୍ଷା

ହେଲେ ମୁଁ ମାଗି ପାରିବି ନାହିଁ।
ମୋର ଗତି ନାହିଁ, ଜିତି ନାହିଁ,
ସାଥୀ ନାହିଁ, ପ୍ରୀତି ନାହିଁ।

ମୁଁ ଏକ ନିସଙ୍ଗ ବିହଙ୍ଗ।

## କଳା

କେହି ଜଣେ ଗଢ଼ିଛି ଯାକୁ
ମନ, ପ୍ରାଣ ଦେଇ
ଯେମିତି ଗଢ଼େ କୁମ୍ଭାର ମାଟି ହାଣ୍ଡି,
ଯେମିତି ଗଢ଼େ କମାର କଟୁରି,
ଯେମିତି ଗଢ଼େ ବଢ଼େଇ ଖଟୁଲି
ଠିକ୍ ସେହିପରି।

କେହି ଜଣେ ଯାକୁ ନେଇ
ସ୍ୱପ୍ନ ଦେଖିଥିବ,
ପାରିଜାତ ବନରୁ ମହକ ଆଣି ବିଞ୍ଚି
ଦେଇଥିବ ଯା ଉପରେ,
ଗଙ୍ଗାଠୁ ଆଣିଥିବ ପବିତ୍ରତା,
ଜହ୍ନଠୁ କିଛି ଉଜ୍ଜ୍ୱଳପଣ,
ଅଶାନ୍ତ ସାଗରରୁ କେଇ ବୁନ୍ଦା ନୀଳ
ଇତ୍ୟାଦି ଇତ୍ୟାଦି।

ପ୍ରଜାପତିକୁ ଆଣି ବସେଇବାର
କୌଶଳ ଯଦିଓ ଜଣା ନଥିବ ତା'କୁ
ଫୁଟେଇବାରେ ତ କରିଛି ଅନେକ ଶ୍ରମ
ଯା', ଜଣା ପଡୁଛି।
ଅଥଚ ଫୁଟୁ କି ନ ଫୁଟୁ
କଦମ୍ବର କଢ଼ି ପରି ତା'ର କଳା।

କେହି ଜଣେ ଗଢ଼ିଛି ତ ! ଗଢ଼ିଥାଉ,
ତା'ର କଳାକୁ ନେଇ ପ୍ରଶ୍ନ କିଆଁ ଏତେ,
ତା'ର କଳାକୁ ନେଇ ଚିନ୍ତା କିଆଁ ଏତେ,
ତା'ର କଳାକୁ ନେଇ ଚର୍ଚ୍ଚା କିଆଁ ଏତେ,
କେହି ଜଣେ ଗଢ଼ିଛି ତ ଗଢ଼ିଥାଉ
ତା' ନିଜ ପାଇଁ।

## ଦୌଡ଼

ଦୌଡ଼ି ଦୌଡ଼ି
ତମେ କେତେ ଦୂର ଯାଇପାରିବ ?
ଯାଇ ଯାଇ ଯିବ
କେଉଁ ଏକ ନଦୀର ତୁଠ ନିକଟକୁ
ନ ହେଲେ କେଉଁ ମନ୍ଦିର ପାହାଚ ନିକଟରେ
ପହଞ୍ଚି ପାରିବ।

ଅତି ବେଶିରେ ଗଲେ ଯିବ
ବେକ ବୁଡ଼ିବା ଯାଏ
ନଦୀର ଜଳ ଭିତରକୁ,
ମନ୍ଦିରର ଦିଅଁଙ୍କଠୁ ତିନି ହାତ ଦୂରରେ
ଯାଇ ଛିଡ଼ା ହୋଇପାରିବ।

ତମେ କ'ଣ ପହଞ୍ଚି ପାରିବ
ଅଶ୍ୱଠୁ ବି କ୍ଷୀପ୍ର ଗତିରେ ଦୌଡ଼ିଲେ
ଜହ୍ନଦେଶରେ,
ଅଗନାଅଗନୀ ବନସ୍ତରେ ଥିବା
ଗଭୀର ଗୁମ୍ଫାର ଶେଷ ଯାଏ,
ସମୁଦ୍ରର କେନ୍ଦ୍ରବିନ୍ଦୁରେ,
ହାତ ପାଉ ନ ଥିବା ବିଶାଳ ଆକାଶର
ପଶ୍ଚିମ କୋଣରେ।

ତା' ଆଗରୁ ତ
ତମେ ନିର୍ଜୀବ ପାଲଟି ସାରିଥିବ
ପଥରଖଣ୍ଡ ଭଳି।

ଦୀର୍ଘ ତିନି ଦଶନ୍ଧି ଧରି
ଯେଉଁ ପଥରଟି ପଡ଼ିରହିଛି
ଗାଁ ଶେଷମୁଣ୍ଡ ବରଗଛ ତଳେ।
ଯାହାକୁ ଚୌକି ମନେକରି
କେହି କେହି ବସି ଗୁଲିଗପ କରୁଛନ୍ତି
ଦି'ପହର ଖରାରେ ବି।

## ଛାଇ

ଦେଖୁଚି ପ୍ରେମିକା ପରି
ସାରାଦିନ ପ୍ରତି ମୁହୂର୍ତ୍ତରେ ସେ ଅଛି
ମୋ ପାଖେ ପାଖେ

ଗଙ୍ଗା କୂଳରେ ବି
ସାଗର ଜଳରେ ବି

ଏକାନ୍ତ ପଥରେ ବି
ଶୂନ୍ ଶାନ୍ ଘର ଭିତରେ ବି

କେବେ ଛାଡି ଯାଇନି ସେ ମତେ
ମୁଁ ଯେତେ ରାଗିଛି, ଯେତେ ରୁଷିଛି
ଯେତେ ଧରିଛି ହାତରେ ହତିଆର
ବାଘର ଫାଶ
ଯେତେ ଉଠେଇଛି ଟାଂଗିଆ
ଧାରଣ କରିଛି ଉଗ୍ରରୂପ
ଯେତେ ଗହଳିରେ କରିଛି ଯାତ୍ରା
ଧସ୍ତାଧସ୍ତି କରି

ମୁଁ ଶୋଇ ଯାଇଛି ତ
ସିଏବି ଶୋଇ ଯାଇଛି
ମୁଁ ଉଠି ବସିଛି ତ ସିଏବି
ଉଠି ବସିଛି
ମୁଁ ଯଉଠି ଅଟକିଛି ଥକ୍କା ମେଣ୍ଟିବା ହେଉ କି
ପ୍ରିୟଜନଙ୍କୁ ଦେଖିକରି
ସିଏ ବି ଅଟକି ଯାଇଛି ସେଇଠି ଘଡିଏ

ମୁଁ ହାଇ ମାରିଛି ତ ସିଏ ବି
ମାରିଛି ହାଇ
ମୁଁ ଲାଠି ଧରିଛି ତ
ସିଏ ବି ଧରିଛି ଲାଠି
ମୁଁ ବସି ଯାଇଛି ତ
ସିଏ ବି ବସି ବସିଯାଇଛି
ମୋ ପରି

ମୁଁ ଗୀତ ଗାଇଲେ ସେ ଗାଇଛି
ମୁଁ ଲୁହ ଢାଳିଲେ ସେ ଢାଳିଛି
ମୁଁ ଯେବେ ବିଭୋର ହେଇଛି
ପ୍ରକୃତିର ପ୍ରେମରେ ସିଏ ବି ହେଇଛି ବିଭୋର
ହସିଛି କରମର୍ଦ୍ଦନ କମ୍ପେଇ ଦେଇ

କେଜାଣି
ଏ କି ତା'ର ପ୍ରେମ
ଏ ବୁଢା ମଣିଷଟି ପ୍ରତି
ଏଯାଏ ମୁଁ ଜାଣି ପାରିନି

■■

SUBHASHREE TANIMA NAYAK

## ଶୁଭଶ୍ରୀ ତନିମା ନାୟକ

କବି ଶୁଭଶ୍ରୀ ତନିମା ନାୟକଙ୍କର ଜନ୍ମ ୨୩ ମଇ ୧୯୯୬ରେ, ନୂଆରମ୍ପାସ, ହାଟଡ଼ିହି, କେନ୍ଦୁଝରରେ। ରସାୟନ ବିଜ୍ଞାନରେ ସ୍ନାତକୋତ୍ତର ପରେ ସେ ଏବେ ଆର୍.ଆଇ.ଇ., ଭୋପାଳରେ ଇଣ୍ଟିଗ୍ରେଟେଡ୍ ବି.ଏଡ୍-ଏମ୍.ଏଡ୍ ଦ୍ୱିତୀୟ ବର୍ଷର ଛାତ୍ରୀ। ଆଖପାଖରେ ଭେଟୁଥିବା ଅଭାବବୋଧ, ଅସହାୟତା, ସ୍ୱପ୍ନଭଙ୍ଗର ଅସ୍ପଷ୍ଟ ଶବ୍ଦ ଓ ନିରବ ଦୀର୍ଘଶ୍ୱାସମାନେ ହିଁ ଅନେକ ସମୟରେ ତାଙ୍କୁ କବିତା ଲେଖିବାକୁ ଇନ୍ଧନ ଯୋଗାନ୍ତି ବୋଲି କୁହନ୍ତି ଶୁଭଶ୍ରୀ। 'ବିନ୍ଦୁଏ ସ୍ୱପ୍ନର ଛାଇ' ତାଙ୍କର ପ୍ରଥମ କବିତା ପୁସ୍ତକ। କବିଙ୍କୁ ତାଙ୍କ ଇମେଲ୍ (s.tanima96@gmail.com) ମାଧ୍ୟମରେ ସମ୍ପର୍କ କରାଯାଇପାରେ।

## ଭୁଆସୁଣୀ

ଦୀର୍ଘଶ୍ୱାସକୁ ଜାଳେଣି କରି
ଚୁଲି ଜାଳେ କୁହୁଳା ନିଆଁରେ,
ହାଣ୍ଡିରେ ଫୁଟାଏ ସ୍ୱପ୍ନ..
ଦରଦରେ ଜରଜର ଆଖିରୁ
ଫିଟିପଡୁଥିବା କୋହସବୁକୁ
ଓଠରେ ସାଇତି ଦେଇ
ତେଲ ଲୁଣ ସଂସାରର ଧର୍ମ ପାଳୁଥାଏ..

ଦିନର ନିଅଣ୍ଟିଆ ସମୟ
ଅନ୍ଧାରରେ ଗଙ୍ଗଶିଉଳି ପରି
ଝରିଯାଏ ଶେଯରେ...
ମଥାର ଓଢ଼ଣୀ ପୁଣି ନଳିତାବିଡ଼ା ହେବ,
ପାଦର ପାଉଁଜି ଦିନେ ହୋଇଯିବ ବେଡ଼ି,

ଖିଲିଖିଲି ହସ ହେବ ଅସହାୟ ମୃଗୁଣୀର ସ୍ମୃତି,
କୁଆଁରୀ ବେଳର ବାଉଳା ପବନ
ଦିନେ ଯେ ଆଞ୍ଜୁଳାଏ ଦୀର୍ଘଶ୍ୱାସ ହେବ
ସିଏ କ'ଣ ଭାବିଥିଲା କେବେ !

କିଏ ବୁଝେ, ଲୁହ, ଲହୁ, ଧୂଆଁ, କୁହୁଡ଼ି ଭିତରେ
ସେ କେମିତି ମୁକୁଳାଉଥାଏ
ନିଜ କବରୀରୁ ତାରା ଫୁଲ,
ତା ଅଭିଳାଷର ଇନ୍ଦ୍ରଧନୁରେ
ତିଆରେ ରାସ୍ତାଟିଏ
ନିଜ ପାଦ ପାଇଁ...

ପାଦର ଅଳତା ହୁଏ ରକତର ନଈ,
ନିଜ ପାଇଁ ଖୋଜୁ ଖୋଜୁ
ନିଜେ ଇ ତ ଜାଣେନାହିଁ
କେତେବେଳେ ହେଇଯାଏ
ଆଉ କା'ର ପାଦର ପାଣ୍ଡୋଇ ।

ସିଏ ଜାଣେ ଆସିବନି ଭଗୀରଥ କେବେ
ଦେବାପାଇଁ ଜାହ୍ନବୀର ମଞ୍ଜୁଳ ପରଶ,
ତାକୁ ହିଁ ତ ଏକା ଏକା ଭୁଞ୍ଜିବାକୁ ହେବ
ସଗର ବଂଶର ସେହି ଦଗ୍ଧମାନ ବିଡ଼ମ୍ବିତ ଭାଗ୍ୟ
ଆଉ ବିଚରା ସିସିଫସର ପୌନଃପୁନିକତା ।

ତଥାପି...
ସବୁ ପାପ ଅପାପର ପଲ୍ୱଳ ଭିତରେ
କେମିତି ଫୁଟିବାକୁ ହେବ
ଆଲୋକର ଶତଦଳ ହୋଇ,
ଅନ୍ତର୍ଦହନର ଉଆଁସ ଭିତରୁ

କେମିତି ଝରିବାକୁ ହେବ
ଜହ୍ନପଖଲା ଆଶ୍ୱାସନାଟିଏ ହୋଇ
ଏକଥା ତା ଛଡ଼ା ଆଉ କିଏ ବା ଜାଣିବ !

## ଧୂଳି

ପ୍ରଥମ ଥର ଯେବେ
ଧୂଳିରେ ପଡ଼ିଲି
ବୋଉର ପଣତ ହିଁ
ଢୋକିନେଲା ମୋ ଦେହରୁ ଧୂଳିର ରଙ୍ଗ

ପିଲାଦିନେ, ସେଇ ଧୂଳିରେ
ଗମଗମ ଝାଳରେ
ଖରାରେ ରାନ୍ଧିଲି ଭାତ ଡାଲି
ତିଆରିଲି ଅନେକ କଣ୍ଢେଇଙ୍କ ସ୍ୱପ୍ନ
ମୋ ହାତରେ

ସବୁ ଆସେ ଆଉ ଚାଲିଯାଏ ବୋଲି
ସେଇ ମାଟିକଣ୍ଢେଇ ହିଁ ମତେ ଶିଖେଇଥିଲେ...
ଯେବେ ମୋ ସାନ ଭାଇ ରାଜା
ତାଙ୍କୁ ଫିଙ୍ଗିଦେଲା ପୋଖରୀରେ
ସେମାନେ କେବେ ବି
ମୋ ପାଖେ ଅଝଟ ହେଲେ ନାହିଁ
ଫେରି ଆସିବାକୁ...
ରାତିରାତି କାନ୍ଦିଲେ ନାହିଁ
ଅତୀତ ସୁମରି...

ସେଇ ଧୂଳିରେ ପାଣି ମିଶି
ପୁଣି ଗଢ଼ାହେଲା
ଅନେକ ଘର, ଚୁଲି ଆଉ
କଣ୍ଢେଇଙ୍କ ଜୀବନ...
ସେଇ ଧୂଳି ହିଁ ମୋ ଶୈଶବର ସାଥି,
ଶୀତସଂଜରେ ପାଉଁଜି ତଳର କଳା ଦାଗ,
ମୌସୁମୀର ପ୍ରଥମବର୍ଷା,
ପଚପଚ କାଦୁଅରେ ଚପଲର
ଅଠାଳିଆ ଆକର୍ଷଣ...

ସେଇ ଧୂଳି ହିଁ ବଡ଼ଦାଣ୍ଡ,
ମନ୍ଦିରର ଧୂପ,
ଚଉଁରା ମୂଳେ ବଳିତାର ଅବଶେଷ,
ପାଦୁକ କୁଣ୍ଡର ଚନ୍ଦନ,
ଗୋଟେ କାଳବୈଶାଖୀର
ଉଷର ଅପରାହ୍ଣ...

କ୍ରମଶଃ...
ସବୁକିଛି ଧୂଳିକୁ ସଅଁପିଦେଇ
ଗାଁ ମଶାଣିରେ ଦେହଟିଏ ଜଳେ,
ଅନେକ ଅବସୋସ ଧୂଳି ପାଲଟେ,
ଅପୂରଣୀୟ ଇଚ୍ଛାମାନେ
ଜିଦ୍ ଧରନ୍ତି ପୁଣିଥରେ
ଲେଉଟି ଆସିବାକୁ ଧୂଳିର ଦେହକୁ

## ଫୁଲ ଫୁଟିବାର ବେଳ

ହୁଏତ ପଚାରିପାର...
ବେଳ ତ ବୁଡୁ ବୁଡୁ ହେଲାଣି,

କୋଉ ବେଳାରେ କୋଉଠି କେମିତି
କି ଫୁଲ ଫୁଟିବ ଯେ !
ହେଲେ ଜାଣିରଖ,
ଏ ବେଳ ତ ଫୁଲ ଫୁଟିବାର...

ମାଟି ଅଛି ମାନେ,
ପବନ ବୋହି ଆଣିବ ମେଘ,
ନିଃଶ୍ୱାସରେ ବି ଅଛି ବିନ୍ଦୁ ବିନ୍ଦୁ କାକର,
ବିଶ୍ୱାସରେ ଅଛି ବର୍ଷିଯିବାର ମାତାଲପଣ...
ମେଘ ଅଛି ମାନେ, ଫୁଲ ଫୁଟିବ
ଏଇ କୁହେଳି ଘେରା ଗୋଧୂଳି ବେଳାରେ,
ଖରାସବୁ ନିଜ ଧାସରେ ଜଳିଗଲା ପରେ,
ରଙ୍ଗ ଯାହା ବି ହେଉ
ଫୁଲଟିଏ ତ ନିଶ୍ଚୟ ଫୁଟିବ...

ଗଛରେ ଥାଉ ନ ଥାଉ ପତ୍ର,
ଦିଶୁ ନ ଦିଶୁ ପର୍ବତର ମେଘଳ ମୁହଁ,
ଝରଣାର କାଚକେନ୍ଦୁ ପାଣିରେ
ଉଠୁ ନ ଉଠୁ କୁନି କୁନି ଢେଉ,
ପକ୍ଷୀର ଦିହ ଉଲୁସା କାକଳିରେ
କିନ୍ତୁ ଫାଟି ପଡ଼ିବ ମାଟି,
କଜଳପାତିର ଲାଞ୍ଜ ପରି
ଦି' ଭାଗ ହେବ ଜରାୟୁରେ ଅସ୍ତବ୍ୟସ୍ତ ବୀଜ,
ଶବ୍ଦର ମଟାଳ ମାଟିରେ
କବିତାର ଫୁଲଟିଏ ତ ଫୁଟିବ ନିଶ୍ଚୟ...

କୋହମାନଙ୍କ ବୁନ୍ଦାବୁନ୍ଦା ଲୁହରେ ବତୁରି ଯିବ ମାଟି,
ଆକାଶରୁ ଝରି ପଡ଼ିବ ନୀଳ ନୀଳ ପ୍ରତିଶ୍ରୁତି,
କାଦୁଅ ଗହଣା ନାଇ ଫୁଲେଇ ହବ ମାଟି,

ଡେଣା ପିନ୍ଧି ଫୁଲ ମାଗିବ ଆକାଶ,
ପୃଥିବୀର ଛାତି ଫଟେଇ ଅଙ୍କୁରିତ ହେବ
ନିଃଶ୍ୱାସର ଫୁଲ ଗଛ, ଫୁଲ ଫୁଟିବ...
ଫୁଲ ଫୁଟିବା ଆଉ କଣ କି,
ଧୀରେ ଧୀରେ ଆକାଶେଇ ଯିବା ତ !

ଯେଉଁଠି ଧୂସର ପାପୁଲିରେ ଅଛି
ସବୁଜ କ୍ଷତମାନଙ୍କ
ସମତଳ ହେଇଯିବାର ମାନଚିତ୍ର,
ଅଛି ଲୁହ, ଲହୁ, ସ୍ୱେଦଙ୍କର
ମାଟିମନସ୍କ ଅବରୋହଣ...
ମାଟି ତ ଭିଜିବ, ପଡ଼ୁେଇ ଯିବ ପ୍ରେମ,
ହାତ ବଢ଼େଇଦେବ ଶୂନ୍ୟକୁ ମହାଶୂନ୍ୟକୁ...

ଫୁଲ ଫୁଟିବା ଆଉ କ'ଣ କି,
ସବୁ ଶୂନ୍ୟତାକୁ
ଠୁଳ କରି ପୂର୍ଣ୍ଣ ହେଇଯିବାର
ଅଭିପ୍ସା ଛଡ଼ା !

## ତୁମେ

ତୁମେ
ସଂଜର ଝାପ୍ସା ଅନ୍ଧାର ପରି
ଦୋ ଦୋ ଚିହ୍ନା ଛାଇଟିଏ,
ମୋ ସ୍ୱପ୍ନମାନଙ୍କ ନିକଟତମ ଆଖି,
ଆଉ ଆଖିପତାମାନଙ୍କ
ନିବିଡ଼ ଆଶ୍ଲେଷ...

ଗୋଟେ ବେଖିଆଲ ଜହ୍ନରାତି,
ଏକୁଟିଆ ତାଳଗଛର ପତ୍ର ସନ୍ଧିରୁ

ଉଡ଼ିଆସୁଥିବା ଚଢ଼େଇମାନଙ୍କ
କଳରବର ଗୁମସୁମ ନୀରବତା...
ନୀରବତା ମାନେ
ମୋ ଓଠମାନଙ୍କ ପାଇଁ
ମିଶ୍ରିତ ଭାବପ୍ରବଣତା

ତୁମେ
ମୁଁ ଚାଲି ନଥିବା
ଅବା ଆଖି କେବେସୁଦ୍ଧା ଛୁଇଁ ନଥିବା
ଗୋଟେ ରାସ୍ତାର ଶେଷତମ ମୋଡ଼,
ସେଠି ଶେଷ ମାନେ ପ୍ରାରମ୍ଭ,
ଛେଉଣ୍ଡପଣ ମାନେ ପ୍ରାଚୁର୍ଯ୍ୟ,
ଅବସୋସ ମାନେ ଏଷଣା
ଆଉ ଅବଶେଷ ହୋଇ ପଡ଼ି ରହେ
ତୁମ ନିଃଶ୍ୱାସ ପରି ଗମ୍ଭୀର କିଛି ଶବ୍ଦ
ଯାହାକୁ ନେଇ କେବେ ବି
ଲେଖିହୁଏନା ତୁମ ଠିକଣା

ତୁମେ
ସବୁଦିନ ପରି
ଗୋଟେ ନୂଆ ସକାଳର ବାହାନା,
ଧାପେ କଅଁଳିଆ ଖରା
ଗୋଟେ ନୀଳ ରାତିର ଆକାଶ
ଯାହାର ଅଧା ମୋ ହୃତସ୍ପଂଦନ
ଆଉ ଅଧା
ଗୋଟେ କବିତାର ଶବ୍ଦହୀନ ଧାଡ଼ି
ଯାହା କେବଳ
ଉଚ୍ଚାରିତ ହୁଏ ଗୋଟେ
ସରୁ ନଥିବା ଦୀର୍ଘଶ୍ୱାସରେ।

## Nikhilesh Mishra

# ନିଖିଳେଶ ମିଶ୍ର

୧୬ ମଇ ୧୯୯୬ରେ ମହିରା, ଜଗତସିଂହପୁରରେ ଜନ୍ମିତ କବି ନିଖିଳେଶ ମିଶ୍ର ଉଭୟ କବିତା ଓ ଗପ ଲେଖନ୍ତି ଏବଂ ଅନୁବାଦରେ ମଧ୍ୟ ରୁଚି ରଖନ୍ତି । 'କେହି ଜଣେ କେଜାଣି କୋଉଠି' (ପଶ୍ଚିମା, ୨୦୧୮), 'କବିଟିଏ ମରିଗଲା ପରେ' (ବ୍ଲାକ୍ ଇଗଲ ବୁକ୍ସ, ୨୦୨୧) ଶୀର୍ଷକରେ ତାଙ୍କର ଦୁଇଟି କବିତା ସଂକଳନ ପ୍ରକାଶିତ । ନିଖିଳେଶ କବିତା ଲେଖନ୍ତି ନିଜ ଜୀବନର ଆଉ ସମାଜର ତମାମ ଅପୂର୍ଣ୍ଣତାର ଜବାବରେ । ତାଙ୍କ କବିତା ମଣିଷର କଥା କହେ ଓ ଏକଥା ବି କହେ, ଯେ ସବୁ ବିରୋଧାଭାସ ସତ୍ତ୍ୱେ ଜୀବନରେ ବଞ୍ଚିବା ଯୋଗ୍ୟ କିଛି ତ ଅଛି । ଜବାହରଲାଲ ନେହେରୁ ବିଶ୍ୱବିଦ୍ୟାଳୟରୁ ଇଂରାଜୀ ସାହିତ୍ୟରେ ସ୍ନାତକୋତ୍ତର କରିଥିବା ନିଖିଳେଶ ଆଜିକାଲି ନିଜର ପ୍ରଥମ ଚଳଚ୍ଚିତ୍ର ପାଇଁ ଚିତ୍ରନାଟ୍ୟ ଲେଖିବାରେ ବ୍ୟସ୍ତ ଅଛନ୍ତି । ତାଙ୍କ ସହିତ 'nikhileshmishra16@gmail.com'ରେ ସଂପର୍କ କରାଯାଇପାରେ ।

## ବାଲକୋନି

ଉପରବେଳା
ବାଲକୋନିରେ ସ୍ତ୍ରୀ ଲୋକଟି
ମୁହଁ ତଳକୁ ପୋତି ଛିଡ଼ା ହେଇଥାଏ,
ବେଳେବେଳେ ବସିପଡ଼େ ଚେଆର୍ ଉପରେ
କିନ୍ତୁ ତଥାପି ମୁହଁ ତଳକୁ ହିଁ ପୋତିଥାଏ ।

ତା' ବାଲକୋନିରୁ ଦିଶେନାଇଁ
ସ୍କୁଲରୁ ଫେରୁଥିବା ହଳଦିଆ ବସ୍,
ଦିଶନ୍ତି ନାଇଁ ତା ବାଲକୋନିରୁ ଗପୁଡ଼ି

ମୋଟୀ ସ୍ତ୍ରୀ ଲୋକମାନେ, ସାମ୍ନା ପାର୍କରେ
ବିଛେଇ ହେଇଯାଇଥିବା ଯୋଡ଼ି ସବୁ
କି ବାଟ ଭୁଲି କଲୋନୀକୁ ପଶି ଆସିଥିବା ଈଶ୍ୱର।

ବାଲକୋନିରେ ଛିଡ଼ାହେଲେ ଲାଗେ
ମୁଁ ଯେମିତି ଗୋଟେ
ଛୋଟକାଟିଆ ସାମ୍ରାଜ୍ୟର ଅଧୀଶ୍ୱର,
ଚୁପଚାପ୍ ଚାଲିଯାଆନ୍ତି ରାସ୍ତା ଉପରେ
ଅଡ଼ି, ଆଲ୍ଟୋ ଆଉ ଅଟୋରିକ୍ସା ସବୁ
ମୋ'ଠାରୁ ଖୁବ୍ ଦୂରରେ।
ଖାଲି ଯାହା ସକାଳୁ ସକାଳୁ ଟୋପି ପିନ୍ଧା
ହକର୍ ଟୋକାଟା ମୋ ବାଲକୋନିକି
ଖବରକାଗଜର କ୍ଷେପଣାସ୍ତ୍ର ଛାଡ଼େ।

ଦିନେ ଦିନେ ଦିଶେନାଇଁ ସ୍ତ୍ରୀ ଲୋକଟି

ସାମ୍ନା ବାଲକୋନିରେ,
ଯୋଉ ଦିନ ତା' ସ୍ୱାମୀ ବାଇକ୍ ପଛରେ ବସି
ସିଏ କୋଉ ମାର୍କେଟ୍ କି ରେଷ୍ଟୋରାଁ ଯାଏ,
ସେଦିନ ମୁଁ ଭାବେ
ମୋ' ବାଲକୋନିରୁ ତା' ବାଲକୋନି
ଜମା ଦୂର ନୁହେଁ,
ହୁଏତ ଗୋଟାଏ କୁଦାରେ
ମୁଁ ସେଠି କବଜା କରିପାରେ।

କିନ୍ତୁ ସେ ସ୍ତ୍ରୀ ଲୋକଟି ଗଲାବେଳେ
ବାଇକ୍ ପଛରୁ ବାଲକୋନିକି ଏମିତି ଅନାଏ
ଲାଗେ ସିଏ ଏବେ ବି ବସିଚି ସେଠି
ମୁହଁ ତଳକୁ ପୋତି

କିମ୍ବା ସାଙ୍ଗରେ ନେଇଯାଇଚି
ଭ୍ୟାନିଟି ବ୍ୟାଗରେ ପୂରେଇ
ତା' ବାଲକୋନିକି ।

## ଗୋଟେ ସରିନଥିବା କାହାଣୀ

କୁଆଡ଼େ ଗଲେ ସେମାନେ ?

କଥା ଥିଲା ସେମାନେ ଆସିବେ ଯୁଦ୍ଧ ସବୁ
ସରିଗଲା ପରେ, ଦୂର କୋଉ ସହରରୁ
ଆଣିବେ ସ୍ୱପ୍ନ କିଛି ପୁରୁଣା
ଖବରକାଗଜ କି ନାଲି ନୀଳ ଜରିରେ ଗୁଡ଼େଇ
ଆମ ଭାରୀ ଭାରୀ ଅମାନିଆ ଆଖିପତା ସବୁ ପାଇଁ,
ସେମାନେ ଆସିଲେ ଖୋଜିଦେବେ
ଅବଦୁଲର ହଜିଯାଇଥିବା ଡାହାଣ ପଟକ ଚପଲ
ଆଉ ସେଇ ପଟର ଗୋଡ଼...
କଥା ଥିଲା ।

ଅଥଚ ସେମାନେ ଆସିଲେ ନାଇଁ,
ଅବଦୁଲ ପାଇଁ ଗଢ଼ା ହେଲା ଆଶାବାଡ଼ି
ଏବଂ ଆମେମାନେ ବାଛିନେଲୁ ଯେଝା ଯେଝା
ମନପସନ୍ଦ ରଙ୍ଗର ନିଦବଟିକା...
ଆଶାବାଡ଼ି ତିଆରି କଲା ଯୋଉ କମ୍ପାନୀ,
ନିଦବଟିକା ଦେଇ ଆମକୁ ଉଦ୍ଧରିଲା ଯୋଉ
କମ୍ପାନୀ...
କମ୍ପାନୀ ବାହାଦୂର ଜିନ୍ଦାବାଦ !
କମ୍ପାନୀ ବାହାଦୂର...

ସେମାନେ ଅଟକି ଗଲେ କି
ବସନ୍ତର ଘର ପାଖେ ?
କୋଉଠି ତା ଘର ?
ବସନ୍ତ ମହାପାତ୍ର ନୁହଁ ମ, ବସନ୍ତ ଋତୁ...
ଋତୁରାଜ ବସନ୍ତ। ଏମିତି ବି କଥା ଥିଲା ବୋଧେ
ସେମାନେ ସାଥିରେ ଆଣିବେ
ବସନ୍ତର ଚିଠି ଆଉ...
ସେତିକି ଥାଉ।
କହିବସିଲେ ଅନେକ କଥା, କଅଣ
ମିଳିବ ସେଥିରୁ ?
କଥା ଥିଲା... କଥା ଥିଲା... କଥା ଥିଲା...
କଥା ହେଲା,
ସେମାନେ ଆସିଲେ ନାଇଁ।

ସେମାନେ କେହି ଆସିଲେ ନାଇଁ,
ଯଦିଓ ଅପେକ୍ଷା କରିଥିଲୁ ଅନେକ ସମୟ ଆମେ,
ଅପେକ୍ଷା କରିଥିଲେ
ସେମାନଙ୍କ ମାଆମାନେ
(ମାଆ ଥିଲେ ଯୋଉମାନଙ୍କର),
ସେମାନଙ୍କ ପ୍ରେମିକ-ପ୍ରେମିକାମାନେ
(ଯଦିଓ ସେମାନେ ଚିହ୍ନା ଦଉନଥିଲେ),
ସେମାନଙ୍କ ଏଯାଏଁ ଜନ୍ମ ହେଇନଥିବା ଛୁଆମାନେ
(ଯୋଉମାନେ ଆଉ ଜନ୍ମ ହେବେନି)...

ଏଥିରେ ଦୁଃଖ କରିବାର କିଛି ନାହିଁ କିନ୍ତୁ...
କେବେ ଦିନେ ସେମାନେ ଫେରିବେ ନିଶ୍ଚୟ
ରାତିବେଳା
ଶେଷ ବସ୍ ଚଢ଼ି...
ନିଆଁ ଜଳେଇ ରଖିବାକୁ ହବ ଚୁଲିରେ ସେଯାଏଁ,

ଆଉ ଯଦି ଚୁଲି ନାହିଁ ତାହେଲେ
ଛାତିରେ।

## କାଣୀ ଆଙ୍ଗୁଠି

ଦେହ ସାରା ଚରିଯାଆନ୍ତି ଗୋଟିଏ ଗୋଟିଏ ହେଇ
ସ୍ପର୍ଶ ସବୁ, ଦାବୀ କରନ୍ତି ଏ ଦେହ ଆମର।

ମୁଁ କୋଉ ମନା କରିପାରେ ?
ମୁଁ ଜାଣେ ଏ ଦେହଟା ତ ମୋର ନୁହେଁ ଜମା,
ଗଢିଚନ୍ତି ସେଇମାନେ, ସେଇ ସ୍ପର୍ଶମାନେ ମତେ,
ଯଦିଓ ମୁଁ ଜାମା ଯୋଡ଼ ହୁଏ, ଦର୍ପଣରେ ମୁହଁ ଦେଖେ,
ବୁଲିଯାଏ ଦେହକୁ ଦେଖେଇ ସହର ସହର, ଯଦିଓ ମୁଁ
ଫେସବୁକ୍ ରେ ନୂଆ ନୂଆ ଅବତାର ନିଏ,
ହୀନିମାନିଆ ଲାଗେ ଭାରି, କାରଣ ମୁଁ ଜାଣେ
ଏ ଦେହଟା ମୋର ନୁହଁ ବୋଲି।

ମନେପଡ଼େ ସେଇ ସବୁ ବର୍ଷା ଟୋପା ଛୁଆଁ
ଯୋଉଥିରେ କେବେ ହେଲେ ଭିଜିନାଇଁ ମୁଁ,
ଝରକା ସେପଟେ ବହୁ ଦୂରରେ ଯୋଉ ମେଘ ବର୍ଷେ
ତାର ବି ସ୍ପର୍ଶଟିଏ ଥାଏ, ଠିକ୍ ଯେମିତି ଥାଏ
ଅନିଦ୍ରା ରାତିରେ
ଏକୁଟିଆପଣର ଚାଦରକୁ ଘୋଡ଼ିହେଇ ଶୋଇବାରେ।

କୋଉ ଗୋଟେ ବର୍ଷାଦିନେ ଖବର ଆସିଲା
ଦେଈ ଆଉ ନାହିଁ ବୋଲି। କାଲେ
ମେଳାରେ ହଜିଯିବି ବୋଲି ଯାହା

କାଣୀ ଆଙ୍ଗୁଠିକୁ ମୁଠେଇ ଧରୁଥିଲି, ସିଏ
ଗଲା ପରେ ମୁଁ ତ କାହିଁ
ମେଳାରେ କୋଉଠି ହଜିଗଲି ନାହିଁ?

ଏ ଯୋଉ ପବନ ଆସେ ଆଉ ମୋ ଦେହରେ
ଧକ୍କା ଖାଇ ଭାଙ୍ଗିଯାଏ, ସେଥିରେ କେତେ କେତେ
ସ୍ପର୍ଶ ଥାଏ, ମୁଁ କଣ ଜାଣିପାରେ?
ଏ ପବନ ନେଇଆସେ
ଆଶୀର୍ବାଦ ଦଉଥିବା ହାତର ଉଷୁମ,
ଲୁଣି ମାରିଯାଇଥିବା ଗାଲମାନଙ୍କ ଉପରୁ
ଲୁହଟୋପାସବୁର ଜଳୀୟବାଷ୍ପ,
କେମିଷ୍ଟ୍ରି ଲ୍ୟାବର କଡ଼ା ଗନ୍ଧକୁ
ମହକେଇ ଦେଇଥିବା ସେଇ ଝିଅଟିର
ମତେ ଦେଖି ହସିଥିବା ହସର ବାସ୍ନା,
ଆଉ କେଜାଣି କେତେ କଣ...

ମୁଁ ତମକୁ ଜାଣେ, ସ୍ପର୍ଶମାନେ!
ମୁଁ ଜାଣେ ତମେଇ ଗଢ଼ିଚ ମତେ,
ମୁଁ ଜାଣେ ତମେ ଅଛ ବୋଲି
ଏଯାଏଁ ମୁଁ
ମେଳାରେ କୋଉଠି ହଜିଯାଇନାହିଁ!

## ଅନୁପସ୍ଥିତି ପରି କିଛି

ଗୋଟିଏ ଗୋଟିଏ ଦିନ।

ତମଠୁ ମୋ' ଯାଏ ଗୋଟେ ରାସ୍ତା ଅଛି,
ଯୋଉ ରାସ୍ତା ଉପରେ ଦୌଡୁଥାଆନ୍ତି

ଆଖିରେ ଅନ୍ଧପୁଟୁଳି ବାନ୍ଧି ଶବ୍ଦ ସବୁ,
ଧକ୍କା ଖାଆନ୍ତି ଇଏ ତା ଦେହରେ, ସିଏ ୟା
ଦେହରେ,
ପହଞ୍ଚି ପାରନ୍ତି ନାଇଁ କେବେ ବି,
କି ପହଞ୍ଚନ୍ତି ଲହୁଲୁହାଣ ହେଇ
ଶେଷ ଦୃଶ୍ୟକୁ ଆଉ ଟିକେ ଟ୍ରାଜିକ୍ କରିବାକୁ...
ଟ୍ରକ୍ ଚଢ଼ିଯାଏ କି ତାଙ୍କ ଉପରେ ?

ନା ନା, ଅଧିକା ବର୍ବର ହେଇଯାଉଚି ଏ କବିତା !

କିଏ କହିବ କେମିତି ଚାଲିବାକୁ ହୁଏ ବାଟ ?
କିଏ ଶିଖେଇବ ଗାଇବାକୁ
'ମୁସା-ଆ-ଫିର୍ ହୁଁ ୟାରୋ...'
ମତେ ଗୀତ ଗାଇ ଆସେନି ଜମା
ଆଉ ତମର ତ ଗୀତ ଶୁଣି ଶୁଣି ଶୋଇବା ଅଭ୍ୟାସ ।

ମୁଁ ଜାଣେ, କାହାକୁ କାହାକୁ ଲାଗିବ ଏ କବିତାରେ
କିଛି ନାହିଁ, ଖାଲି ମିଛ ଦୁଃଖ,

ଫାଙ୍କା ଦିନମାନଙ୍କୁ ଭରପୂର କରି ଦେଖେଇବାର
ଚକ୍ରାନ୍ତ, କିନ୍ତୁ ତମେ ତ ବୁଝିପାରିବା କଥା,
ତମେ ତ ବୁଝିପାରିବା କଥା ଯେ
ଗୋଟିଏ ଗୋଟିଏ ହେଇ ଦିନସବୁ
ଯେତେବେଳେ ଚାଲିଯାଆନ୍ତି କେଜାଣି କୁଆଡ଼େ
ଆଉ ସାଙ୍ଗରେ ନେଇଯାଆନ୍ତି ସବୁତକ ଜୀବନ
ତମର ମୋ'ର ଆମର ଶବ୍ଦମାନଙ୍କ ଦେହରୁ,
ଆମେ ଏକାଠି କାନ୍ଦି ବି ତ ପାରୁନାଇଁ !

ଗୋଟିଏ ଗୋଟିଏ ଦିନ,
'ହାଓ ୱାଜ୍ ୟୋର୍ ଡେ ?'
- 'ଗ୍ରେଟ୍ ! ୟୋର୍ସ୍ ?' ■■

DIPUN PUHAN

# ଦିପୁନ୍ ପୁହାଣ

କବି ଦିପୁନ ପୁହାଣଙ୍କ ଜନ୍ମ ୨୭ ଏପ୍ରିଲ୍ ୧୯୯୬ରେ, ଯାଜପୁର ଅନ୍ତର୍ଗତ ଆଂପୋରରେ। ସଂପ୍ରତି ବିଶ୍ୱଭାରତୀ, ଶାନ୍ତିନିକେତନରେ ଓଡ଼ିଆ ଭାଷା ସାହିତ୍ୟ ବିଭାଗରେ ଗବେଷଣାରତ ଦିପୁନଙ୍କ କବିତା ଶବ୍ଦଖେଳର ଛଳନାରୁ ବହୁ ଦୂରରେ ବିମୁଗ୍ଧ ଭାବପ୍ରବଣତାରେ ଜୁଡ଼ୁବୁଡ଼ୁ ଦିଶେ। 'ମିଥ'କୁ ନେଇ ଚିତ୍ରକଳ୍ପ ଗଢୁଥିବା ଦିପୁନ କୁହନ୍ତି, ତାଙ୍କ ପାଇଁ କବିତା ଏକ 'ଯାତ୍ରା', ଗୋଟେ ଦୀର୍ଘ 'ପ୍ରସ୍ତୁତି' ପ୍ରକ୍ରିୟା! ଉଦ୍ଦେଶ୍ୟହୀନ ତାଙ୍କର ଏ ଯାତ୍ରା, ଅନ୍ତହୀନ ଏ ପ୍ରସ୍ତୁତି। 'ଗାଁରୁ ବାଣୀବିହାର' ଓ 'ଅପାଦ ପ୍ରେମିକ' ଭଳି କବିତା ସଙ୍କଳନର କବି ଦିପୁନ ପୁହାଣଙ୍କୁ 'dipunpuhan35@gmail.com'ରେ ସଂପର୍କ କରାଯାଇପାରେ।

## ତଥାସ୍ତୁ

ଲେନ୍ଥି ଲେନ୍ଥି ସୁନାରୀ ପରି ଜନ୍ମରୁ
ହିରଣ୍ମୟ ଭାଗ୍ୟ ମୁଁ

ନର୍କରେ ଥାଏ, କି ଅଳକାରେ
ମୋ ନାଭିଚକ୍ରରେ ଗୋପିତ ଜୟଧ୍ୱନିର ବୀଜମନ୍ତ୍ରରେ ମନ୍ତ୍ରାୟିତ ମୁଁ

ମୋ ହାତଟଣା ଚୌହଦୀ ଭିତରେ
ସୌଖିନ୍ ଇଚ୍ଛାଟାଏ ମୁଁ
ହସେ, କାନ୍ଦେ, ଭାଙ୍ଗେ, ଗଢେ
ପୁଣି ଭାଙ୍ଗେ, ପୁଣି ଗଢେ

ଜଗତଜିଣା ହସ ମୋ
ଲୁହ ମୋ ପ୍ରଳୟ ପୟୋଧି
ମୋ ଆର୍ତ୍ତ ଇଚ୍ଛାଙ୍କର ସର୍କାର ମୁଁ
ଉଦ୍ଧତ ମୋ ହାତ, ପାଦ ପ୍ରବଳ ମତ୍ତ ବାରଣ,
କରେ ତାରଣ, ହରଣ, ମାରଣ।

'ତଥାସ୍ତୁ' - ହେ ଅମେରୁଦଣ୍ଡିୟ ଈଶ୍ୱର !
ମୋ ବ୍ୟବହୃତ ଶବ୍ଦକୋଷରୁ ଏ ବଳକା ଶବ୍ଦଟି କାହାର ?

ତମର, ନାଁ ମୋର ?

ମୋ ପାପୁଲି ଭର୍ତ୍ତି ଆକାଶ,
ମୋ ଆକାଶ ଭର୍ତ୍ତି ଅହଂକାରରେ ମୁଁ।

## ଯୁଦ୍ଧ

ଗୋଟେ ଯୁଦ୍ଧର ପ୍ରସ୍ତୁତିରେ ମୁଁ,
ଅନେକ ଦିନରୁ !

ବାଜିବ ବାଜିବ ହେଇ ଅଟକି ରହିଛି ପଂଚଜନ୍ୟ,
ଆଉ ଟିକେ ଉର୍ଜା,
ଆଉ ଟିକେ ଦମ୍ଭ,
ଆଉ ଟିକେ ରକ୍ତର ଉଷୁମ
ଭରଣାହେବାକୁ ଅଛି ବାକି,
କମର କଷୁ କଷୁ ଦି'ଆଂଗୁଳ ନିଅଣ୍ଟ ପଡୁଛି ଡୋର

ଛାତିରେ ଛେପ ଢୋକି
ମୁହଁରେ ସିଂହର ହୁଂକାର ନେଇ

କେମିତି ଡେଇଁପଡିବାକୁ ହୁଏ ରଣଭୂମିକୁ
ଶିଖୁ ଶିଖୁ, ଗଡ଼ିଯାଉଛି ଯୁଦ୍ଧର ମିଆଦ

ନିଶ୍ୱାସର ଅଥିରପଣରେ
ଦୋହଲିଯାଉଛି ମୋର ଦ୍ୱନ୍ଦ୍ୱର ଶିବିର,

ଆଉ କେତେ ପାହୁଣ୍ଡ ଆଗକୁ ଗଲେ କୁରୁକ୍ଷେତ୍ର ?
କେତେ ପାହୁଣ୍ଡ ପଛରେ ମୁଁ ଛାଡିଆସିଲି ହସ୍ତିନା ନଗରୀ ?

କହିବ କି ଚକ୍ରଧର ?
କୋଉ ନାଁରେ ମନେରଖେ ଇତିହାସ ତା'କୁ,
ଯିଏ ଏଇମିତି ସାରିଦିଏ ସାରାଟା ଆୟୁଷ
ଲଢିବ ଲଢିବ ହେଇ,
ଯୁଦ୍ଧଟାଏ ଲଢିପାରେ ନାହିଁ ?

ଗୋଟେ ଯୁଦ୍ଧର ପ୍ରସ୍ତୁତିରେ ମୁଁ
ଅନେକ ଦିନରୁ,

କେହିତ ବୁଝିଲେ ନାହିଁ,
ମୁଁ ଲଢୁଛି ସବୁଠୁ କଠିନତମ ଯୁଦ୍ଧ ନିଜ ସହ ନିଜେ,
ପଂଚଜନ୍ୟ ଶୁଭିବା ଆଗରୁ !

## ଫୁଲମନା

ଅବଧାନେ ଆଂକିଦେଲେ ଶୃଂଖଳାର ତିନିଟା ମୁଣ୍ଡୁଳା,
ଚରିତ୍ରର ସିଲଟରେ ମୋର,
ଯଥାଆଜ୍ଞା ଅନ୍ୟଥା ନକଲି,
ତା'କୁ ଇ ଲେଖିଲି,

ଅବଧାନେ ଘୋଷେଇଲେ ବଂଚିବାର ସତମିଛ ଶବ୍ଦ,
ଆପେ ଆପଣାକୁ ଛଳିବାର କାରସାଦି
ଶୁଆ ପରି ତା'କୁ ହିଁ ରଟିଲି !
ଅବଧାନେ ଥାପୁଡେଇଦେଲେ ପିଠି,
ସାବାସ୍ ! ପଟ୍ଟଶିଷ୍ୟ ମୋର,
ଟାଣିଦେଇ ବ୍ୟବସ୍ଥିତ ରେଖା ଏକ
କହିଲେ ଯା', ଏଇ ତୋର ପଂଥା, ଏଇ ତୋ ନିୟତି ।
ସ୍ୱୀକାରିଲି, ପାଦ ଚଳେଇଲି ।

ମୋତେ ସମୁଦ୍ର ଡାକିଲା ଆ !
ହାତଗୋଡ ଛାଟିଦେଇ, ଖେଳିବୁ ଲହଡି ଲହଡି ଖେଳ,
ମୁଁ ଛଦ୍ମମରେ ହେଲି କାଲ !
ମୋତେ ପକ୍ଷୀୟେ ଭିଡିଲେ ଆ ! ଡେଣାଛାଟି ଆକାଶେ ଉଡିବୁ,
ଇଛା ଘେନି ଯେ ଡାଳେ ବସିବୁ, ପୁଣି ଯେ ଫଳ ଖାଇବୁ ।
ମୁଁ ବାଆଁରେଇ ଗଲି !
ମୋତେ ନଦୀୟେ ଡାକିଲେ ଆ !
ତରଳି ଯା, ଭାଂଗିଯାଉ ଛଳନାର ବନ୍ଧବାଡ, ବୁହେଇ ଦେ ସବୁ ଆବିଳତା,
ମୁଁ ଥଥ ମଥ ହେଲି !

ଅବଧାନେ ଗଳା ଖଂକାରିଲେ,
ଏଇ ତୋର ପଂଥା,ଏଇ ତୋ ନିୟତି
ଆନ ନ ଚାହିଁବୁ, ଆନ ନ ଦେଖିବୁ
ନାଶ ଯିବୁ ନାଶ ଯିବୁ,

ନଗଲି, ନଗଲି, ନଗଲି,
ମୁଁ କାହିଁରେ ନଗଲି
ଆଉ କାହାର ନହେଲି !

ଏ ବେଳକୁ କୋଉଠି ଥିଲୁ ରେ ଭ୍ରମର ?
ଡାକୁଛୁ ଆ !
ମେଲିଦେଇ ପାଖୁଡା ପାଖୁଡା,
ଫୁଲ ହେଇ ଫୁଟିବୁ ତୁ,
ମଦନେ ମାତିବ ଯୋଗୀ,
ବାଟ ଭାଂଗି ଆସିବ ସମୁଦ୍ର,
ଯେବେ ମହମହ ବାସ ଚହଟିବୁ !
ଆ ! ତତେ ବୋକ ଦେବି, ରୂପ ଦେବି
ବଂଚିବାର ବାହାନା ବି ଦେବି,
ଅବଧାନେ ଆଂକିଥିବା ନିୟତି ତୁଟେଇ ଦେଇ ଆ !
ଯଦି, ଅମଡା ମାଡିବୁ
ନିଜ ପଂଥା ନିଜେ ତିଆରିବୁ !

ଆସିବାକୁ କହୁଛୁ ଭ୍ରମର ?
ମିଶିବୁ ମୋ ସହ, ମୋତେ ଆଶ୍ରିବୁ କହୁଛୁ ?
ଗୁଣୁଗୁଣୁ ଗୁଣୁଗୁଣୁ ବାଇବୁ ତୋ ଭୁବନ ମୋହନ ବୀଣା,
ମୋତେ ରସିବୁ କହୁଛୁ ?
ଥା' ଥା' ଥା' ରେ ...

ଶୂନ୍ୟ ଥାଉ ପଲଂକ, ମୋ ଗୋପନ ଗୋଲକ,
ଫୁଲ ହୋଇ ପାରିଲି ନା ବାସି ମୁଁ ପାରିଲି ?
ତିଳତିଳ ଡରିମରି କଟିଲା କାଳକ, ଯାହା
ନାଁ ନାଁ ନାଁ ରେ,
ନାହିଁ ନାଁ ନିସ୍ତାର, ମୋତେ ଦଂଶିବୁ କହୁଛୁ ?
ଯା' ଯା' ଯା' ରେ ...

ଆ' ବୋଲି ଡାକିବିକି ଆଉ ?
ତୋର ଦଂଶନକୁ ଡରେ ସିନାରେ ଭ୍ରମର
ମୋର ଶିରାରେ ଶିରାରେ ମହୁ !

# ରାଈଦାମୋଦର

ଆଉ ଟିକେ ପରିମଳ ହୋଇଗଲେ ପୃଥିବୀ, ଆଉଟିକେ ନୀଳ ଚରିଗଲେ
ଆକାଶ, ଆଉଟିକେ ହଳଦୀ ମଖେଇ
ଚାଷୀପ୍ରାଣ ଚହଲେଇଦେଲେ ଧାନକେଣ୍ଡା, ଆଉଟିକେ ପରିଷ୍କାର
ଦିଶିଗଲେ ତନୁପାତଳୀ ନଈ,
କାର୍ତ୍ତିକ ଆସୁଥିଲା ଗାଁକୁ !

କାର୍ତ୍ତିକ ଆସିଲେ ଆସି ପହଂଚି ଯାଉଥିଲେ କାରିଗର ଜଣେ, ନଈ
ସେପାଖରୁ। ଦୂର କେଉଁ ଅଜଣା ଦେଶରୁ !
କାରିଗର ଆସିଲେ ଦାଣ୍ଡରେ ଧୂଳି ଉଡେଇ ନାଚୁଥିଲେ ପିଲାଏ, ପାର୍ବଣର
ପ୍ରସ୍ତୁତିରେ ମାତୁଥିଲେ ଗୁରୁଜନ।
ବେଶି ଆନମନା ଦିଶୁଥିଲେ ଗାଁର ଯୁବତୀ। ପୋଖରୀଯାକର ପଦ୍ମ ଲାଜ
ହୋଇ ଫୁଟୁଥିଲା ଓଠରେ ତାଂକର !
ବନ୍ଧାହେବ ମେଢ। ପଡୁଥିଲା ହୁଳହୁଳି ହରିବୋଲ। ହାତଟେକି ଶୂନ୍ୟତାରୁ
କାହାକୁ ଆମନ୍ତୁଥିଲା
ବିଧବା ସେ ବ୍ରତଚାରୀ ? ଉଦ୍ଧାର ହେ ରାଈଦାମୋଦର ! ହସୁଥିଲେ
କାରିଗର ...

କାରିଗର ! କାରିଗର !
କହ କହ କୋଉଦେଶେ ତୋର ଘର ?
କି ମନ୍ତ୍ର ଶିଖିଛୁ କହ, କି ପାଠ ପଢିଛୁ ?
ନିର୍ଜୀବ ରେ ଭରୁଛୁ ଜୀବନ
ପୂର୍ଣ୍ଣ ହୁଏ ଶୂନ୍ୟତାର ମେଢ ?
ହସୁଥିଲେ କାରିଗର ...

କାରିଗର ଛୁଇଁଦେଲେ ପଥର ତରଳି ହେଲା ନଈ।
କାରିଗର ଛୁଇଁଦେଲେ ନରମ ନଡା ବି ହେଲା ହାଡ଼ଠୁ କଠିଣ।

କାରିଗର ଛୁଇଁଦେଲେ କାଦୁଅ ପାଲଟି ହେଲା ମାଂସ ଆଉ ଚମ !
ତ୍ରିଭଙ୍ଗୀରେ ଉଭାହେଲେ କୃଷ୍ଣ, ହେଲେ ରାଧା, ହେଲେ ଗୋପୀ, ହେଲା
ଗୋପ, ଜମୁନା ଓ କଦମ୍ବ, କଳସୀ !
ହେଲା କୁଂଜ ବାଜିଲା ବଇଁଶୀ ! ହଜିଗଲା କୋଉ ଗୋପ ଯୁବତୀର ନିଦ ?
କିଏ ଆଣି ଭରିଦେଲା ମଲ୍‌ଛା ଅପରାହ୍ନ, ତାରା ପରି ସଜଫୁଟା ଆଖିରେ କାହାର ?
ହସୁଥିଲେ କାରିଗର...

'ବେରସେ ଭରୁଛ ରସ କାରିଗର
ବେରସେ ଭରୁଛ ରସ !
ଅଫୁଟା ଫୁଟୁଛି, ବାସ ଚହଟୁଛି
ବୟସ ତୁମର କିସ ?
ବୟସର ସିନା ଦୋଷ କାରିଗର
ବୟସର ସିନା ଦୋଷ ?
ବୟସର ଫୁଲ ବୟସ ଯାଚୁଛି
ନେବ ଯଦି ଥରେ ଆସ !
ହସୁଥିଲେ କାରିଗର...

କାରିଗର ତିଆରିଲେ ଓଠ, ଲାଜଲାଜ ହସ । ତିଆରିଲେ ଆଖି, ଛଳଛଳ
କୃତାର୍ଥ ଚାହାଣି ।
ତିଆରିଲେ ଛାତି, ପୁଲକ ଓ ବେଦନାରେ ଭରା ଶିହରଣ ।
ତିଆରିଲେ ପାଦ, ଛୁଅଁନା ଛୁଅଁନା ମୋତେ କୋଉ ଗୋପୀ ପକାଇଲା ରାଗ ?
କାରିଗର ଛୁଇଁଗଲେ ଦେହ ଦେହ କୋଣ ଅନୁକୋଣ !
ମସୃଣ ଦିଶିଲା ତ୍ୱକ, ଲୁଚିଗଲା ବୟସର ଭାଂଗ । କାରିଗର ଧରିଲାରୁ
ରଂଗତୂଳୀ, ରଂଗ ସବୁ ଛାଇଗଲା ଗୋପର ଗୋଧୂଳି !
ରାଇ ଦେହ ନିଆଁରଂଗ ଗୋରା, ଦାମୋଦର ଘନଶ୍ୟାମ ଜଳଭର୍ତ୍ତି ମେଘ !

କାର୍ତ୍ତିକର ଅଁଳା ନବମୀ, ରାଧା ପାଦ ପୁଣ୍ୟର ପସରା ।
ପ୍ରେମରେ ବତୁରା ଗୋପ, ଗାଁ ଯାକ ଧର୍ମ କିଣାବିକା, ରାଧାରାଧା କୃଷ୍ଣକୃଷ୍ଣ ଜପ !
ମେଢରେ କି କମନୀୟ ଯୁଗଳ ମୂରତି ! ଆକାଶକୁ ଟେକିଦେଇ

ଆକାଶପ୍ରଦୀପ ହବିଷ୍ୟାଳି ବାଢୁଥିଲେ ମୁକ୍ତିର ଆରତି !
ଏତେ ପୁଣ୍ୟ ଏତେ ଗହଳିରେ ପାପଟିକେ ଖୋଜୁଥିଲା କିଏ ? କିଏ ସିଏ
କଣ୍ଟଦେଇ ଫେରିଗଲା ନଈପାର ଅଜଣା ଦେଶକୁ ?
ପୂନିଅଁର ସକାଳ ବୁଡାରେ ସୁଖତକ ଧୋଇଦେଲା କିଏ ? ଓଦା ଓଦା
ଥରିଲା ହାତଟେ
ଆସ୍ତେକରି ପାଣିରେ ଭସେଇଦିଏ ଧର୍ମର ବୋଇତ !
ନିଆଶି ଓଠରୁ ଝରେ ଗୀତ -

ଆକାମାବୈ
ପାନଗୁଆ ଥୋଇ, ପାନଗୁଆ ତୋର
ମାସକ ସୁଖ ମୋର - ହସୁଥିଲେ ରାଈଦାମୋଦର...

କୋଇଲି ଲୋ ଗଲାପୁତ୍ର ବାହୁଡି ନଇଲା
ଗହନ ତ ବୃନ୍ଦାବନ ଶୋଭା ନଦିଶିଲା
କୋଇଲି ଲୋ ଗଲାପୁତ୍ର ଗଲା ନେଇ କାର୍ତ୍ତିକର ଜପ-ତପ-ବ୍ରତ
ଗାଁ ଯାକ ଛି ଛି, ହସିଲେ ସୁକୃତ

କୋଇଲି ଲୋ ବାରମାସୀ ଲୁହ ଢାଳି ବେସରମୀ ଆଶାଟିଏ ଜଳୁଥିଲା ଯାହା
କାର୍ତ୍ତିକ ଆସିଲା ଫେରି, ଆସିଲାନି କିଏ ? ଆଶାଦୀପ ଲିଭିଗଲା ଆହା !

ଏବେ ବି ସେ ଗାଁ ଅଛି, ନଈ ଅଛି, ଆକାଶରେ ନୀଳ ଅଛି, ଧାନଯାକ
ସୁନା ପାଲଟୁଛି !
କଣ୍ଟ ଦେଇ ଫେରିଲାନି ଜଣେ ସିନା, ସମୟର କଣ୍ଟ ନେଇ କାର୍ତ୍ତିକ ଫେରୁଛି !

ଏବେ କିନ୍ତୁ କାର୍ତ୍ତିକ ଆସିଲେ ଆସେ ଧରି ବିଚିତ୍ର ଗୁଜବ !
ଗୁଜବରେ ଫେରେ ଜଣେ ଗୋପର ଯୁବତୀ, ଜଣେ କାରିଗର, ନଈ ସେପାଖର

ମୁଚିମୁଚି ହସୁଥାନ୍ତି ରାଈଦାମୋଦର !

SUBHADRA PRIYADARSINI NAYAK

## ସୁଭଦ୍ରା ପ୍ରିୟଦର୍ଶିନୀ ନାୟକ

କବି ସୁଭଦ୍ରା ପ୍ରିୟଦର୍ଶିନୀ ନାୟକଙ୍କ ଜନ୍ମ ୧୦ ଜୁଲାଇ ୧୯୯୫ରେ, ପୁରୀ ଜିଲ୍ଲା ଅନ୍ତର୍ଗତ ମଢିଆଲିରେ। ଉତ୍କଳ ବିଶ୍ୱବିଦ୍ୟାଳୟରୁ ଏମ.ବି.ଏ. କରିଥିବା ସୁଭଦ୍ରାଙ୍କୁ ସମାଜରେ ବଦଳୁଥିବା ରୀତିନୀତି ଓ ମନୁଷ୍ୟକୃତ ଭଙ୍ଗାଗଢା ଲୋକାଚାର କବିତାମନସ୍କ କରନ୍ତି। ସାମୟିକ ଉଦ୍‌ବେଳନରେ ପ୍ରତିକ୍ରିୟାଶୀଳ ହେଇ କେବେବି କଲମ ଧରନ୍ତି ନାହିଁ ସେ, ବରଂ ଧୈର୍ଯ୍ୟର ସହ ଅପେକ୍ଷା କରନ୍ତି ଶବ୍ଦର ବୀଜଟିଏ ଆପଣାଛାଏଁ ଅଙ୍କୁରିତ ହେବା ଯାଏଁ। ସୁଭଦ୍ରାଙ୍କ ସହିତ 'subhadrappl94@gmail.com'ରେ ସଂପର୍କ କରାଯାଇପାରେ।

## ଭାରତ: ମହାଚେତନାର ବର୍ଣ୍ଣାଳୀ

ମାନୁଚି, ସବୁଦେଶରେ
ଫୁଲମାନେ ଦେଖାନ୍ତି ଚମକ୍
ଭ୍ରମର ଗାଏ ଗମକ୍
ସକାଳ ନବଜାତ ଶିଶୁ ପରି କାନ୍ଦେ
ସନ୍ଧ୍ୟା ଲାଗେ ସଦ୍ୟ ସୀମନ୍ତିନୀ
ରାତିର କାଉଁରି ପରଶ ଲାଗେ ନୂଆ।

ହେଲେ ମୋ' ଦେଶରେ
ସକାଳ ଲାଗେ ଯେମିତି ପ୍ରାର୍ଥନା
ଗୋଧୂଳି ଯେମିତି ତନ୍ମୟ ଧୂଳିରେ ତଲ୍ଲୀନ
ନିଶି ଚନ୍ଦନ ପାଣି ପରି ଚାନ୍ଦିନୀ ଗାଧେଇ ରଜନୀଗନ୍ଧା
ଷୋଳସହସ୍ର ଗୋପନାରୀ ପରି ତାରାମାନଙ୍କ ମେଳରେ
ଧଳା କଳା ବଉଦର ଛଇଛିଟା!

ମେଘମନା ମନନେଇ ଦେଖିଦେଲେ ଲାଗେ,
ଭାରତ, ଦେବୀ ନା କଳ୍ପନା
ସ୍ୱପ୍ନ ନା ଚେତନା
ପ୍ରୀତିର ଫୁଲ ବଣ ନା ପ୍ରାର୍ଥନା
ପ୍ରତିଦିନ ଅଭିନୀତ ହୁଏ
ନୂଆ ନୂଆ ପ୍ରୟାଗ ଅଙ୍କ
ଯା ଦିନର ତାରା ସାଥେ ଲୁଚିଯାଇ
ରାତିର ଖରାରେ ଜକେଇ ଦିଶେ ।

ଜନ ଗଣ ମନ ଓ ହୃଦୟ
ବାଲ୍ୟ ଯଉବନ ସରକାର ଯନ୍ତ୍ରଣାର
ତ୍ରିରଙ୍ଗ ନେଇ ଆକାଶର ବୁକୁ ଚିରି
ଫରଫର ଉଡେ,
ଆଖିର ଲୁହ ଯବକାଚରେ
ଦେଶପ୍ରେମର ଇନ୍ଦ୍ରଧନୁ ଆଙ୍କି ହୁଏ
ଏ ଦେଶ ବିଦେଶରେ ବି ମନେପଡେ
ଖୁବ୍ ମନେପଡେ ଭାରି ମନେପଡେ ।

## ପ୍ରାୟୋଜିତ ପାପ

ଏକ ପବିତ୍ର ପାପରୁ
ତିଆରି ବୋଲି ମୁଁ ଗର୍ବିତା
ମୋତେ ନ ମାରି ଦେଇ
ପେଟ ଭିତରେ
ମା ଜୀଅାଁଇ ରଖିଚି ବୋଲି
ମୁଁ ଆଶ୍ଚର୍ଯ୍ୟାନ୍ୱିତା ।
ପୁଣି ପବିତ୍ର ପାପଟିଏ

କରିବି ବୋଲି ଆଶାୟୀ;
ସତକଥା କହିଲି ବୋଲି
କେ କରିପାରେ ନିନ୍ଦା
କା' ଦ୍ୱାରା ହେଇପାରେ ବି ଅଭିନନ୍ଦିତା

## ସେ:ଏକ ଅତିମାନବୀୟ ବିସ୍ଫୋରଣ

ସେ,
ଏକ ଆହତ କରୁଣ ହୃଦୟର ଇତିଲିପି
ପୁଣି ଅଦ୍ଭୁତ ଜୀବନ ପ୍ରଲମ୍ବର ପ୍ରସ୍ଥଚ୍ଛେଦ,
ସେ ଜାଣିଶୁଣି ମୋତେ କରେ ଦ୍ୱିଖଣ୍ଡିତ
ଇଚ୍ଛାର ଅକ୍ଷାଂଶ ଓ ଦୃଷ୍ଟିର ଦ୍ରାଘିମାରେ
କୋଉଠି ଉଡିବୁଲେ ସେ କେଜାଣି !
ବେଳେବେଳେ ସଙ୍କୁଚିତ ହୋଇ ରହେ
ବେଳେବେଳେ ବି ପ୍ରଜାପତି ପରି ଫୁଲେ ଫୁଲେ ଚୁମେ,
ଗୁଡି ସାଥେ ଚକ୍କର୍ କାଟେ ଓ ଟକ୍କର ଦିଏ ।

ମୁଁ ଜାଣେନା ସେ କେତେବେଳେ ମୋ ଭିତରକୁ ଆସେ
ଓ କେତେବେଳେ ବାହାରକୁ ଯାଏ,
ଶହେ ଥର ମୋତେ ବିବାହ କରେ ଓ
ଛାଡପତ୍ର ଦିଏ !
ମୋତେ ପଚାରନି ସେ କିଏ ?
ସେ ଏକ ପାରସ୍ମୃତିର କାଗଜ
ଜାଣି ଜାଣି କାହାକୁ ଭଲପାଏ, ଘୃଣାକରେ ।
ବଡ଼ କଷ୍ଟ କଳନା କରିବା ସେହି 'ସେ'ର
ଆଣବିକ ସମ୍-ରଚନା !
ସେ ଅସୀମରୁ ଅସୀମକୁ ଧାଇଁଥାଏ
ଇନଫିନିଟିର ଆଲଜେବ୍ରା କଷି କ୍ଳାନ୍ତ ହୁଏ ।

କାହିଁକି କେଜାଣି କିପରି କେମିତି କେବେ
କେଉଁଠି ସେ ତା' ଗତିପଥ ବଦଳାଏ
ସେ ନିଜେ ଜାଣେ,
ନିଜ ଇଚ୍ଛାରେ ବାଛେ
ସ୍ଥିରତାର ଜଡ଼ତ୍ୱ, ଗତିର ଜଡ଼ତ୍ୱ
ଅବା ସ୍ଥିରତା ଓ ଗତିର ଝଡତ୍ୱ।

ମୋ' ମନକୁ ମୁଁ ନିଜେ ବି ଚିହ୍ନିପାରେନା।
ନିର୍ବିକାର, ନିର୍ବିକଳ୍ପ, ଏକା, ନୈକା ସେ!
ତା'ପାଇଁ କେତେବେଳେ ମୁଁ କେନ୍ଦ୍ରାପସାରୀ,
କେତେବେଳେ ବା କେନ୍ଦ୍ରାଭିସାରୀ
ଉଦ୍ଦାମ ଆଲୁଅ, ବିବିଧ ବର୍ଣ୍ଣାଳୀରେ
ଅବା ମହାଜୀବନର ପର୍ଯ୍ୟାୟ ସାରଣୀ!!!

## ଶାନ୍ତିଗୀତି

ଯୁଦ୍ଧ ତ୍ରସ୍ତ ଭୂଗୋଳରୁ ଆଜି ମୁଁ ଯେ
ସହସା ସହସା ଆଖିରେ ଆଙ୍କେ
ଖଗୋଳର ପରିସୀମା
ତ୍ରସ୍ତ ସମୟ ତଥାପି ଖୋଜଇ ମୋ'ଠୁ ଜୀବନ ବୀମା।

ହାଡ଼ ବଗିଚାରେ ଏବେ ବି ଶୁଭଇ
ଶାନ୍ତିର ମହାଗୀତ,
କ୍ରୁଶବିଦ୍ଧ ତ ସବୁ ମୁହୂର୍ତ୍ତ
ମାରେ ଆଣବିକ ଶୀତ।
ଖୋଜେ ସିନା ଭାଇଚାରା
ଚାନ୍ଦକୁ ମୋର ନେଇଯାଏ ଚୋର
ପଡେନା ରାତିର ଖରା।

ଉପଦେଶ ସବୁ ଉଈ ଖାଇଯାଏ
ପ୍ରବଚନ ଯେତେ ଭୟେ ଲୁଚିଯାଏ
ପ୍ରେମ ଓ ଭକ୍ତି ବଜାରୀକରଣ
ସବୁକିଛି ସାରିଦିଏ ।
ସାଧାରଣ ଏଇ ବିଚରା ମଣିଷ
ମରୀଚିକା ପଛେ ଧାଇଁ ଧାଇଁ ପରା
ପ୍ରତି ମୁହୂର୍ତ୍ତେ ମରିଯାଏ
ତଥାପି ମୈତ୍ରୀ ବାର୍ତ୍ତାବହ ମୁଁ
ଜୀବନ କବିତା ଗାଏ ।

HRUSIKESH MOHARANA

## ହୃଷିକେଶ ମହାରଣା

କବି ହୃଷିକେଶ ମହାରଣାଙ୍କ ଜନ୍ମ ୨୩ ଜୁନ ୧୯୯୫ରେ, କଟକ ଜିଲ୍ଲାର ସାଲେପୁର ଅନ୍ତର୍ଗତ ତରୋତ ଶାସନରେ। ସଂପ୍ରତି ରେଭେନ୍ସା ବିଶ୍ୱବିଦ୍ୟାଳୟରେ ଓଡ଼ିଆ ଭାଷା ଓ ସାହିତ୍ୟ ବିଭାଗରେ ଗବେଷଣାରତ ହୃଷିକେଶ କୁହନ୍ତି ତାଙ୍କ କବିତାରେ କାହାକୁ ଶସ୍ତା ଉପଦେଶ ଦେବାର ଲୋଭ ନଥାଏ କି ସମାଜ ବଦଳେଇବାର ସ୍ୱପ୍ନ ନଥାଏ, ଥାଏ ତ କେବଳ ଟିକିଏ ଭାବପ୍ରବଣତା ! ହୃଷିକେଶଙ୍କ କବିତା ସେଇ ଅନିର୍ଦ୍ଦିଷ୍ଟ ମୁହୂର୍ତ୍ତମାନଙ୍କର ଜମାନବନ୍ଦୀ, ଯାହା ତାଙ୍କୁ ଅନ୍ୟମନସ୍କ କରନ୍ତି, ତାଙ୍କ ଅବଚେତନକୁ ଆନ୍ଦୋଳିତ କରନ୍ତି ! ହୃଷିକେଶଙ୍କୁ 'hrusikeshjilu@gmail.com'ରେ ସଂପର୍କ କରାଯାଇପାରେ।

## ତୁ ଆଉ ମୁଁ

ମୁଁ ତତେ ଭଲପାଏ
ସକାଳୁ ତୋତେ ଆଞ୍ଜୁଳିରେ ଭରି ମୁହଁକୁ ଛାଟିଦିଏ
ଧୋଇଯାଏ ରାତିର ସ୍ୱପ୍ନସବୁ।

ତୋତେ ଓଠରେ ଲଗେଇ ପିଉଥାଏ ଟୋପେ ଟୋପେ
ତୋ ଦେହରୁ ତାତି ନସରିବା ଯାଏଁ
କପ୍ ଭିତରୁ ତୋ ଅସ୍ତିତ୍ୱ ଶେଷ ନହେବା ପର୍ଯ୍ୟନ୍ତ।

ତୋ ଦେହରେ ପେଷ୍ଟ ଲଗେଇ ଦାନ୍ତଘଷେ
ଧୋଇଦେଇ ପୁଣି ରଖିଦିଏ ବ୍ରସ୍ ଷ୍ଟାଣ୍ଡରେ
ଗାଧୋଇ ସାରି ପିନ୍ଧିପକାଏ ତତେ।

ପଖାଳ କଂସା ପାଖରେ ଥୁଆହୋଇଥାଉ ଛୋଟ ଥାଳିଆରେ
ତୋ ଦେହରୁ ଚିମୁଟେ ନେଇ ପାଟିରେ ଥୁଏ
ସତରେ ତୋ ସ୍ୱାଦ ନିଆରା।

ତୋତେ ପାଦରେ ମାଡ଼ି ବୁଲୁଥାଏ ଦିନସାରା
ଫିତା ନଛିଡିବା ଯାଏ
ତୋ ଠୁ ମୁକୁଳିବା ଭାରି କଷ୍ଟ।

ଆଙ୍କୁଡି ଲଗେଇ ତୋଳୁଥାଏ ତତେ
ଗଛରୁ ଛିଡେଇ ଡାଲାରେ ଥୋଇ ସମର୍ପିଦିଏ ମନ୍ଦିରରେ
ଦେବୀଙ୍କ ଗଳାରେ ତୁ ଖୁବ୍ ଆକର୍ଷଣୀୟ ଦିଶୁଥାଉ
ପାଦୁକ ପରି ଗୋଟାଏ ସୋଡକରେ ପିଇଯାଏ ତତେ।

କିକ୍ ମାରି ଷ୍ଟାର୍ଟ କରେ ତତେ
ଏକ୍ସିଲେଟର ମୋଡୁଥାଏ ଅନ୍ୟମନସ୍କ ହୋଇ
ତତେ ଷ୍ଟାଣ୍ଡରେ ଥୋଇ ଚାବି କାଢ଼ିବାକୁ ଭୁଲିଯାଏ।

ମୋ କାନ୍ଧରେ ଦିନସାରା ଝୁଲୁଥାଉ ତୁ
ପିଠିରେ ନାଉ ହେଇ ବୁଲୁଥାଉ ଚବିଶ ଘଣ୍ଟା
ଚେନ୍ ଖରାପ ହୋଇ, ରଙ୍ଗଛାଡି ଫିତା ନଛିଡିବା ଯାଏ।

ତୋ ଦେହରୁ ମଲାଟ ଖୋଲି ମୋ କଅଁଳ ହାତରେ ଧୂଳି ଝାଡିଦିଏ
ପୃଷ୍ଠା ପରେ ପୃଷ୍ଠା ମେଲି
ତୋ ଛାତି, ପେଟ, ଗୋଡ଼ରେ ଲେଖାଥିବା କ୍ଲିଷ୍ଟ ଶବ୍ଦଗୁଡ଼ିକ
ଗମ୍ଭୀରତାର ସହ ପଢୁଥାଏ ମୁଁ।

ତୋତେ ଓଠରେ ଲଗାଏ
ଦିଆସିଲି ମାରି ତୋ ମୁହଁରେ ନିଆଁ ଦିଏ
ଫୁ କରି ଧୂଆଁ ଛାଡ଼େ ଆକାଶକୁ।

ତତେ ମୁଣ୍ଡତଳେ ଦେଇ ବିଶ୍ରାମ ନିଏ
ତୋ ଦେହର ନରମ ତୁଳାରେ ଉଲ୍ଲସିତ ହୁଏ
ରାତିସାରା ବିଛଣାରେ କେବଳ ତୁ ଆଉ ମୁଁ
ସକାଳକୁ ତୋତେ ଦେଖେ ସଂପୂର୍ଣ୍ଣ ଉଲଗ୍ନ ହୋଇ
ତୁ ପଡ଼ିଥାଉ ଶେଯର ଗୋଟେ କୋଣରେ।

ବୋଉ ଆସି ପଚାରେ - ତକିଆଖୋଳ କୁଆଡ଼େ ଗଲା ?
ମୁଁ କହେ - ଦେଖ୍, ଖଟତଳେ ପଡ଼ିଥିବ।

## ଅସହାୟତା

ତତଲା ଲୁହରେ ଓଦା ହେଲାବେଳେ ଗାଲ, ଓଠ ହସୁଥାଏ
ଗଡ଼ିଆସୁଥିବା ଲୁହକୁ ଲୁଚାଏ ହାତ, ମନ ଜଳୁଥାଏ
ଛାତିରେ ଅଛିକି ସମୁଦ୍ରେ ଲୁହର ଢେଉ ?
ପ୍ରତି ମୁହୂର୍ତ୍ତରେ ଲହଡ଼ି ମାରି ସେ ମନକୁ ଭସେଇ ନିଏ।।

ଅଯୁତେ ସ୍ୱପ୍ନକୁ ଭୁଲିଯାଇପାରେ ମନ, କ୍ଷଣିକ ପାଇଁ
କ୍ଷଣକ ଭିତରେ ବଦଳିଯାଏ ଏ ଯୁଗ, କିଛି ନକହି
ତମ କଥାରେ ଅଛି କି କାମାକ୍ଷା ଦେବୀର ମାୟା ?
କଥା ପଦକରେ ଅସ୍ତିତ୍ୱକୁ ଭୁଲି, ତରଳି ଯାଏ ମୁଁ କାହିଁ।।

ଭାବପ୍ରବଣତା ମଣିଷକୁ ଦିଏ ଖୁସି, ଦୁଃଖ ବି ଦିଏ
କେତେବେଳେ ପୁଣି ଆବେଗରେ ଛନ୍ଦିଦେଇ, ଭସାଇ ନିଏ
କିଏ ବା ବୁଝିବ, ଅକୁହା ମନର କଥା ?
ସବୁ ସମୟରେ ମୁହଁ ଦେଖି କ'ଣ ସବୁକିଛି ବୁଝିହୁଏ ??

କହି ହୁଏନାହିଁ ମନଖୋଲି ସବୁକଥା, ରହେ ଅକୁହା
ଦୁର୍ବଳତା ସବୁ ଖୋଲି କହିଦେଲା ପରେ, ରହେ ବଳକା ଯାହା

ଯେତେ କହିଲେ ବି, ସବୁ କଥା କ'ଣ ସରେ ?
ଅଖଣ୍ଡ ଦୀପକୁ ଛାତି ପଞ୍ଜରାରେ ରଖି, କିଏ ଜାଳୁଥାଏ ନିଆଁ ।।

ମରିଗଲା ପରେ ମିଳିଯାଏ ଟୋପେ ପାଣି, ପ୍ରେମ ମିଳେନା
ପାଦରେ ଆଡେଇ ଯାଇହୁଏ ସବୁକିଛି, ଇଚ୍ଛା ନଥିଲେ ସିନା
ଯୌବନରେ କିଏ ଜୀବନକୁ ଖୋଜେ କୁହ ... ?
କିଛି ଲୋକଙ୍କୁ ତ ସାରା ଜୀବନ ପ୍ରେମରେ ପଡ଼ିବା ମନା ।।

## ସ୍ୱପ୍ନ ଓ ବାସ୍ତବତା

ତାରା ଗଣିବା ସରିଗଲା
ଏବେ ଜହ୍ନକୁ ଆକାଶରୁ କାଢି ଥାକରେ ରଖିବାର ଅଛି
ଏ ଜହ୍ନ ସବୁ କଳିର ମଞ୍ଜି
ପୁଣି ଏ ଜହ୍ନ କୁଆଁରୀ ଝିଅର ଗୋଲ୍ ମୁହଁ
ଏ ଜହ୍ନ ଶୀତଳ ପୁଣି ଉଷ୍ମତାରେ ଭରା ଗୋଟେ ପେଣ୍ଡୁ ।

ସତରେ ଭାରି କଷ୍ଟହୁଏ ଉତ୍ତାପକୁ ଗିଳି
ଶୀତଳ କିରଣ ଟିକେ ବିଛେଇ ଦେବାକୁ
ଭାରି ବାଧେ ସୂର୍ଯ୍ୟ ଉଇଁବା ଆଗରୁ
ଚଟାପଟ୍ ନିଜକୁ ଲୁଚେଇ ଦେବାବେଳେ
ଯେତେବେଳେ କେହିଜଣେ ଆ' ଜହ୍ନମାମୁଁ ସରଗଶଶୀ ଡ଼ାକୁଥାଏ
ସେତିକିବେଳେ କିଛି କଳାମେଘ ଢାଙ୍କି ହୋଇଯାଏ ଦେହରେ ।

ସତରେ କ'ଣ କଇଁ ଫୁଟେ ଖାଲି ମୋ ପାଇଁ
ସେଇଟା ମୋ ପାଇଁ ପ୍ରେମ ନା ଛଳନା
ଯେଉଁଠି ପ୍ରାପ୍ତି ଅସମ୍ଭବ, ସେଠି ଆକର୍ଷଣର ମୂଲ୍ୟ କ'ଣ... ?

ମୁଁ ତ ଚିରଦିନ ଜଳିବାକୁ ରାଜି
ଏ କଇଁ ଫୁଲର ସରାଗ
କଅଁଳା ପିଲାର ଡାକ
ଆଉ ମଲ୍ଲୀ ଫୁଲର ମହକରେ
ମହକୁଥାଉ ଜହ୍ନକିରଣର ସ୍ନେହଦଗ୍ଧ ଆକାଶ।

କଳାକଳା ଖଣ୍ଡ ବାଦଲ
ତାକୁ ଘୋଡ଼େଇ ଦେବାର ପ୍ରୟାସରୁ ନିବୃତ୍ତ ରହୁ।

## ସ୍ୱର୍ଗ ପ୍ରାପ୍ତି

ଡେଣା ଦୁଇଟା ଥାଆନ୍ତା ଯଦି
ମୁଁ ତ ସିଧାସଳଖ ଉଡ଼ି ଯାଆନ୍ତି ସ୍ୱର୍ଗ ଆଡ଼େ
ଏ ଧର୍ମ, କର୍ମ, ଦୟା, ମାୟା, ଦାନ, ସେବାର ମୋହରେ ନପଡ଼ି
ସଫଳତାର କିଛି ସର୍ଟକଟ୍ ନାହିଁ ବୋଲି ହଜାରେ ଗଳିରେ
ଦଶହଜାର ବାଙ୍କ ଆଉ ଲକ୍ଷେ ହମ୍ପସ୍ ଡେଇଁ ଗଡିଚାଲିଛି ମୁଁ।
ସହର ଶେଷରେ ପହଞ୍ଚି ଭାବୁଚି - କୁଆଡେ ଆସିଥିଲି ଟି ମୁଁ

ତା'ପରେ ବୁଲିଯାଉଛି ମୁହଁଟି ବିପରୀତ ଦିଗକୁ
ତା ଦେଖାଦେଖି ବୁଲିଯାଉଛି ଦେହ
ଆଉ ମନ ବିଚାରୁଛି ଏଇତ ମୁଁ ସହରର ଆରମ୍ଭରେ ଛିଡା ହୋଇଛି
ମୋତେ ଆରପଟକୁ ଯିବାକୁ ହେବ।

ଏ ଯାତ୍ରାର ଶେଷନାହିଁ ବୋଲି ମୁଁ ଜାଣେ

ବାଦାମବାଡ଼ି ଛକରେ ପେଣ୍ଡାଲ ଉପରେ ବସି
କେହିଜଣେ ଆଲଖାଲା ପିନ୍ଧି ସମଗ୍ର ଯାତ୍ରୀଙ୍କୁ ଶୁଣାଉଛି ଧର୍ମବାଣୀ

ଟଙ୍କାକରେ ଧର୍ମଦେବ, ପାଞ୍ଚଟଙ୍କାରେ ସିଧା ଈଶ୍ୱରଙ୍କ ସାନ୍ନିଧ
ଦଶଟଙ୍କା ଦେଲେ ଈଶ୍ୱରଙ୍କୁ କୁଣ୍ଢେଇ ପକାଇବାରେ ଆପତ୍ତି ନାହିଁ।

ମୁଁ ଧର୍ମ ଅର୍ଜୁଛି। ମୋର ଅନ୍ତିମ ଲକ୍ଷ୍ୟ କ'ଣ ହେଇପାରେ ?
ସ୍ୱର୍ଗ ପ୍ରାପ୍ତି !
ହଁ ହେଇପାରେ ହେଲେ ମାଗୁଣି, ନଖିଆ, ଶୁକ, ଚେମା
ଏମାନେ ତ କାହାକୁ ଟଙ୍କାଏ, ଆଠଣା ଦେଇପାରିଲେ ନାହିଁ
ଧର୍ମ ଅର୍ଜିଲେ ନାହିଁ
ଏମାନେ କ'ଣ ତେବେ ନର୍କକୁ ଯିବେ !
ଆଉ ମୁଁ ସ୍ୱର୍ଗରେ ଏକୁଟିଆ ବସିବି
ବସକୁ ଅପେକ୍ଷା କରିବାର ଧୈର୍ଯ୍ୟ ନାହିଁ ବୋଲି
ବାଇକ୍ ଧରି ସଂସାର ବୁଲୁଛି
ଆଉ ସ୍ୱର୍ଗରେ ବସିବି ଚିରକାଳ କୋଉ ସୁଖଃ ଆଶାରେ ?

ଧର୍ମତକ ବିକି ଦଉଛି ଅଧା ଦାମରେ
ମୋତେ ସେଇଠିକି ଯିବାର ଅଛି
ଯୋଉଠି ଚିହ୍ନା ଲୋକଙ୍କ ଭିଡ଼ ଥିବ
ଯୋଉଠି ଦୁଃଖ ନାହିଁ
ସେଠି ସୁଖ ଭୋଗିବା ଭାରି କଷ୍ଟକର
ମୁଁ ଏଇଠି ଢେର୍ ଭଲରେ ଅଛି।

ଏଇଠି ନାରୀମୁଖ ଦର୍ଶନ ନକରି ମୁଁ ଯେଉଁ ଧର୍ମ ଅର୍ଜନ କରୁଛି
ନିଜକୁ ଇନ୍ଦ୍ରିୟ ଠାରୁ ଯେତିକି ଆକଟ କରିପାରିଛି
ସ୍ୱର୍ଗରେ ଯଦି ସେଇଆ କରେ ତେବେ ସ୍ୱର୍ଗ ପ୍ରାପ୍ତିର ମୂଲ୍ୟ କ'ଣ ?
ଶୁଣିଛି ସ୍ୱର୍ଗ ପ୍ରାପ୍ତ ହେଲେ କୁଆଡେ ରମ୍ଭା ମେନକା ଉର୍ବଶୀ
ତୁମର ପଦସେବା କରିବେ, ତାଙ୍କର ସାନ୍ନିଧ ମିଳିବ
ମର୍ତ୍ତ୍ୟରେ ଯାହା ନ କରୁଥିଲି
ସ୍ୱର୍ଗରେ ଯଦି ସେଇ ବିପଦ
ତା ହେଲେ ମୁଁ ଚିରକାଳ ନର୍କରେ ରହିବାକୁ ପ୍ରସ୍ତୁତ।

ଦିଅ ତ ଟିକେଟ୍ ଖଣ୍ଡେ
ମୁଁ ମୋ ବାପା ବୋଉଙ୍କୁ ଦେଖିଆସେ
ଜୀବନକାଳରେ ମନ୍ଦିର ହୁଣ୍ଡିରେ ଚାରେଣି ପକେଇନଥିବା
ମୋ ବାପାବୋଉ ସେ ନର୍କରେ ହିଁ ଥିବେ, ମୁଁ ଜାଣେ।

KAJAL SWAIN

# କାଜଲ ସ୍ୱାଇଁ

କବି କାଜଲ ସ୍ୱାଇଁଙ୍କ ଜନ୍ମ ୧୯ ଜୁନ, ୧୯୯୫ରେ, ପୁରୀ ଜିଲ୍ଲା ଅନ୍ତର୍ଗତ ଡ଼େଲାଙ୍ଗରେ। ବୃତ୍ତିରେ, ସେ ଜଣେ ଶିକ୍ଷୟିତ୍ରୀ। କବି କୁହନ୍ତି, ନିର୍ଦ୍ଦିଷ୍ଟ ଏକ ବ୍ୟକ୍ତି ସତ୍ତା ନୁହଁ, ବରଂ 'ଜୀବନ' ହିଁ ତାଙ୍କୁ କବିତା ଲେଖିବାକୁ ପ୍ରେରିତ କରେ। ନିଜକୁ ହାଲୁକା କରିବା ପାଇଁ କବିତା ଲେଖୁଥିବା କାଜଲଙ୍କ ପାଇଁ କବିତା ଗୋଟେ ଉଦାସ ସମୟ, ଗୋଟେ ଉଦାସ ପ୍ରେମିକ; ଯାହାକୁ ନଭୋଗିଲା ଯାଏଁ ମୁକ୍ତି ନାହିଁ, ମୋକ୍ଷ ନାହିଁ। କବିଙ୍କୁ "swainkajal1995@gmail.com"ରେ ସମ୍ପର୍କ କରାଯାଇପାରେ।

## ଆଖି

ନିଜ ଭିତରେ
ନିଜକୁ ଅଣ୍ଡାଳିଲା ବେଳେ
ନିଅଂଟ ପଡେ ଆଖି !

ଆଖି ଭିତରେ ଆଖି; ଛାତି ଭିତରେ ଆଖି
ବିଡମ୍ବନା;
ଯାହା ସବୁ ଦୃଶ୍ୟ ହୁଏ
କେବଳ ଅନ୍ଧତ୍ୱ ହିଁ ଅନ୍ଧତ୍ୱ
ଲୁକ୍କାୟିତ ସବୁ ତୀର୍ଥ; ପରମାର୍ଥ !

ହଜାରେ ଆଲୋକ ବର୍ଷର ଦୂରତା ମାପିବା
ଖୁବ୍ ଗୋଟେ ବଡ଼ କଥା ନୁହେଁ
ସେଥିପାଇଁ ବି ଲୋଡ଼ା ପଡେ
କେବଳ ଗୋଟେ ଆଖି !

ଆଖି ଭିତରେ,
କ'ଣ ଅନ୍ଧାର ବୋଲି କିଛି ଥାଏ ?
ପାଦ ଅଟିକିଲେ ଜାଣିବ;
କେମିତି ନିବୃତ୍ତରେ ଝୁଲୁଥାନ୍ତି
ଉଜ୍ଜ୍ୱଳ ନକ୍ଷତ୍ର !

ସେଇଠୁ ଆରଂଭ ହୁଏ ଦୃଶ୍ୟ
ସେଇଠି ଅନ୍ତ ହୁଏ
ଯୋଉଠି ଆଖି ବୋଲି କିଛିଟେ ନଥାଏ
ଅଥଚ; ଆଖିଟିଏ ଥାଏ !

## ଆତତାୟୀ

ସେମାନେ ଆସନ୍ତି
ଖୁବ୍ ଆବେଗ ଉଲ୍ଲାସରେ
ତାନ୍'ପୁରାରେ ସୁର ଧରୁ କି ନଧରୁ
କିନ୍ତୁ ମାତାଲପଣରେ ଝୁମୁଥାଏ ସର୍ବାଙ୍ଗ

ତାଙ୍କ କାନ୍ଧରେ ଥାଏ
ପ୍ରତିଶ୍ରୁତିର କୁରାଢ଼ି
ଚୋଟର ଗଭୀରତା ମାପିବା ନିହାତି ବାଜେ କଥା
ଛାତିର ଉଷ୍ମତା ହିଁ ସର୍ବଶେଷ;
ସକଳ ସାରାଂଶ !

ସବୁ ଦୃଶ୍ୟପଟ ବିବର୍ଣ୍ଣ ହେବା ଆଗରୁ
ରାତିକୁ ଡାକିଆଣନ୍ତି ସାଥିରେ
ହାଏ !

ଲୁହରେ ବତୁରୁଥିବା ସ୍ୱପ୍ନଙ୍କ ଭାଗ୍ୟରେ
କେବଳ ଦୁଃଖ, ଦହନ
ଯନ୍ତ୍ରଣା, ଯାତନା ହିଁ କ'ଣ ଲେଖାଥାଏ ?

ଶେଷରେ ସମସ୍ତେ ଫେରିଯାନ୍ତି,
ସତେକି ଫେରିଯିବା ହିଁ ଅନିବାର୍ଯ୍ୟ !
ଖାଲି ଯାହା ନିଷ୍ପ୍ରାଣ ହୋଇ ପଡିରହେ;
ରାତି ଅଧରେ ଲୁଚିଥିବା ହୃଦୟ
ଲିଭି ଲିଭି ଆସୁଥିବା
ଲଣ୍ଠନ କାଚରେ !

## ଉଦାସ ଆକାଶ ପାଇଁ

ଯିଏ କହୁଥିଲା ଦିନେ
ନଈ, ଆକାଶ, ଜହ୍ନରାତି ବିନା
ଲେଖି ହୁଏନି ପ୍ରେମ କବିତା
ସେ ଆଜି ନିଜ ଭିତରେ
ଖଣ୍ଡେ ଉଦାସ ଆକାଶ

କୋଉଠି ନା କୋଉଠି ଶୁଭିଯାଏ
ତା ଭାଙ୍ଗି ଯାଉଥିବାର ଶବ୍ଦ
ନିଜସ୍ୱ ପୃଥିବୀ ଭିତରେ
ନିଜର ଅସହାୟ ପାଦକୁ
ପିଠିରେ ଲଦି ବାଟ ଚାଲିବାର ଅସହାୟପଣ

ଆଃ... କେତେ ଲୋଭନୀୟ,
କେତେ ଆପଣାର ଲାଗେ ତା'ର ଦୁଃଖସବୁ
ଦିନେ ଲୁହ ପୋଛିବାପାଇଁ

ଯାଚିଦେଲି ଓଠ
ବେଦନାର ମଲମ ହେଲି
ଗୋଟାପଣେ ବତୁରିଗଲି ତା ଛାତିରେ
ସେ କିନ୍ତୁ କହିଲା ମିଛ, ସବୁ ମିଛ

ତା' ନୀରବତା, ଶବ୍ଦ
ସବୁ ଯେ ଗୋଟେ ଗୋଟେ ଭ୍ରମ
ଏକଥା ବି ଅଛପା ନାହିଁ ମୋ ପାଖରେ
ତଥାପି ସେ ଭ୍ରମ ଭିତରେ
ଗୁଡ଼େଇ ହେଇଯିବା ଛଡା
ମୁଁ ଆଉ କଣ ବା ଜାଣେ... ?

ସେ ଯେଉଁଠି ବି ଥାଉ
ତା ପଥର ଦେହରେ
ମୁଁ ଛାଡିଯିବି ଦୁଇବୁନ୍ଦା ରକ୍ତ
ଆଖିରେ ମାଖିବି ସ୍ୱପ୍ନ
ଯାଚିଦେବି ଶ୍ୟାମଳ ଆଲିଙ୍ଗନ।

## ଈଶ୍ୱରୀ

ଯାହା ସବୁ ମୋର ଥିଲା
ସେସବୁ ମୋର ନୁହେଁ ବୋଲି
ଏବେ ଏବେ କହିଗଲା ଆହତ ପକ୍ଷୀ

ବର୍ଷାଧୁଆ ସଞ୍ଜରେ ଲେଖିଥିବା ପ୍ରେମଚିଠି
ଯାହାର ଅକ୍ଷର ସବୁ ମୋର ନଥିଲେ
କି ଆସ୍ତେ କରି ଛୁଆଁଇ ଥିବା ଓଠର ସ୍ପର୍ଶ ବି

ଏମିତି କି ମୁଁ ବି ମୋର ନଥିଲି....

ମୋର ନଥିଲା ଘର,
ଜଣା ନଥିଲା ତାକୁ ନିଜର କରିବାର କଳା କୌଶଳ
ଚୌହଦୀ ଉପରେ ବସି
ଭଜନ କି ଜଣାଣ ଗାଇବାର ଆଗ୍ରହ ବି ନଥିଲା

ଜହ୍ନ ପରି ଚମକୁ ନଥିଲା ମୋ ଚେହେରା
କି ଫୁଲପରି ଦିଶୁଥିବା ପାପମାନଙ୍କୁ
ଗର୍ଭରେ ସାଇତିବାର ଆସ୍ପର୍ଦ୍ଧା ବି ନଥିଲା

ହଁ ଗୋଟେ ପଞ୍ଜୁରୀ ଥିଲା !
ଥିଲା ଗୋଟେ ଉଜୁଡିଯାଇଥିବା ବଗିଚା
ହେଲେ ବଗିଚାର ଫାଟକ ନଥିଲା,
ଘରର ଦରଜା ନଥିଲା
ରତ୍ନସିଂଦୁକର ମୁଦ ବି ନଥିଲା

ତେବେ କଣ ଆଉ ଥିଲା ମୋର ?
ଜିଜ୍ଞାସିଲା ସଖୀ....

ଅନେକ କିଛି
ଯାହା ମୁଁ ଭୋଗିପାରିଲିନି କେବେ
ସେସବୁ ମୋର ଥିଲା
ଲକ୍ଷେ ସୂର୍ଯ୍ୟଙ୍କୁ ଆତ୍ମସ୍ଥ କରିସାରିଥିବା ଅନ୍ଧାର
ମୋର ହିଁ ଥିଲା....

ଏବେ ଦୁଃଖ ବୋଲି କିଛି ନାହିଁ
ଆଖି କୋଣରୁ ଖସିଗଲାପରେ ସମୁଦ୍ର
ଜୀବନ ଜିଇଁବାଠୁ ସହଜ
ଆଉ କଣ ଅଛିଲୋ ସଖୀ !

SUSHRISMITA SAMANTARAY

## ସୁଶ୍ରୀସ୍ମିତା ସାମନ୍ତରାୟ

କବି ସୁଶ୍ରୀସ୍ମିତା ସାମନ୍ତରାୟଙ୍କର ଜନ୍ମ ୨୮ ମାର୍ଚ୍ଚ ୧୯୯୫ରେ, ଖୋର୍ଦ୍ଧା ଜିଲ୍ଲା ଅନ୍ତର୍ଗତ ଅଲାଇଡିହପାଟଣାରେ। ଇଂରାଜୀ ସାହିତ୍ୟରେ ସ୍ନାତକୋତ୍ତର ପରେ ସଂପ୍ରତି ରାଜା ମଧୁସୂଦନ ଦେବ ଡିଗ୍ରୀ କଲେଜରେ ଅଧ୍ୟାପନା କରୁଥିବା ସୁଶ୍ରୀସ୍ମିତାଙ୍କ ପାଇଁ କବିତା ଏକ ସ୍ୱୀକାରୋକ୍ତି ! ସେ ସବୁ କଥା ସେ କୁହନ୍ତି କବିତାରେ, ଯାହା କହି ହୁଏନି ଆଇନାକୁ, ଯାହା ସେ ଲୁଚେଇ ରଖନ୍ତି ଛାଇଠୁ ! ସ୍ୱପ୍ନର ଭଗ୍ନାଂଶମାନଙ୍କୁ କବିତା ହିଁ ସାଉଁଟି ପାରିବ ବୋଲି ବିଶ୍ୱାସ କରୁଥିବା ସୁଶ୍ରୀସ୍ମିତାଙ୍କୁ 'sushrismita1995@gmail.com'ରେ ସଂପର୍କ କରାଯାଇପାରେ।

## ଈଶ୍ୱର

ମୋ ଈଶ୍ୱର ବସି ନଥାଇ ପାରନ୍ତି
ପଥର ହେଇ କୌଣସି ପ୍ରାଚୀନ ମନ୍ଦିରରେ
ମୋ ଈଶ୍ୱରଙ୍କ ହାତ ଆଶୀର୍ବାଦ ନ ଦେଇ
ଯାଚୁଥାଇପାରେ ପ୍ରେମ,
ଶଙ୍ଖ ଚକ୍ର ଗଦା ନଥାଇ
ଥାଇପାରେ ସେ ହାତରେ ତୁଳୀ
ଓ ସେ ଅଧା ପୃଥିବୀଟେ ଆଙ୍କି
ହଠାତ, ଭୁଲିଯାଇପାରନ୍ତି ଆଙ୍କିବାର କଳା।

ସଜ ଫୁଲ ନୁହେଁ
ଝରାଫୁଲ ଆଉ କଣ୍ଟାର ରାସ୍ତାରେ
ଚାଲିବାକୁ ସହଜ ମନେ କରିପାରେ
ତାଙ୍କ ରକ୍ତାକ୍ତ ପାଦ,

ସେଇ ରକ୍ତଟୋପାରୁ
ବୁନ୍ଦେ ସାଜିପାରେ ମାଟି ମଥାର କୁଂକୁମ,
ଅନ୍ଧାରରେ ଜନ୍ମିପାରେ ଅନ୍ଧର କରୁଣତମ ଗୀତ,
ସ୍ୱପ୍ନ ସବୁ ବାଟବଣା ହେଇପାରେ
ଓ ସେଇ କୁଙ୍କୁମ ପାଖରେ କୋଉଠି
ସରିଯାଇପାରେ ପୃଥିବୀର ସବୁ ରାସ୍ତା ମୋକ୍ଷର।

ତାଙ୍କୁ ସକାଳର ସୂର୍ଯ୍ୟକିରଣରେ ଦେଖିପାର
ମୋ ଈଶ୍ୱର ଦେବତା ପରି ନୁହେଁ
ପ୍ରେମିକ ପରି ତୋଳୁଥାଇ ପାରନ୍ତି
କୋଉ ଦୂର ବଗିଚାରୁ ଗୋଲାପ...
ଆଉ ଶିଖଉଥାଇପାରନ୍ତି ପ୍ରଜାପତିଙ୍କୁ ଉଡ଼ିବାର କଳା...
ମୋ ଈଶ୍ୱରଙ୍କୁ ଦେବତ୍ୱ ଯାଚନା,
ସେ କେବେଠୁ ମୋ ପ୍ରେମରେ ପାଗଳ।

## ରାତି ଗୋଟେ ମାଲବାହୀ ଟ୍ରେନ

ରାତି କେବଳ ମୋର!
ରାତିରେ ହିଁ ଫେରେ ଗୋଟେ ମାଲବାହୀ ଟ୍ରେନ
ଯେଉଁଠି ଲଦା ହେଇଥାନ୍ତି
ଫୁଲ ହୋଇ ଫୁଟି ପାରିନଥିବା କଢ଼
ପକ୍ଷୀ ହୋଇ ଉଡି ପାରିନଥିବା ଡେଣା,
ପ୍ରଜାପତି ଡେଣାରୁ
ରଙ୍ଗ ଛଡେଇ ପାରି ନଥିବା ହାତ,
ନିଜଢଙ୍ଗରେ ବହି ପାରୁ ନଥିବା ନଦୀ,
ଓ ମୁହଁରୁ ହସ ହେଇ ଜମା ବି ଶିହରି ନଥିବା
ଦଲକାଏ ପବନ।

ମୁଁ ଯେବେ ରାତିରେ ଭେଟେ ସେମାନଙ୍କୁ
ସେତେବେଳେ,
କଢ଼ିମାନେ ଫୁଟନ୍ତି ଗୁଳି ହୋଇ,
ଡେଣାରୁ ଝରିପଡ଼େ ପର ଟୋପେ ତତଲା ଲୁହ ପରି
ପ୍ରଜାପତିକୁ ଧରି ନଥିବା ହାତ
ଧରିଥାଏ ଛୁରୀ, ଚାଲେ ଯୁଦ୍ଧ,
ନଦୀ ପାଲଟେ ନିଆଁ,
ମୋ ନିଃଶ୍ୱାସ ପାଲଟେ ଝଡ଼
ମୋରି ଭିତରେ
ଆଉ ମୁଁ ଜାବୁଡ଼ି ଧରେ ନିଜକୁ
ଅନ୍ଧାର ଭିତରେ।

ଧୀରେ ଧୀରେ ମୁଁ ପାଲଟେ ଶେଯ
ଇଚ୍ଛାମାନଙ୍କୁ ହତ୍ୟା କଲାପରେ
କାଲି ସକାଳକୁ ତାଙ୍କ ପାଇଁ
ହସିବାର ଅଛି ବୋଲି କହି
ରେଳଧାରଣା ପରି ଶୋଇରହେ ମୁଁ
ମାଲବାହୀ ଟ୍ରେନ ପରି ମୋ ଉପରେ ଚାଲିଯାଏ ରାତି...

## ସେ ଓ ବଦଅଭ୍ୟାସ

ପାଲ୍ ହାଇଟ୍ସ, ଅକ୍ସଫୋର୍ଡ ଲାଇବ୍ରେରୀ!
ମୁଁ ମୋ ଭିତରେ ବିଚଳିତ
ସେ ଅନୁପସ୍ଥିତ ହେଲେ ତା'ରି କବଳ ରେ
ସମସ୍ତ କୋଳାହଳ – ମୋ ସମୟ ଏକଦମ ସ୍ଥିର ଓ ନୀରବ।

କାଚ ଏ ପାଖରେ ମୁଁ
ସେ ପାଖରେ ଗଛ,

ପତ୍ର ସହ ଖେଳୁଛି ପବନ,
ପବନରେ ଖେଳୁଛି ସ୍ୱପ୍ନ...
ମନେ ପଡେ ସେ କହିଥିଲା ଦିନେ
ନିଦରେ ବହୁତ ଦେଖା ହେଲା
କେବେ ତ ଆଖି ଖୋଲ
ଓ ଦେଖ ସତ ସତ ଚିତ୍ରାଙ୍କନ।

ତା କଥା ଗୁଡା ଖୁବ ଭଲ ଲାଗେ
ଭଲ ବି ଲାଗୁଛି
ଟେବୁଲ ଉପରେ କିଛି ଅସଜଡା ବହି,
ବହି ଭିତରେ ଜୀବନ, ପ୍ରେମ, ମହୁଲବଣର ନିଶା
ଓ ତା'ରି ଓଠ ରଙ୍ଗର ଅଧେ କପ ଚା।

ମୁଁ କୋଉ ଚା' ପିଏ ଯେ?
ଏ ବଦଅଭ୍ୟାସ ବି ତା'ର।

## ନାରୀ ହେଇଛୁ ଯେତେବେଳେ

ଛୁଆ ବେଳୁ ହିଁ କାଟିବାକୁ ପଡ଼େ
ଇଚ୍ଛାମାନଙ୍କର ଡେଣା
ବୁଝିବାକୁ ପଡ଼େ କଳମଶାଗ'ର ସୁଆଦ
ଛୋଟେଇବାକୁ ପଡ଼େ ପାଦ
ଲମ୍ବେଇବାକୁ ପଡ଼େ ଲାଜ
ଓ ଏରୁଣ୍ଡି ଭିତରେ ରଖିବାକୁ ପଡ଼େ ସବୁ ଲକ୍ଷ୍ମୀପାଦ।

ଅଛୁଆଁ ହେଇଥାଉ ପ୍ରତି ମାସରେ
ତେଣୁ ତାଲିମ ନେବାକୁ ପଡ଼େ
ଲକ୍ଷ୍ମୀ ହେବା ପାଇଁ

ଆମେ କାଳେ ଘରର ରନ୍ନ
ଅଥଚ ମସଲା ବାଟୁବାଟୁ
ଜଣା ପଡ଼େନା କେତେବେଳେ
ବାଟି ହୁଏ ବୟସ ଆଉ ମାଟି ହୁଏ ସ୍ୱପ୍ନ।

ଜଣା ପଡ଼େନା ତଥାପି, କାହିଁକି କେଜାଣି
ଆମକୁ ଘେରିଥାଏ ଆଇଁଷା ଆଖିର ଜଙ୍ଗଲ
ଆମେ ନିଜେ ଦେବୀ ହେଇ ମଧ୍ୟ
ସାଧିକା ଭଳି ନିଜ ଦେହ କିଳି
ଅର୍ଚ୍ଚନାରେ କାଟିଦେଉ ତମାମ ଆୟୁଷ।

ଏତେକଥା ପରେ ବି
ଉଲ ଫାଶରେ ଛନ୍ଦିବାକୁ ପଡେ ଡାଡି
ଆଉ ନ୍ୟାୟ ଦେଇ ପାରୁନଥିବା
ଅନେକ କ୍ରୋଧକୁ
କାଟିବାକୁ ପଡେ ପନିକିରେ
ବାସନ ସହ ମାଜିବାକୁ ପଡେ
ଅଇଁଠା ନଜର...

ଦୁନିଆ ବି କହେ
ଜହ୍ନର ଦାଗ ଅଛି କାଳେ
କଳଙ୍କକୁ ତ ଧୋଇବାକୁ ହେବ
ନାରୀ ହେଇଛୁ ଯେତେବେଳେ।

## PARAMVEER CHAKRA

# ପରମବୀର ଚକ୍ର

କବି ପରମବୀର ଚକ୍ରଙ୍କ ଜନ୍ମ ୪ ନଭେମ୍ବର ୧୯୯୪ରେ, ଦାନଗଦୀ, ଯାଜପୁର ରୋଡ଼ରେ। ବ୍ୟାସନଗର ମହାବିଦ୍ୟାଳୟରୁ ବାଣିଜ୍ୟରେ ସ୍ନାତକ ପରେ ସଂପ୍ରତି ଆଭେତି ଲର୍ଣ୍ଣିଂ ନାମକ ଏକ ଏଜୁଟେକ୍ ସଂସ୍ଥାରେ ବିଭାଗୀୟ ପରିଚାଳକ ଭାବରେ କାର୍ଯ୍ୟ କରିବା ସହିତ ଭାରତୀୟ ପ୍ରଶାସନିକ ସେବା ପରୀକ୍ଷା ପାଇଁ ପ୍ରସ୍ତୁତି କରୁଛନ୍ତି ପରମବୀର। ତାଙ୍କ ଭାଷାରେ, ଜୀବନ ଯାହା ଦିଏ ଓ ଯାହା ଦେଇ ଚାଲିଛି ସେସବୁକୁ ଆଉ କା' କାନରେ ଫିସଫିସ କହିଦେବାର ଅସହଜ କାଇଦା ହଉଚି କବିତାର ସତରଂଜ ଖେଳ। କବିତାରେ ସେ କେବେ କିଛି କହିପାରିନାହାନ୍ତି, ଓ ଯାହା ବି କହିଛନ୍ତି ତାହା 'କବିତା' ନୁହେଁ ବୋଲି ସ୍ୱୀକାରୋକ୍ତି ବାଢୁଥିବା ପରମବୀର ଅହଂକାର ଓ ଛଳନାର ପଞ୍ଜୁରୀ ସେପାଖେ ଖୋଜନ୍ତି କବିତାର ଆକାଶକୁ। ତାଙ୍କୁ 'Parmbir1994chakra@gmail.com'ରେ ସଂପର୍କ କରାଯାଇପାରେ।

## ଏଣୁତେଣୁ ରବିବାର

ଆଜି ରବିବାର !
ପୂଜାସଂଖ୍ୟା ପାଇଁ ମୁଁ କବିତାଟେ ଫାନ୍ଦୁଛି
ଆରକେ ବୋଇଲେ କେବଳ ଶବ୍ଦ ଯୋଡୁଛି....
ଅତଏବ କବିତା ପାଇଁ ମୋ ପାଖେ
ତିନୋଟି ସମ୍ବଳ- ଶବ୍ଦ, ରବିବାର ଓ ଭଡ଼ାଘର !
ଭଡ଼ାଘରେ ଦୁଇଟି ଝର୍କା, ଗୋଟିଏ ଆକ୍ୱାରିୟମ, ଦୁଇଟି ଆର୍ସି,
ଏଣେତେଣେ ମାଡିଥିବା ଅଯତ୍ନବର୍ଦ୍ଧିତ ବିଶ୍ୱାସର ବାଲିଛତୁ
ଓ କ୍ଲଜେଟର ଶେଷଥାକରେ ଗଚ୍ଛିତ ପୁଳାଏ ମୂଲ୍ୟବାନ
ଅନ୍ୟମନସ୍କତା !

ଏମିତିରେ ଚାଲିଗଲାଣି ଅଧା ରବିବାର
ଭୁଲିଗଲିଣି ମୁଁ ଯାହା ସବୁ ଥିଲା କରିବାର;
ବୋଉର ଜଣାଣ ବହି ପଢ଼ି କାନ୍ଦିବାର ଥିଲା,
ଅନାଥାଶ୍ରମରେ ଦୁଇ କାର୍ଟୁନ ଅହଂକାର ଭେଟିଦେବାର ଥିଲା,
ଆକ୍ୱାରିୟମ ଖୋଲି ମୁଠାଏ ଖୁସି ବିଞ୍ଚିଦବାର ଥିଲା
('ମୁଁ ଫାସିଷ୍ଟ ନୁହଁ' ବୋଲି ମାଛମାନଙ୍କ କାନରେ କହିବାର ଥିଲା),
ଆର୍ସିର କୋଲପ ଖୋଲି ଫିମ୍ପିମରା ସତ ଖୋଜିବାର ଥିଲା,
କହିପାରିନଥିବା ଗପସବୁ ପ୍ୟାକ କରି
ହାଇଦ୍ରାବାଦ 'କନ୍ଦି' ଛକ ପଠେଇବାର ଥିଲା,
ଏମିତି ଏମିତି ବ୍ରହ୍ମାଣ୍ଡର ସବୁତକ ଛଳନା କରିବାର ଥିଲା
କରିହେଲାନି, ଚାଲିଗଲା ଅଧା ରବିବାର।

ଏବେ ଶିଥିଳ ଅପରାହ୍ନରେ ରବିବାର,
ଖରାଛାଇରେ ଲୁଚକାଳି ଖେଳୁଛି ଭଡ଼ାଘର
ବାଁପାଖ ଝର୍କା ଦେଇ କ୍ଷେପିଯାଉଛି ଆଖି ମୋର
ଭେଦି ଯାଉଛି କାଶତଣ୍ଡୀ ମେଢ଼,
ଅରଣ୍ୟ, ଆକାଶ, ଅନ୍ତରୀକ୍ଷ;
ଛଳନାର ଯେତେ ବନ୍ଧବାଡ଼...
ଦକ୍ଷିଣପଟ ଝର୍କାରେ ଦିଶୁଛି ପୋଡିୟମ,
ଶାରଦୀୟ ଅପରାହ୍ନର
ପୋଡିୟମକୁ ପଛକରି ନଡ଼ିଆ ଗଛର ଫାଙ୍କରେ
ଆକାଶକୁ ଚାହିଁଛି ଫାଜିଲ୍ ଝିଅ
ସତେ ଅବା ଆକାଶ ଗୋଟେ ମସାଜ୍ ପାର୍ଲର..!
ଆକାଶଠୁଁ ଆଖିଯାଏ କେବଳ ସଂକ୍ରମଣ ନିରବତାର
ତେଣୁ ଶବ୍ଦକୁ ଗୋଲିମାର.... ଗୋଲିମାର!

ବେଲୁବେଳ ରବିବାର ପାଲଟୁଛି ଅନ୍ଧାର
ଓ ଅପମୃତ୍ୟୁ ଘଟୁଛି ଶବ୍ଦସବୁର
କେବଳ ଦକ୍ଷିଣପଟ ଝର୍କାରୁ ପଶିଆସୁଛି

ଫାଜିଲ୍ ଝିଅର ସ୍ୱର -
'ବନ୍ଦ କର ଏ ପ୍ରହସନ ଶଙ୍କର,
ଏ ରବିବାର କେବଳ ନିରବତାର'....

## ବନ୍ଧୁ ସନ୍ଧାନରେ

ମୁଁ ପାର ହେଇ ଫୁଲର ସମ୍ଭାର
ସକାଳର କଟିବନ୍ଧେ କୁହୁଡ଼ିର ଚାଦର
ମାଡିଥିଲି ନଈପଠା,
ଖୋଜିବାକୁ ସନ୍ତକ ମୋ ପ୍ରିୟତମ ବନ୍ଧୁର

ଉଛୁଳା ପାଣିରେ ମହମହ ଶୀତର ଅତର
ମଳା କାଶତଣ୍ଡୀ ମୂଳେ ଶରତର ଶେଷ ଅକ୍ଷର
ଦିଶୁନାହିଁ ବନ୍ଧୁର ଲୁହ,
ନଈପଠା ଓଦା ଦିଶେ ବୋଲିହେଇ କାକର

ଶାଗୁଣାଏ ଉଡ଼ିଗଲେ ବାସ୍ନାବାରି ମୃତ୍ୟୁର
ପାଦ ଯେତେ ବେଢ଼ିଗଲେ ଅଚିହ୍ନା ଶବର
ବନ୍ଧୁ କିନ୍ତୁ ମିଳୁନାହିଁ ମିଳୁନାହିଁ,
ନଈ ସାରା ରକ୍ତଛିଟା ଲକ୍ଷେ କବିତାର

ସ୍ରୋତ ସବୁ ଡେଇଁଗଲେ ଆଶା ପାରାବାର
ଲୁହ ବୁନ୍ଦା ଲଙ୍ଘିଗଲେ ଅପେକ୍ଷାର ତୀର
ବନ୍ଧୁ କିନ୍ତୁ ଫେରିଲାନି ଆଉ,
ଚିରୁଡ଼ାଏ ଅନ୍ଧାରରେ ଦିଶେ ନିଆଁର ସହର

ଘୃଣାସବୁ ଫିକା ଦିଶେ ମହମ ରଙ୍ଗର
ମୁହଁସବୁ ଏକା ଦିଶେ ଆତଙ୍କ ଢଙ୍ଗର

ବନ୍ଧୁ ଏବେ ନିରବ କବିତା,
ମାଳ ସବୁ ଛିଡ଼ିଯାଏ ନେଣ୍ଟା ନେଣ୍ଟା ଶବ୍ଦର !

## ଓନେରୋଫୋବିଆ

କିଛି ସ୍ୱପ୍ନ ଦିଶିଯାନ୍ତି ନିଦର ଛାଇରେ,
ସଜସଜ ମେଘବର୍ଣ୍ଣୀ ପଦ୍ମ ପାଖୁଡ଼ାରେ
ପ୍ରେମ ଆଉ ସନ୍ତ୍ରାସଠୁ ଦୂରେ ବହୁଦୂରେ,
ସହରର ସେପାଖରେ ଦୀପ ସବୁ ଜଳେ
ଫୁଲନଈ ମୁହାଣରେ ଭ୍ରମ ଯେତେ ଘାରେ
ମହୁମାଛି ଗୀତରେ ମୋ ଭୋକ ସେତେ ମରେ

କିଛି ସ୍ୱପ୍ନ ହଜିଯାନ୍ତି କାକର ବୁନ୍ଦାରେ
ତା' ମୁହଁ ଦେଖାଗଲେ ମାଛି ଅନ୍ଧାରରେ
ଚମ୍ପାରଙ୍ଗ ଆଖିରେ ତା' ସୁନାରୀ ମୁରୁଜ,
ଓଠ କିଆରୀରେ ତା'ର ମୁଠାଏ ସୋରିଷ
ରାତି ଆସେ ନଇଁ ଗାଢ଼ ଜହ୍ନ ଆଲୁଅରେ
ବିଶ୍ୱାସର କୁମ୍ଭ ଢ଼ଳେ ତା'ରି ଛାତିରେ ....

କିଛି ସ୍ୱପ୍ନ ବହିଯାନ୍ତି ଲୁହର ସୁଅରେ
ଛାତିତଳ କମ୍ପ ଆଉ କୋହର ନଈରେ
ସମୁଦ୍ରକୁ ରାସ୍ତା ସବୁ ଆପେ ହଜିଯାଏ,
ବତୀଘର ଝରକାରୁ ଜହ୍ନ ଲିଭିଯାଏ
ଅନ୍ଧାରର ଜଉମୁଦ ବାଲିଚର ଆଖିରେ
ସ୍ୱପ୍ନ ସବୁ ମରିଯା'ନ୍ତି ରକ୍ତହୀନତାରେ....

କିଛି ସ୍ୱପ୍ନ ସଂଚରନ୍ତି ଆଉ କା' ଆଖିରେ
ପ୍ରେମ ଆଉ ଅପେକ୍ଷାର ଦୁଇ ପାଖୁଡ଼ାରେ

ଘଣ୍ଟା କଣ୍ଟା ଆଉଁସାରେ ମଳିଚମ ଛାଡ଼େ,
ପ୍ରତିଶ୍ରୁତି ନିଆଁ ହେଇ ଶାଖା ଯେତେ ପୋଡ଼େ
ଛଳନାର ସହରଠୁ ଯୋଜନ ଦୂରରେ
କିଛି ସ୍ୱପ୍ନ ଝଲସନ୍ତି ମୋ ବୋଉର କାନିରେ....

(ଓନେରୋଫୋବିଆ - ସ୍ୱପ୍ନ ଦେଖିବାର ଭୟ)

## ମୋ ପରି ଆଉ ଜଣେ

ହୁଏତ, ମଧୁଛନ୍ଦା ଦେଖୁଥିବେ ଟି.ଭି.ରେ
ବାତ୍ୟାକାଳୀନ ଜରୁରୀ ସୂଚନା,
ପୃଥିବୀପଟ ଦରଜାରେ ଢ଼ିଙ୍କିଆ ଦେଇ
ଚୋବୋଉଥିବେ ପକୁଡ଼ି,
ଅପେକ୍ଷା କରିଥିବେ ଗୋଟେ ନିହାତି ଉପଭୋଗ୍ୟ
ବାତ୍ୟା-ବିଧ୍ୱସ୍ତ ସନ୍ଧ୍ୟାକୁ।

ମଧୁଛନ୍ଦା ଆତଙ୍କିତ ନୁହନ୍ତି, ବରଂ ଆଶ୍ୱସ୍ତ;
ଘରେ ଦି' କିଲୋ ବେସନ ଅଛି,
ପୁଅର ଡାଇପର୍ ବଡପ୍ୟାକ୍ ଅଛି,
ଫାଷ୍ଟ-ଏଡ୍ କିଟ୍ ଅଛି,
ନାଲମ୍ ମଲ୍ଟ ସ୍କଚ୍ ଅଛି,
କମୋଡ୍‌ରେ ବସି ବସି କାଚଫାଂକରୁ
ଚେନାଏ ଆକାଶର ଆବହାୱା କଳ୍ପନା କରିବାର
କବିପଣ ବି ଅଛି !

ସେ ଅବା ଡରିବେ କାହିଁକି !
ବରଂ ଆପଣା କବରୀ ଖୋଲିଦେଇ
କେଶରେ ଗୁନ୍ଥିବେ ଉଭଟ ପବନକୁ,
ପ୍ରେମପଟ ଦରଜା ମେଲିଦେଇ

କୋଳେଇ ନେବେ ଦଲକାଏ ସ୍ମୃତିକୁ;
ପ୍ରେମିକର ଝାଳମିଶା ଗନ୍ଧକୁ,
ବର୍ଷାଧାରକୁ ଛାତିକରି ଧୋଇଦେବେ
ଲଜ୍ଜାହୀନ କେତୋଟି ରାତିକୁ....
ସ୍ମୃତି, ପ୍ରେମ ଓ ଝଡର
ଏ ଫେଣ୍ଟାଫେଣ୍ଟି କକଟେଲ୍
ଢାଳିହେଇଯିବ କାଗଜରେ, କବିତା ହେଇ,
ଅବା, ମାଟି ଛୁଇଁଥିବା ଆମ୍ବଗଛ ତଳୁ
ଜିଇଁଉଠିବ ସମୟ,
ଗୋଟେ ଗପର କଙ୍କାଳ ହେଇ

ଏମିତି, ଝଡରେ ଝଡରେ ବୁଡ଼ିଯିବ ସଂଜ,
ଅଧରାତିରେ ମରିଯିବ ଇନଭର୍ଟର୍
ହଠାତ କବିତା ଓ ନୀରବତା ମଝିରୁ
ଭାଙ୍ଗିଯିବ ଶବ୍ଦର ପ୍ରାଚୀର....
ତଥାପି, ମଧୁଛନ୍ଦା ଖୋଲିବେନି
ପୃଥିବୀର ଦରଜା !

ହୁଏତ, ଦରଜା ଖୋଲିଦେଇଥିଲେ
ପଶିଆସିଥାନ୍ତା ଦଲକାଏ ଉତ୍ତାଳ ପବନ,
ଲୁହରେ ଲଟପଟ କେଇବୁନ୍ଦା ବର୍ଷା ଟୋପା,
କ୍ରମଶଃ ନିରବିଯାଉଥିବା ଦିଗହରା ଆର୍ତ୍ତନାଦ,
ଛାତ ଗୋଟିଏ ପାଇଁ ନିବେଦନର
ଫର୍ଦ୍ଦ ଫର୍ଦ୍ଦ ଦରଖାସ୍ତ....

ଦରଜା ଖୋଲିଦେଇଥିଲେ
ହୁଏତ ଖସିପଡ଼ିଥାନ୍ତା ଅହଂକାରର ମୁଖା,
ଭାଙ୍ଗିଯାଇଥାନ୍ତା ଅନାବଶ୍ୟକ ପ୍ରାଚୁର୍ଯ୍ୟର ବାଲିଘର;
ଆପଣା ସ୍ୱାର୍ଥର ମିନାର୍..

ସୁତରାଂ ଦରଜା ବନ୍ଦ ଥିବ,
କେବଳ ଖୋଲାଥିବ ଫେସବୁକ୍,
ପ୍ରେମିକର ଅବଗତି ନିମନ୍ତେ ଲେଖାଥିବ-
'ମଧୁଛନ୍ଦା ସାହାଣୀ-ମାର୍କଡ୍ ସେଫ୍' ।।

RAJESH PUJARI

## ରାଜେଶ ପୂଜାରୀ

କବି ରାଜେଶ ପୂଜାରୀଙ୍କ ଜନ୍ମ ୨୫ ଜୁନ ୧୯୯୪ରେ, ଝାରସୁଗୁଡା ଜିଲ୍ଲା ଅନ୍ତର୍ଗତ କୁଶମେଲରେ। ଲିଖନ ଓ ପଠନ ସାଙ୍ଗକୁ ସଂଗୀତରେ ବିଶେଷ ରୁଚି ରଖୁଥିବା ରାଜେଶ ରାଜନୀତି ବିଜ୍ଞାନରେ ସ୍ନାତକୋତ୍ତର କରିଛନ୍ତି। ନିଜକୁ ବାରମ୍ବାର ଭେଟିବା ପାଇଁ ସେ କବିତା ଲେଖନ୍ତି। ପ୍ରତିଟି କବିତାରେ ସେ ନୂଆ କରି ଭେଟନ୍ତି ନିଜକୁ, ନିଜ ଅସହାୟତାସବୁକୁ ତଉଲି ଦେଖନ୍ତି। ତାଙ୍କ ଭାଷାରେ, ଆତ୍ମମୁଗ୍ଧତାକୁ ଟପିଯିବାର ମାଧ୍ୟମ ହେଉଛି କବିତା। 'ଆଶା ନିରାଶା' ଓ 'ଉକିଆର୍ ଖୋଜ୍' ନାମରେ ତାଙ୍କର ଦୁଇଟି କବିତା ସଂକଳନ ପ୍ରକାଶିତ। ଓଡ଼ିଆ ଓ ସମ୍ବଲପୁରୀ ଭାଷାରେ କବିତା ଲେଖୁଥିବା ରାଜେଶଙ୍କ ସହିତ 'rajeshpujari539@gmail.com'ରେ ସଂପର୍କ କରାଯାଇପାରେ।

### ମଞ୍ଚ ବିରତି

କଳାରଙ୍ଗର ସମୁଦ୍ରରେ ବୁଡ଼ିଯାଉଛି ଧବଳତରଣୀ  
ଡିବିରିରୁ ସରିଆସୁଛି ତେଲ  
ବାଜିବ ବାଜିବ ହେଲାଣି ସତର୍କ ଘଣ୍ଟି  
ଏଥର ବିରତି ନେବାକୁ ହେବ ମଞ୍ଚରୁ,

ଖୋଲିବାକୁ ହେବ, ପିନ୍ଧିଥିଲି ଯେତେଯେତେ ମୁଖା  
ପୋଛିବାକୁ ହେବ ସର୍ବାଙ୍ଗରେ ବୋଳିଥିବା  
ବିଭିନ୍ନ 'ମୁଁ'ର ଆସ୍ତରଣ।

ଭାବିନିଅ, ଉଈ ଖାଇଗଲେ ଅଭିଯୋଗର ଦଲିଲ୍ ସବୁକୁ  
ଅସୂଚିତ ପ୍ରଳୟ ଭୟରେ

ଆପଣା ଛାତିକୁ ଇ' ଶେଯ କରି ଶୋଇଗଲା ବଗିଚାମାନେ
ପୁନରପି ଛନଛନେଇ ଗଲେ ଶ୍ୟାମଳ ସୁଗନ୍ଧରେ
ଡେଣା ଖଞ୍ଜିଦେଲା କେହିଜଣେ ଅନାଥ ସ୍ୱପ୍ନ ପାଲିଙ୍କିରେ !

ସଖା ମୋର, ପରମ ଆତ୍ମୀୟ ମୋର
ତୁମେମାନେ ତ ମୋ ଅପେକ୍ଷା ମୋତେ
ବେଶି ଭଲରେ ଚିହ୍ନିଛ, ଜାଣିଛ
କାହିଁକି ଏବେ ମଉନିଫୁଲ ମାଳ ଗୁନ୍ଥୁଅଛ ?

କୁହ, କିଛି ତ କୁହ...
ପାରିବ ଯଦି ଅଜାଡ଼ିଦିଅ
ଯେତେ ବଳକା ରାଗରୋଷ
ଗାଳିତାଳି ସନ୍ତୋଷ ଅସନ୍ତୋଷ,
ଖୁସିରେ ଖୁସିରେ ନିର୍ଲୁହ ବିରତି ଦିଅ
ଆଲିଙ୍ଗିନିଅ ମତେ ନିବିଡ଼ଠୁ ଆହୁରି ନିବିଡ଼ ଭାବରେ...

ଚିରକାଳ ଯାହା ଝଟକୁଥିବ
ରୂପାଜହ୍ନ ହେଇ, ସୁନାଚିହ୍ନ ହେଇ
ସଭିଏଁ ମିଶି ମୋ କପାଳରେ
ସେମିତି ଚୁମ୍ବନ ଦିଅ ।

## ଡାକ

ଛାଇଛାଇ ନିଦରେ ସ୍ୱପ୍ନ ଆସିଥିଲା
ମାଣ ପୂରିଲା ପରେ ହିଁ ଡାକଟେ ଶୁଭିବ
ଦିଗଭୁଲା ଡଙ୍ଗା ମୋର
କୂଳରେ ଲାଗିବ

ଜାଣି ହେଲାନି ବେଶି କିଛି
କେମିତି କେତେବେଳେ
ଘଟିବ ଏ ଘଟଣା
ପାଇବି ମୁଁ
ନଈ ପିଠିରେ ଆକାଶର ଚିତ୍ର ଆଙ୍କୁଥିବାର
ବିଫଳ ପାଉଣା !

କେମିତି ଚିହ୍ନିହେବ ଯେ
ନୂପୁର ପରି ବାଜିବ
ଅବା ବଇଁଶୀ ଭଳି ଶୁଭିବ
ମୋ ନାଁ'ର ଅକ୍ଷରମାନେ
ମିଳିତନୃତ୍ୟ କରିବେ ପବନରେ
କି' ପିମ୍ପୁଡିପଲ'ଟେ
ଗୋଟିଏ ବେସୁରା ଧୂନ୍ ସାଙ୍ଗରେ
ଧାଇଁ ଆସିବେ ମୋ ଘରକୁ...

ଖରାତାରାର ବିବାହ ଉତ୍ସବ ଦେଖି ସାରି
ମୁଁ ମୂକ ବଧିର ପାଲଟିଲା ବେଳେ
ଛାଡ଼ିପାରେ ଫଳଫୁଲର ରଙ୍ଗୀନ୍ ମୋହ
ପିନ୍ଧେଇଛି ନିଜକୁ ଯେତେଯେତେ ଖୋଳପା
ସେ ସବୁ ହଟିଲା ପରେ ହିଁ
ଶୁଭିପାରେ ହୁଏତ ସେଇ ଡାକ !

ମୁହୂର୍ତ୍ତେ ଶିହରଣ ଉତ୍ତାରୁ
ବୃଥା ପାଲଟେ ନାନାବିଧ କଳ୍ପନା ଜଳ୍ପନା
ମାଣ ପୂରିବାର ରହସ୍ୟ ଭେଦି ନପାରି
ବିଦ୍ରୋହ କରେ ମୁଁ ନିଜ ସହ....

ତଥାପି କେଉଁ ପୋଛିହୁଏ ମନରୁ
କେବେ ନା କେତେବେଳେ ଶୁଭିବାକୁଥିବା
ଅନିଶ୍ଚିତ ଡାକକୁ
ଅଚିହ୍ନା ଅଜଣା ହେଇ ଯାହା
ନିଜଠୁ ନିଜର ଲାଗେ ।

## ଆତୁର ଯାତ୍ରା

ଭୌତିକତାର ଚକ୍ରବ୍ୟୂହରେ
ପଥ ହୁଡେ ଯେବେ ଏକାକୀ ଅଭିମନ୍ୟୁ
ତେବେ ସେ ଖୋଜଇ ମାଟି,
ଚିହ୍ନି ଅସ୍ପଷ୍ଟ ପାଦଚିହ୍ନ ମଥା ପାତି ଯିବାକୁ ଲୋଟି ।

ଅତର୍କ୍କା ଦୌଡେ, କଣ୍ଟାଝଣ୍ଟା ମାଡ଼େ
ରକ୍ତାକ୍ତ ହୁଏ ନିରାଶାର ଅଚୁକ ତୀରରେ
ତେବେ ସେ ଲୋଡେ ପବନର ମଧୁର ଚୁମ୍ବନ,
ସରସର୍ ମୁଗ୍ଧ ସମ୍ଭାଷଣ ।

ଚୌରାଅଶୀ ଯୋନୀଚକ୍ରରେ ଭଟକେ
ନିତିନିତି ନୂଆ ମୁଖା ପିନ୍ଧେ
ଖଣ୍ଡ ବିଖଣ୍ଡିତ ହୁଏ ମନ୍ଦିର ତାହାର
ନିଜ ମାଂସ ନିଜେ ରାନ୍ଧେ
ତେବେ ସେ ଖୋଜେ ଆକାଶର ନିବିଡ଼ ଆଶ୍ରେୟ
ଲଭିବାକୁ ଯୁଦ୍ଧରେ ବିଜୟ ।

ଅଦୃଶ୍ୟ ଅମାରର ବାଟ ଫିଟେ
ବାଉନକୋଟି ଭଣ୍ଡାର ପାଦ ତଳେ ଜୁଟେ
ତେବେ ସେ, 'ମୁଁ' ପାଲଟେ

'ମୁଁ' ହେଇ ଉଡେ 'ମୁଁ' ହେଇ ବଞ୍ଚେ
ନିଆଁ ଭଳି ଡହଡହ ଜଳେ
ସମୟକୁ ପେଣ୍ଡୁ କରି ଖେଳେ।

କିନ୍ତୁ ଶେଷରେ ବାଟ ନୁହେଁ, ପାଦ ସରିସରି ଯାଏ
ସବୁ ଥାଇ ନିଃସ୍ୱ ହୁଏ, ଶୂନ୍ୟ ହୁଏ
ଦୁଃଖ ବରେ, କ୍ଳାନ୍ତି ଖୋଜେ
ପାଣି ଭଳି ଅକୁଳାଣ ଆତୁରତାରେ ବହେ
ହୁଏତ, ନିଜଠୁ ନିଜ ଯାଏଁ!

## ସବୁ ଋତୁ ସରିଗଲା ପରେ

ଷୋହଳସଞ୍ଜରୁ ସ୍ୱପ୍ନ ସଞ୍ଚିଥିଲ ଗୋପନ ମନ ସିନ୍ଦୁକରେ
ମୋର ସବୁତକ ଆଲୋକ ଅନ୍ଧାର
ଲୀଳାୟିତ ହେଉ ତୁମ ନୂପୁର ଛନ୍ଦରେ

ମୁଁ କେଉଁ ମନା କରିଥିଲି ଗଢ଼ିବାକୁ ନୂଆ ପୃଥିବୀ
କେହି ନଥା'ନ୍ତେ ଆଉ ଯେଉଁଠି,
ଖାଲି ବହିଯାଉଥାନ୍ତା ଟିକି ନଈ
ପଠାରେ ଥାଆନ୍ତା ବରଗଛ
ତା' ରି ତଳେ, ତୁମ କୋଳରେ ଶୋଇ ମୁଁ
ଲେଖୁଥାଆନ୍ତି ଚୁମ୍ବନଚିଠି।

ହେଲେ ସେମିତି କିଛି ହେଲାନାହିଁ
ହଠାତ୍ ଅଦୃଶ୍ୟ ଇଲାକାର ଝଡ଼ରେ ସବୁ ଛିନ୍ନଭିନ୍ନ,
ଉଡ଼ନ୍ତା ମନିପର୍ସରେ ଚାରି ଚଉତା ଶୋଇଲା ବସନ୍ତ
ଆମେ ଭୋଗିଲେ ନିର୍ବାକ କୋଳାହଳ ଭିତରେ
ବନ୍ଦୀଶାଳାର ଶ୍ରାବଣ

ଆମେ ତ ସଂପର୍କମାନଙ୍କ ହିମାଳୟ ଖୋଜୁଥିଲେ
ତା'ର ଉଚ୍ଚତା ଆଙ୍କିବାର ନଥିଲା...
ସାଉଁଟିବାକୁ ଚାହିଁଥିଲେ ଧୂଳି ପରି ବିଞ୍ଚି ହେଇଥିବା
ସ୍ମୃତିର ଆବର୍ତ୍ତ – ତା'କୁ ମାପିବାର ନଥିଲା।

କେଉଁଠି ନା କେଉଁଠି ମୁଣ୍ଡ ଗୁଞ୍ଜିବାକୁ ଉଭୟ
କପୋତୀରଙ୍ଗୀଖରାର ସାକ୍ଷ୍ୟରେ
ଦୌଡ଼ିଥିଲେ ଯେ ଦୌଡ଼ିଥିଲେ,
ରାତି ପାହୁପାହୁ ଲାଗିଲା ପହଞ୍ଚି ସାରିଛେ
ପୁଣି ସେଇଠିକୁ, ଯେଉଁଠୁ ? ଯାତ୍ରା ଆରମ୍ଭିଥିଲେ !

ପରମ୍ପରାର ତୀକ୍ଷ୍ଣ କରତଦାଢ଼ରେ
ଲହୁଲୁହାଣ ମୋର ନିଜତ୍ୱ
ନୀରବତା ଛଡ଼ା କିଛି ଔଷଧ
ସେ ଘା' ଭରି ପାରିନଥାନ୍ତା ହୁଏତ,
ହାଟ ମଝିରେ ବଦନାମ ହେବା ପରେ
ନିଜ ଦେହକୁ ଓହ୍ଲାଇ ଦେଇ
ନୂଆ ଦେହଟେ ପିନ୍ଧିବା ଛଡ଼ା
ବିକଳ୍ପ କ'ଣ ଥାଏ କୁହ ତ ?

ହେଲେ ତୁମେ କେଉଁ ବୁଝ ?
ତୁମକୁ ଭେଟିବାକୁ ଯାଇ ଶ୍ୟାମଳିମା
ମୁଁ ଗଭୀର କାଳିମା ଭୋଗେ
ତୁମକୁ କିଛି ଲୁଣିପାଣି ଭେଟି
ମୁଁ ରକ୍ତବର୍ଷାରେ ଭିଜେ,
ବର ତଳ ଘାସ ହେଲିନି ଯଦିଓ
ରାସ୍ତାକଡ଼ ବଣତୁଳସୀ ସାଜି ସମୟକୁ ଜଗେ !

ସେଦିନ ରାଣ ଖୁଏଇଲି
ମୁହଁ ଦେଖେଇବାନି କେହି କାହାକୁ
ତୁମେ ମୋତେ ଭୁଲିଯିବ ଆଉ ମୁଁ ତୁମକୁ,
ହେଲେ କେଉଁ ଭୁଲିହୁଏ
ସ୍ମୃତିର ପାଲଗଦା କେଉଁ ଜାଳିହୁଏ
ପ୍ରେମ ପତାକା ଧରି ପବନ ବାରମ୍ବାର ଫେରେ
ଜହ୍ନକୁ କିଏ ସେ କରିଛି ବନ୍ଦୀ
ଜାମିନ୍ ପାଇଁ ଜୋର୍ ଚର୍ଚ୍ଚା ଧରେ ?

ଏ ଜନ୍ମରେ ହୁଏତ, ମୋତେ ପାରିବନି କ୍ଷମା କରି
ଏହି ଗ୍ଲାନିରେ ମୁଁ ଅସରନ୍ତି ଅବସୋସ ମୁଣ୍ଡେଇ
ମେଘ ପାଲଟେ ପ୍ରତିକ୍ଷଣ
ଛଟକେ ପୁଣି ନିର୍ଜଳାମାଛ ପରି,
ଏଥର ବନ୍ଧା ସିନା ଶିକୁଳିରେ
ଚାହଁ ନଚାହଁ ତୁମଠାରେ ରହିବି ଋତୁଟେ ହେଇ
ସବୁ ଋତୁ ସରିଗଲା ପରେ ।

■■

SAMPRITI SATAVISA

## ସଂପ୍ରୀତି ଶତଭିଷା

କବି ସଂପ୍ରୀତି ଶତଭିଷାଙ୍କ ଜନ୍ମ ୧୧ ଜୁନ, ୧୯୯୪ରେ, ଖେରସ, ଜଗତସିଂହପୁରରେ। ବୃତ୍ତିରେ ଜଣେ ଇଂଜିନିୟର, ସଂପ୍ରୀତିଙ୍କୁ ପିଲାଟି ବେଳରୁ ହିଁ ପ୍ରକୃତିକୁ ନେଇ କବିତା ଏବଂ ଗଳ୍ପ ଲେଖିବାକୁ ଭଲ ଲାଗୁଥିଲା। ସମୟକ୍ରମେ, ଆଖପାଖର ଚିତ୍ର ଓ ଚରିତ୍ର, ଘଟଣା ଓ ଦୁର୍ଘଟଣାମାନେ ଆବୋରି ବସିଥିଲେ ତାଙ୍କ ଚେତନାକୁ - ସାହିତ୍ୟକୁ! କବି କୁହନ୍ତି, ଯେ ନିଜ କଳ୍ପନାରେ ଅନେକ ଚରିତ୍ରରେ ଅବତୀର୍ଣ୍ଣ ହୁଅନ୍ତି ସେ, ଯେଉଁମାନେ ତାଙ୍କ ନିସଂଗତାର ପ୍ରିୟ ସହଚର, ତାଙ୍କ ନିରବତାର ଗର୍ଭଗୃହରେ ଗୁମୁରୁଥିବା ମିଠା କୋଳାହଳ। ଅବସର ସମୟରେ କବିତା, ଗଳ୍ପ ଓ ଉପନ୍ୟାସ ପଢିବାକୁ ଭଲ ପାଉଥିବା ସଂପ୍ରୀତିଙ୍କ ସହିତ 'sampritisatavisa@gmail.com'ରେ ସଂପର୍କ କରାଯାଇପାରେ।

## ବାକି ଅଛି

ଜୁଇ ଜଳିଯିବା ଆଗରୁ
ଅବଶିଷ୍ଟ ନିଃଶ୍ୱାସ ଯେ ବାକି ଅଛି,
କିଛି ନିଆଁ, କିଛି ଧୂଆଁ
ଆଉ କିଛି ବିଶ୍ୱାସ ଯେ ବାକି ଅଛି।

ଥିଲା କେତେ କୋଳାହଳ
ଋତୁରେ ରଙ୍ଗରେ, ସ୍ୱପ୍ନରେ ସଞ୍ଜରେ
କାମରେ କୋହରେ, ଫୁଲରେ, ଫଗୁରେ,
ଆହା କେତେ ନିରବତା
ମୋର ଏଇ ଅନ୍ତିମ ବେଳାରେ।

ପ୍ରେମିକର ପ୍ରତିଶ୍ରୁତି ସବୁ, ମୋ ଅଦିଗେ ଆଙ୍କିଲେଣି
ସଂଖ୍ୟାହୀନ ଅଣଫେରା ଯେତେ ପାଦଚିହ୍ନ,
ମନେ ନାହିଁ କେତେ ପ୍ରେମ, କେତେ ଘୃଣା
କେତେ ନଦୀ, କେତେ ତୃଷ୍ଣା
କେତେ ଆତ୍ମୀୟଙ୍କ ନିବିଡ଼ ପ୍ରାର୍ଥନା
ସବୁ ଏବେ ଅପସୃୟମାନ।

ମରୁଦେହେ ସ୍ରୋତସ୍ୱିନୀ ନାଦ ପରି
ଅଦୂରେ ଶୁଭୁଛି ବୋଧେ ନିର୍ବାଣର ସ୍ୱର
ଗୀତା ଅବା ରାମାୟଣ, ଦୋହା କି ଆଜାନ୍
ପାର୍ଥକ୍ୟ ବୁଝିବା ଯାହା ବାକି ଅଛି।

ପୃଥିବୀର ସବୁ ହସ, ସବୁ ରୋଷ
ସବୁ ଆହା, ସବୁ ସ୍ୱାହା
ମନ-ମାନ, ଇତି-ବୃତ୍ତି, ପାବନ-ପତିତ,
ସବୁ ଆଶା, ସବୁ ପରିଭାଷା
ଯଦି ଅନ୍ତରୀକ୍ଷେ ନିରନ୍ତର ହୁଅନ୍ତି ଏକାକାର
ତେବେ କାହିଁ ଧର୍ମ ଧାମେ ଏତେ ରକ୍ତଜବା,
ଧର୍ମ ନାମେ ଏତେ ରକ୍ତପାତ ?

ଜାଣେନା ମୁଁ, ମୋକ୍ଷ ପାଇଁ
କେତେ ଜନ୍ମ ଅବା ଯୁଗ ବାକି ଅଛି ?
ଜୀବନ ମନ୍ଥନେ,
କେତେ ବିଷ କେତେ ଯେ ଅମୃତ;
ଏତିକି ଜାଣିଛି ଯାହା
ଅମୃତର ଅନ୍ତରାଳେ, ଏକାନ୍ତ ନୀଳକଣ୍ଠ ସାଜି

ମୋକ୍ଷ ଯାଏ ବଞ୍ଚିବାଟା ବାକି ଅଛି।
ରୌଦ୍ରର ନିଆଁରେ ଅନେକ ଜଳିଲି

ଜହ୍ନ ହୋଇ ଜଳିବାକୁ ଚାହେଁ
ଜଳନରେ ଥାଏ ଆହା କେତେ ଶୀତଳତା
ଭୋଗିବାକୁ ଯାହା ବାକି ଅଛି

ଅବଶିଷ୍ଟ ନିଃଶ୍ୱାସ ଯେ ବାକି ଅଛି,
ଜୁଇ ଜଳିଯିବା ଆଗରୁ
କିଛି ନିଆଁ ଭୋଗିବାର ଅଛି

## ସତ୍ତା

ହଁ ଏମିତି ଆସ,
ସୀମାହୀନ ଆକାଶର
ଲଗାମଛଡ଼ା ପକ୍ଷୀଟିଏ ପରି
ସୃଷ୍ଟି ହେଉ ତରଙ୍ଗ,
କୌଣସି ବନ୍ଧନ ଯେମିତି ପ୍ରତିବନ୍ଧକ ନ ହେଉ
ପୃଥିବୀରୁ ଅନ୍ତରୀକ୍ଷର ଦୂରତା ପରି;
ବାସନାରୁ ନିର୍ବାସନର ଶୂନ୍ୟତା ପରି ।

ଛୁଆଁଇ ଦିଅ,
ସ୍ଫଟିକ ପରି ଆଙ୍ଗୁଳିକୁ ମୋ ଦେହରେ
ଚରିଯାଉ ତୁମ ସ୍ପର୍ଶ ମନରେ, ପ୍ରାଣରେ
ବରଫ ହେଇ ତରଳି ଯାଉ ମୋ ଆତ୍ମା
ସଜୀବରୁ ନିର୍ଜୀବ ହେଲା ପରି;
ମୋହରୁ ମୋକ୍ଷ ପାଇଲା ପରି ।

ଟାଣିଦିଅ ଗାର,
ରକ୍ତରେ, ମୋ ଛାତିରେ ବିନ୍ଧ କରି

ହୃଦୟକୁ ନିରେଖି ଦେଖ, ନିଗିଡି ପଡୁ
ତୁମ ପାଇଁ ସବୁତକ କୋହ,
ରକ୍ତ, ମାଂସ, ସ୍ପନ୍ଦନ ସାଥିରେ
ନିଆଁରୁ ପାଉଁଶ ପରି;
ଜୋଛନାରୁ ଅମାବାସ୍ୟା ପରି ।

ଜାଳିଦିଅ ମତେ,
ମୋ ଅସ୍ତିତ୍ୱକୁ ନିଜ ସହ ଏକାକାର କଲା ପରେ
ତୁମ ଏକାଗ୍ରତା ମୋ ଜଡତା ଭାଙ୍ଗିଲା ପରେ,
ଭସ୍ମ ହେଉ ସବୁକିଛି
ସତ୍ତା, ସାନ୍ତ୍ୱନା, ସମ୍ପର୍କ
ପ୍ରେମର ପବିତ୍ରତା ପରି;
ଘୃଣାର ସ୍ୱତନ୍ତ୍ରତା ପରି ।

## ଶେଷ ହେବା ଆଗରୁ

ଆମକୁ ଆମେ ଶେଷ କରିଦେବା ଆଗରୁ
ହେ ସଖା ମୋର,
ଚାଲ ଛିଡ଼ାଇ ଦେବା ଘୃଣାର କବଚ
'ମୁଁ'କୁ ଫିଙ୍ଗିଦେଇ 'ଆମେ'କୁ ଜାବୁଡି ଧରିବା ।

ଚାଲ ପୁଣିଥରେ ଗଢିଦେବା
ଆମ ବାଲିଘରର ଭଗ୍ନାଂଶକୁ,
ତୁମ ହାତେ ମୋ ହାତ ଛନ୍ଦି
ସେଇ ବାଲିଘରକୁ ରକ୍ଷା କରିବା
ସମୁଦ୍ରର ପ୍ରତିଟି ଛୋଟ ବଡ ଢେଉ ଠାରୁ ।

କେବେ କେମିତି ଯୁକ୍ତି ତର୍କ ହେଲେ
ତୁମେ ଚୁପ୍ ରହିଯିବ
ମୋର ଭୁଲ ଅଛି ଜାଣି ବି ତୁମେ କ୍ଷମା ମାଗିନେବ,
ପରବର୍ତ୍ତୀ ଥର ମୁଁ ସେମିତି କରିଦେବି।

ଚାଲନା,
କିଛି ମିଠା ଆଶ୍ଲେଷର ଆଶ୍ରା କରି
ଅଫେରା ସମୟ ସୁଅରେ ଭାସିବା,
ପ୍ରେମପୋଥି, କିମ୍ବଦନ୍ତୀ, ଇତିହାସେ ସ୍ଥାନଟିଏ
କ'ଣ ବା ପ୍ରୟୋଜନ ଆମର ?

ଋତୁ-ରାତି, ଉଷା-ଉର୍ମି
ପାପ-ପ୍ରାପ୍ୟ, ଦେହ-ଦାହ ସବୁକିଛି
ଏକାଠି, ଏକାନ୍ତ ଭୋଗିବା।
କିଛି ତିକ୍ତ ଅତୀତ ଆମକୁ ଯନ୍ତ୍ରଣା ଦେବ
ପରିସ୍ଥିତି କିଛି ବିବଶ କରିବ
ହେଲେ ସଖା,
ଆମେ ଜମା ଦୁର୍ବଳ ହେବାନି;

ବିଶ୍ୱାସର ଗୋଲାପୀ ଡେଣା ଝାଡ଼ି
ନୀଳପ୍ରେମ ଆକାଶକୁ ଉଡ଼ିଯିବା,
ରାଗ ରୋଷ, "ତୁମେ-ମୁଁ"ର ଉର୍ଦ୍ଧ୍ୱରେ
ସର୍ବୋପରି ପ୍ରେମପରେ ଘୃଣା ଭାରୀ ନୁହେଁ ବୋଲି
ସମସ୍ତଙ୍କୁ ପ୍ରମାଣ ଦେଇଦେବା।

ଆମ କାହାଣୀ ଶେଷ ହେବା ଆଗରୁ
ଚାଲ ପରସ୍ପରକୁ ଅଙ୍ଗିକାରଣ ଦେଇଦେବା,
ସାଥୀ ହୋଇ ରହିଥିବା
ସୂର୍ଯ୍ୟ, ଚନ୍ଦ୍ର, ପୃଥିବୀ ଅକ୍ଷଚ୍ୟୁତ ହେବା ପର୍ଯ୍ୟନ୍ତ।

# ଝରା ଶେଫାଳି

ତନୁଜଳା ତମସା ବେଳାରେ
ଶୁଭ୍ରସିକ୍ତା କୁଙ୍କୁମ ଛିଟା
ଅଙ୍ଗେ ଅଙ୍ଗେ ଅତର ମାଖି
ହେଲୁ କା' ଅନବଦ୍ୟା ଅଭିସାରିକା ?
ଆପଣାର ଆୟୁଷକୁ ମହମ କରି
ଏତେ ଲମ୍ବା ରାତିଟିଏ
କେମିତି ଜଳିଲୁ,
କ୍ଷୀନବସ୍ତ୍ରା ସୂରୁଜ ସକାଳେ
ଝରି, ଝରା ଶେଫାଳି ସାଜିଲୁ ।

ଦେଖିଲୁ କି,
ରାତି ଏଠି ଗଢେ
ଶଇତାନି ସଭ୍ୟତାର ସୌଧ,
ଖିନଭିନ ହୁଏ ମଣିଷପଣିଆ
ପାପ-ପୁଣ୍ୟ, ପ୍ରେମ-ଘୃଣା,
ମୋହ-ମୋକ୍ଷର ଅନ୍ତରାଳେ
ସବୁ ସମ୍ପର୍କ ଏଠି ଅବୈଧ ।

ଶୁଣିଲୁ କି,
ସଜଫୁଟା ଫୁଲ ପରି ନିଷ୍ପାପ କନ୍ୟାଟିର
ବୁକୁଫଟା ଆକୁଳ ଚିତ୍କାର,
ରକ୍ତ ମାଂସ ଭିଣି ଖାଉଥିବା
ନରରୂପୀ ହେଟାବାଘର ହେଣ୍ଟାଳ
ଆଉଟା ସୁନା ରଙ୍ଗର ଦେହରୁ
ପରସ୍ତ ପରସ୍ତ ଉନ୍ମୁକ୍ତ ହେଉଥିବା ଲଜ୍ଜା
କମି କମି ଥମି ଯାଉଥିବା ପ୍ରତିବାଦ ସହ
ଲୁହ ଓ ଲହୁ ଏକାକାର ।

ଛୁଇଁଦେଲୁ କି,
ଶୀତଳ ଚନ୍ଦ୍ରମାରେ
ଝିଲମିଲ ଝଲସୁଥିବା କୁନି ତାରାକୁ
ଆବିଷ୍କାରିଲୁ ସେ ମନଲୋଭା ଆଲୁଅରେ
ଛଳନାର ଛତ୍ରଛାୟାରେ ଛପିଥିବା
ପ୍ରଚଣ୍ଡ ଅଗ୍ନି ପିଣ୍ଡୁଳାକୁ।

ପ୍ରମାଣ ପାଇଗଲୁ କି,
ରାତିର ବିଭତ୍ସ ବେତାଳ ସବୁ
ଦିନର ମୁଖାପିନ୍ଧା ମହାରଥୀ
ସେଥିପାଇଁ କିବା
ଦିନ ନହେଉଣୁ ମନାସିଲୁ ମୁକ୍ତି
ଭୋର ଆଗରୁ ଭୂମିରେ ଭୂମିଷ୍ଠ ହେଲୁ
ଝାଞ୍ଜିରେ ଝରି,
ଝରା ଶେଫାଳି ସାଜିଲୁ।

## DILESWAR RANA

## ଡିଲେଶ୍ୱର ରଣା

କବି ଡିଲେଶ୍ୱର ରଣାଙ୍କ ଜନ୍ମ ୧୫ ମାର୍ଚ୍ଚ ୧୯୯୪ରେ, କଳାହାଣ୍ଡି ଅନ୍ତର୍ଗତ ଧଅଁରାମାଲ ଗ୍ରାମରେ। ସଂପ୍ରତି ସରକାରୀ ଉଚ୍ଚ ପ୍ରାଥମିକ ବିଦ୍ୟାଳୟ, ଟିଟିଝୋଲା, ଭବାନୀପାଟଣାରେ ଶିକ୍ଷକତା କରୁଥିବା ଡିଲେଶ୍ୱରଙ୍କ କବିତାର ମୁଖ୍ୟ ସ୍ୱର ପ୍ରେମ ଓ ସଂଘର୍ଷ। କବି କୁହନ୍ତି, ସେ ଭୋଗୁଥିବା ସମୟର ବିଫଳତା ଓ ଦୁଃଖ ହିଁ ତାଙ୍କ କବିତା। କବିତା, ଗପ ଓ ଫିଚର ଲିଖନ ସାଙ୍ଗକୁ ସଂଗୀତ ଓ ମଞ୍ଚ ଅଭିନୟରେ ରୁଚି ରଖୁଥିବା ଡିଲେଶ୍ୱରଙ୍କୁ 'writerdileswar@gmail.com' ରେ ସଂପର୍କ କରାଯାଇପାରେ।

## କଥାନୀ : ଏକ ପ୍ରେମ କବିତା

କୁକୁଡ଼ାଡକାକୁ ଯେଉଁ ଟ୍ରେନ ଭାଙ୍ଗିଦିଏ ନିଦ
ସେଇ ଟ୍ରେନରେ ହିଁ ନିଶ୍ଚିତ ଫେରିବ ତାର ପ୍ରିୟତମ
ଯାହାର ହାତ ଧରି ଗଢ଼ିବାକୁ ଚାହିଁଥିଲା ସଂସାର
ଷୋହଳ ବର୍ଷ ଆଗେ ସୁନାଦେଇର ଷୋହଳ ବର୍ଷିଆ ଯୌବନ

ଯଶବନ୍ତପୁର-ହାଟିଆ ପ୍ଲାଟଫର୍ମରେ ଠିଆ ହେଉ ହେଉ
ଡୁଙ୍ଗି ଦେଖେ ଖୋଲା ଝର୍କା ଫାଙ୍କ
ପରଖି ଆଣେ ପ୍ରତିଟି ମୁହଁ
ନିରାଶ ହୋଇ ଫେରେ ଥରକୁଥର
ଲେଉଟେ ତାର ଅସ୍ଥାୟୀ ବାସସ୍ଥାନ ଷ୍ଟେସନ ତଳର ଅନ୍ଧାରୁଆ ସଂସାର

ସୁନାଦେଇ, ରୁପ୍ରାରୋଡ ଷ୍ଟେସନର ଏକ ନିୟମିତ ଚରିତ୍ର
ଯାହାକୁ ନେଇ କେହି କେବେ
ଲେଖିନି କବିତା କି ଗପ

କେବଳ ତାକୁ ଦିଆହେଇଛି କିଛି ଶସ୍ତା ନାଁ - ପାଗେଲୀ, ବାଇରୀ, ବାଏକେରି
ଓ ଯୋଡ଼ା ହେଇଛି କିଛି ଆଞ୍ଚଳିକ ସଂଳାପ

ଦୁଇ ହଜାର ବାର ମରୁଡିରେ ଜଳିଗଲା ତା ଘଇତାର କ୍ଷେତ
ପିଠି ପେଟରୁ ଲିଭିଲାନି କ୍ଷତ
ହାଇଦ୍ରାବାଦ ଯିବା ଛଡା ଦିଶୁନଥିଲା
ଆଉ କିଛି ବୁଦ୍ଧିବାଟ

ଶେଷରେ ଛାଡି ଗଲେ ପିଲାଝିଲା, ଘରଦ୍ୱାର, କ୍ଷେତବାଡ଼ି, ଧରନିଖୁଟା
ଡାଲଖାଇ, ରସରକେଲି, ମାଏଲାଜଡ଼, ଲବଙ୍ଗଲତା
ବାହାବନ୍ଧା ଗଢେଇଲା ଲାତୁରପେଟ ଇଟାଭାଟିରେ
ହଜାର ହଜାର ଇଟା

ପୁଅର ମଲା ଖବର ଶୁଣି
ଛାତି ପିଟି ପିଟି ସୁନାଦେଇ ଫେରିଥିଲା ଗାଁ ଲାଖପଦର
ଫେରିପାରିନଥିଲା ବାହା ବନ୍ଧା ପକେଇଥିବା
ତାର ପୁରୁଷ ଈଶ୍ୱର

ସତକୁ ସତ ଗାଁକୁ ଆଉ ଫେରିନଥିଲା
ଦୁଇ ମାସିଆ କାଶରେ ଇଟା ଭାଟିରେ ହିଁ
ପରାଣ ହାରିଲା

ସେବେଠୁ ସୁନାଦେଇ ଆଉ ସୁନାଦେଇ ହେଇକି ନଥିଲା
ଗୋଟେ କଥାନୀ ପାଲଟି ସାରିଥିଲା

ଯାହାକୁ ବଖାଣିପାରିଲେ ନାହିଁ କେହି
ଯାହାକୁ ଗମିପାରିଲେ ନାହିଁ କେହି
ଯାହାକୁ ଭେଦିପାରିଲେ ନାହିଁ କେହି

କାହିଁକି ନା କଥାନୀରେ ମିଛ ନଥିଲା

# ଇରିଗେସନ କଲୋନୀ ଦଶନମ୍ବର ଲେନରେ ପ୍ରେମିକ

ଜାଣିନଥିଲି
ବେଳେବେଳେ ଇଚ୍ଛାମାନଙ୍କୁ ବି ପେଟେଇ ଶୋଇବାକୁ ହୁଏ ପ୍ଲାଷ୍ଟିକ ଚଟେଇରେ
ବନ୍ଧୁମାନଙ୍କୁ ବି ପର କରିବାକୁ ହୁଏ ପ୍ରେମିକାର ଗୋଟେ ମିସକଲରେ।

ସେତେବେଳେ ହିଁ ହେମନ୍ତ ସହ ମୋର ଦେଖା
ଯିଏ ଚାକିରିଟେ ପାଇଁ ଖେଦିଯାଉଥିଲା ଶହ ଶହ ପୋଥି
ଏବେ କିରାଣୀ ହୋଇସାରିଛି କର୍ଲାମୁଣ୍ଡା ତହସିଲରେ।

ବାପାର ଶହେପୁଟି ଧାନର ଜମିକୁ ଫିକ କିନା ହସିଦେଇଥିବା ଲେଡ଼ବେଡା ପିଲା ତେଜ
ଚାକିରି କଲେ ହିଁ ଘରକୁ ଫେରିବ ବୋଲି ବଢ଼ଉଛି ତାର ନହନହକା ପାଦ।

ଆଉ ମୁଁ ଚାକିରିଟେ ପାଇସାରିଲା ପରେ
ଟାଉନ ସାରା ସାଜୁଛି ପ୍ରେମିକ।

ଯାହା ପାଇଁ ରାତି ରାତି ରଚିଥିଲି ସ୍ୱପ୍ନ
ଯାହା ପାଇଁ ଭିଜେଇଥିଲି ତକିଆତକିଆ ଲୁହ
ଯାହା ପାଇଁ ରାମଚଣ୍ଡିରେ ବାନ୍ଧିଥିଲି ନେତ

ସୁଧୀର ଦା' ବି ସେଦିନ ପଚାରିଥିଲେ
ତିଲେଶ୍ୱର, ସତରେ ସେ ଫେରିବ ତ!

ଜାଣେ ତମର ଫେରିବାର ଇ ନାହିଁ
ଯେହେତୁ ତମ ପାଦକୁ ଛଂଦିସାରିଛି
ବାପାଙ୍କ ଆତ୍ମଘାତୀ ଶବ୍ଦ
ଝିଅ, ଜାତି ଚାଲିଯିବ!

ତମେ ଲେଉଟିବନି
ଫେରିବନି ବି ହେମନ୍ତ କି
ଦଶଦିନ ତଳୁ ଭୁବନେଶ୍ୱରରେ ସଂଘର୍ଷ କରୁଥିବା ତେଜ।

ତଥାପି ଇରିଗେସନ କଲୋନୀ ଦଶ ନମ୍ବର ଲେନରେ
ଆଜି ବି ଅଣ୍ଡାଳୁଛି ମୋର ବିତିଥିବା ଅତୀତ।

ଦେଖିବ ଆସ
ତମେ ଯେତେ ମନା କଲେ ବି
ତମକୁ ପ୍ରେମିକା ବୋଲି ଦାବି କରୁଥିବା ମୁଁ
ପୃଥିବୀର ପ୍ରଥମ ପ୍ରେମିକ।

## ଧାଙ୍ଗଡ଼ି, ଆଜି ବି ତୋର ସାଜ ହେବା ଗଲାନି

ଢାପ ବଜାର ତାଳେ ତାଳେ
ଆ' ପାଦକୁ ପାଦ ମିଶେଇବା ଧାଙ୍ଗଡ଼ି
ଏ ରାତି ଥାଉ ଥାଉ
କିଏ ଜାଣେ
କାଲି ସକାଳୁ ଆମ ଦେଶରେ
ରାବିବ କି ନାଇଁ କାଉ !

ଯେଉଁ ଡଙ୍ଗରକୁ ମାହାପ୍ରୁ ବୋଲି ପୂଜୁଥିଲୁ
ସତକୁ ସତ ସେଇଟା ଗୋଟେ ଦେଶ
ଲାଗୁନି କାଲି ପରଠୁ ସେଠି ଦିଶିବ
ଧାଙ୍ଗଡ଼ିବସା, ଟୋକିମରା, ଝାଟିମାଟି କୁଡ଼ିଆ
ସଲପ ଗଛ କି କାନ୍ଦୁଲ କ୍ଷେତ।

ତା’ ବାଁ କାନ୍ଧରେ ଫି’ଦିନ
ଯେବେଠୁ ଜଳିଉଠିଲା ବିଦେଶୀ ଜୁଳୁଜୁଳିଆ ପୋକ
ସେଦିନଠୁ ଲାଗିଲା ଏତେ ଆଲୁଅ
ଆମ ପାଇଁ ଭଲ ନୁହଁ, ବିପଦ !

ଦେଖ, ବିପଦ କେମିତି ଦିଶେ ?
କେମିତି ଥ’ ହେଇଯାଉଛି ଖଳଖଳ ଝର୍ଣ୍ଣା
ଉଡି ପଳଉଛନ୍ତି ଚେରେ ଚିରୁଙ୍ଗୁଲ
ଛିନଭିନ ହେଇଯାଉଛି ହଜାରେ ସ୍ୱପ୍ନ
କନ୍ଦା କରଡି ତ ଦୂରର କଥା
ସତକୁ ସତ କାଲିଠୁ
ଦେଶରୁ ନିଶ୍ଚିନ୍ହ ଥିବ ଦେ’ଦେବତା, ଧରନୀଖୁଟା ।

ଶୁଣୁଚୁ କି ନାଇଁ
କିଛି କହିଲୁନି ଯେ ଧାଙ୍ଗଡ଼ି
ତୁ ବି ଚୁପ, ଦେଶ ବି ଚୁପ
ତୁ ବି ସାଜ ହେଉଛୁ, ଦେଶ ବି ସାଜ ହେଉଛି
ସତରେ ତମ ଦୁହିଁଙ୍କୁ ପାରିହେଲାନି
ଇଆଡ଼େ ଦେଶକୁ ବୁଲଡୋଜର ଗିଳିବାକୁ ବସିଲାଣି
ତୋର ସାଜ ହେବା ଗଲାନି !

## ଭୋଗିବାର ବେଳ

‘ପ୍ରେମରେ ଜିଦ କରିବୁନି ଧନ
ହରେଇବାକୁ ହେବ ଅମାନତ ଯୌବନ

ପ୍ରେମରେ ଡେରି କରିବୁନି ସୁନା
ପ୍ରେମିକାର ପ୍ରେମ ହେଇପାରେ ଉଣା'

ଏ କଥା ଶୁଣଉଥିଲା ମୋ ପ୍ରେମିକ ସାଙ୍ଗ ହେମନ୍ତ
ଯିଏ ସପ୍ତମ ପ୍ରେମରେ ସେତେବେଳେ
ଥିଲା ମସ୍ତ ମସ୍ତ ଲତପତ ।

ଜାଣିଲି
ତମର ବାହାଘର ପରେ ହରେଇବାର ଜୀବନଭର୍ତ୍ତି ଦୁଃଖ
ତମେ ପ୍ରେମକୁ ପଛକରି ପ୍ରେମରେ ମାତିଲା ପରେ
ମୁଁ ବୋଲାଇଲି ଦାଦନ ପ୍ରେମିକ

ଚଉଷଠି ଦିନପରେ ଗାଁକୁ ଆସିଲ
ଦଶରା ଦେଖି ଫେରୁଥିଲ
ତମ ସ୍ୱାମୀର ସାଇକେଲ କେରିଅରରେ ବସି
ପଛକୁ ଫେରି ଚାହୁଁଥିଲ
ଲୁଗାକାନିକୁ ପାଟିରେ ଜାକି ଜାକି

ଇଚ୍ଛା ହେଉଥିଲା ଦୌଡ଼ିଯାଇ ଆଉଜେଇନିଅନ୍ତି କି ଛାତିରେ
ଯେମିତି ଦିନେ ଧରିନେଇଥିଲି ପଛପଟୁ ରୋଷେଇଘରେ
ଆଉ ହଜିଯାଇଥିଲା ଦୁହେଁ
ଜାଣିପାରିଲାବେଳକୁ ପୋଡିଯାଇଥିଲା ତରକାରୀ
କୁଆଡେ ସେଦିନ ତମ ବୋଉଠୁ ଶୁଣିଥିଲ ଖୁବ ଗାଳି

ତମର ମନେ ନଥିବ
ତମେ କଲମ ଶାଗ ତୋଳୁଥାଅ ତଳବନ୍ଧରେ
କେବଳ ତମକୁ ଦେଖିବା ବାହାନାରେ
ମୁଁ ମାଛ ଲଗଉଥାଏ ଠିଆ ହେଇ ହିଡ଼ରେ
କପାହୁଡ଼ା କଲାବେଳେ

ମୁଁ ଗାତ ଖୋଲିନେଲେ
ତମେ ଖତ ଦେଉଥାଅ ପଛରେ

ଫି ଶୀତରେ ବାରିପଟ ପାଳ ଗଦା
ଆଖଡାଶାଳ ପାଲଟେ ଆମ ପ୍ରେମର
ତମ ବାଳ ସାଉଁଳେଇ ସାଉଁଳେଇ
ଉଷୁମ ଟାଣିଲା ବେଳେ ତମ ଓଠରୁ
ବୋଧେ ଜହ୍ନ ଛଡା ଆଉ ଯାତାୟତ
ନଥାଏ ସେଠିକି କାହାର।

ତିନିବର୍ଷ ପରେ ଭେଟିଲି ତମ ଶାଶୁଘରେ
ତମେ ଆଖି ମଳିମଳି ବାହାରିଲ ଦୁଆର
ପଛରେ ପଣତକାନି ଟାଣୁଥାଏ ତମ ସାନଝିଅ ମକର

ବିଦ୍ୟାରାଣ, ତମକୁ ଦେଖି ଚମକିଗଲି
ନାହିଁ ଲାଜ, ନାହିଁ ତମ ଆଖିରେ କଜଳ
ଓଢଣା ଖସିଯାଉ ଯାଉ ପଚାରିଲ-
ଡିଲେଶ୍ୱର! କେତେବେଳେ ଆସିଲ?

ଆସିନଥାନ୍ତି ଯେ ବାଧହେଇ ଆସିଲି
ଗଲା ରାତିରେ ତମକୁ ନେଇ
ଖରାପ ସ୍ୱପ୍ନଟେ ଦେଖିଥିଲି ବୋଲି।

ମୁଁ ବୁଝିସାରିଲିଣି
ଏବେଠୁ କେବଳ ଲୁହର ବାସ୍ନା ଭୋଗିବାର ବେଳ,
ତମେ ଭୋଗ ମୁଁ ନଥିବା ପ୍ରତିଟି ସକାଳ।

■■

ASHISH KUMAR MISHRA

# ଆଶିଷ କୁମାର ମିଶ୍ର

କବି ଆଶିଷ କୁମାର ମିଶ୍ରଙ୍କ ଜନ୍ମ ୨୨ ଡିସେମ୍ବର ୧୯୯୩ରେ, ସୁବର୍ଣ୍ଣପୁର ଜିଲ୍ଲା ଅନ୍ତର୍ଗତ ତେଲଣ୍ଡାରେ। ଏଯାବତ, 'ଗୀତ ଗାଆରେ ପକ୍ଷୀ' ଓ 'ନଈକି ଯିବା ଆସ' ନାମରେ ତାଙ୍କର ଦୁଇଟି କବିତା ସଂକଳନ ପ୍ରକାଶିତ। ଆଶିଷଙ୍କ କବିତା ଋତୁରଙ୍ଗ ନିର୍ବିଶେଷରେ ପ୍ରେମ ପ୍ରେମ ବାସେ, ଭିନ୍ନ ଏକ ନଈକୂଳକୁ ଡାକେ। କବି କୁହନ୍ତି, ତାଙ୍କ ଘରକୁ ବେଳ ଅବେଳରେ ବୁଲିବାକୁ ଆସେ କବିତା, ପାଖରେ ବସେ, ତାଙ୍କ ସହ କଥା ହୁଏ। ସେଇ ସାକ୍ଷାତ ବେଳର କଂଚା ମୁହୂର୍ତ୍ତସବୁକୁ ଛାତିର ଭାଟିରେ ପୋଡି ସେ ତିଆରି କରନ୍ତି ନିବିଡ଼ତାର ନୀଡ଼। ନଈ ସହିତ ନଈର ଭାଷାରେ କଥା ହେଇପାରୁଥିବା ଆଶିଷଙ୍କୁ 'ashishm208@gmail.com' ରେ ସଂପର୍କ କରାଯାଇପାରେ।

## କାନ୍ଥ

ସେ ଲୋକଟି ଏବେ ଘର ଗଢୁଛି।

ଏକଲାପଣରୁ ଗଢିଲାଣି ଯେ<br>
ଖାଲି ପରସ୍ତ ପରସ୍ତ କରି ସମ୍ପର୍କ ଯୋଡୁଛି।

ତା' ସ୍ୱପ୍ନ ଗୋଟେ ନୀଳବର୍ଣ୍ଣା ଆକାଶ<br>
ଗୋଟେ ରଂଗମୟ ପୃଥ୍ୱୀ,<br>
ଅଥଚ ତାର ଡେଣା ନଥିବା ଦୁଃଖ ଧରି<br>
ସେ ଠିକ୍ କରିପାରୁନି କୋଉଯାଏ ଉଠିବ କାନ୍ଥ।

ଥରେ ଥରେ ତ ତାକୁ ମିଛ କରି ଦିଅନ୍ତି
ସେ ନିଜେ ଗଢିଥିବା ସମ୍ପର୍କ ସବୁ,
ତାକୁ ଲାଗେ ଭୁସୁଡି ଯିବ କି ଘର ?
ଜାଣି ପାରେନା,
ଗୋଟେ ଘର ପାଇଁ କେତୋଟି କାନ୍ଥ ଗଢିବାକୁ ହୁଏ !

ସେ ଜାଣେ-
ମୀନ ରହେ ଜଳରେ
ପକ୍ଷୀ ରହେ ବସାରେ
ଘାସ ରହେ ଠେକାରେ
ସମ୍ପର୍କ ରହେ ବିଶ୍ୱାସରେ
ତଥାପି ସେ ମୂର୍ଖ ଗଢୁଛି
ଅବିକଳ ତା' ପରି ଘରଟିଏ
କେହି ଯେମିତି ଫେରିନଯାଉ ବିନା ଆଦରରେ !

କିଏ ଜାଣିଛ ଯଦି କୁହତ,
ସମ୍ପର୍କର କାନ୍ଥ କେତେ ଉଚ୍ଚ ହେଲେ
ଘରେ ଛାତ ପଡେ ?

## ମାଳି

ଯଦିଓ କେତେ କାଳୁ ଛିଣ୍ଡି ଯାଇଛି ତାର
ଆକାଶ ସହ ସଂପର୍କ ।
ଉଡୁଥିବା ଚଢେଇକୁ ସେ ଭଲପାଏ
ଭଲ ପାଏ ଇନ୍ଦ୍ରଧନୁ, ମେଘ, ଜହ୍ନ, ଟିକିତାରା
ଏବଂ ତା ବଗିଚାରେ ଆକାଶ ମୁହାଁ ହେଉଥିବା ଗଛ !

କିଛି ମାଦଳ ସମୟକୁ
ହାତରେ ଆଉଁସି ଦେଇ, ଶୁଣାଏ ଗୀତ;
ଭାଙ୍ଗି ନଯିବାର ଗପ କହେ।

ତା ପିଠିରେ ଡେଣା କରି
ସ୍ୱପ୍ନ ଖଂଜେ,
ଆବେଗର ତୁଳୀ ଧରି
ଚିତ୍ରେଇ ଦିଏ ଡେଣାରେ ମଧୁମାସ ରଂଗ!

ତାର ଯେତେ ସବୁ ଦରଜରେ ହିଁ ତ
ମେଘ ଘୋଟେ,
ତଥାପି ଫଲ୍‌ଗୁର ଡଂଗା ତିଆରି ଭସାଏ।
ସେ ଜାଣେ ଦୁଃଖ ଗୋଟେ ପ୍ରଜାପତି
କେବେ ଫୁଲରୁ ମଧୁ ଶୋଷେ
କେବେ ପୁଣି ମେଘ ଉହାଡରେ ଲୁଚେ!

ଜହ୍ନ ଡାକେ ତାକୁ, ନିରୋଳାରେ ଖୁବ୍ ନିରୋଳାରେ,
ତାରାମାନେ ଲୁଚିଗଲା ପରେ
ସେ ଗଛ ତଳେ ନିଘୋଡ ନିଦରେ ଶୋଇଗଲା ପରେ।

କେବେ ଉଡିଯିବାକୁ ଦିଏ ନାହିଁ କି
ଆକାଶମୁହାଁ ଗଛର ଶୀର୍ଷକୁ ଚଢି
ଧରେଇ ଦିଏ ନାହିଁ ଜହ୍ନ ହାତରେ ସ୍ୱପ୍ନ,
ସେ ଜାଣେ ଆଘାତ ପାଇଲେ
ପତ୍ରଟିଏ ଡେମ୍ଫରୁ ଖସେ, ଡାଳଟିଏ ଗଛରୁ ଭାଂଗେ।

ଭଲପାଏ, ଭଲପାଏ।
ତାର ସ୍ୱପ୍ନକୁ ସେ ଖୁବ୍ ଭଲପାଏ!

# ଚୋର

ଚୋର ବି ଜଣେ ଭଦ୍ରଲୋକ,
ଯଦି ସେ ନିଜ ଗାଁ ଲୋକଙ୍କୁ
ପାଦଶବ୍ଦରୁ ଚିହ୍ନିପାରେ !

ସେ ଏତେ ନିର୍ଲ୍ଲଜ ନୁହଁ ଯେ
ଗାଧୁଆ ଘାଟକୁ ଯାଏ ଗହଳିରେ, ଫୁଲ ତୋଳେ,
ଘଂଟି ବଜାଏ ମଂଦିରରେ ।
ତାର ହୃଦୟ ହିଁ ମଂଦିର, ଯେଉଁଠି ତା ଆତ୍ମୀୟଙ୍କ ପାଇଁ
ଯୋଡା ହସ୍ତ ହୁଏ ଆରକ୍ତ ଦୁଃଖରେ !

ତାର ଅସ୍ତ୍ର ଅନ୍ଧାର ପରି
ଜୀବନେ ତାର ଅନ୍ଧାର ଘୋଟେ ଅଦିନରେ ।
ତା' ବାଡିର ବଗିଚାରେ କାନ୍ଦ ଶୁଭେ,
ପାଖୁଡାଟିଏ ଫୁଲରୁ ଖସି ପଡୁଥିବା ବେଳେ !

ସକାଳ ଗୋଟେ ମଲା କାଉ ହେଇ
ପଡିରହେ ଦୁଆରେ ତାର ।

ସେ ବି ଭୟ କରେ
ଝଡ ହେଲେ,
ଝଡ ଥମିଗଲେ କ୍ଲାନ୍ତ ହେଇ, ନିଘୋଡ ନିଦରେ ଶୁଏ !

ଚୋର ବି ଜଣେ ଭଦ୍ରଲୋକ,
ନିଜକୁ ଭଲପାଇବାର
ମୋହଟିକକ ହିଁ ତ
ସଭିଙ୍କୁ ଜଣେ ଜଣେ ଚୋର କରି ରଖିଥାଏ !

## ବସ୍ତ୍ର

ତମ ଆକାଶକୁ ଜହ୍ନ ପିନ୍ଧେଇଲି ଦେଖ,
ଭଲ ମାନୁଛି ଶାଢୀ ସାରା ତରାର କୁଟିକମ !
ତମ ରାତିକୁ ପିନ୍ଧେଇଲି ଅନ୍ଧାର,
ଯେଉଁଠି ଦାଗ ଖୋଜେ ମନ !
ଆଉ କ'ଣ ପିନ୍ଧିବ
କୁହ ତମେ ?

ଝିଙ୍କାରିର ବେକରେ ପିନ୍ଧେଇଲି
ନିଃଶବ୍ଦ ନହେଇଯିବାର ଲକେଟ୍,
ମଲା ଚଢେଇକୁ ବରାଦ ଦେଲି ଫଗୁଣ
ତମକୁ ଝୁରି ଝୁରି ସମୟକୁ ପିନ୍ଧେଇଲି ଅବଶ !

ତମ ପାଦକୁ ପିନ୍ଧେଇଲି ମୋର କପାଳ
ତମ ଆଖି ପିନ୍ଧିଲା ମୋର ଆୟୁଷ
ତମ ଓଠ ବାଛିନେଲା ସ୍ପନ୍ଦନକୁ
ତମ ଛାତିକୁ ପିନ୍ଧେଇଲି ବୟସ !

ପବନ ପରି ଘୋଡେଇ ହେଲି
ତମ ତାଳୁରୁ ତଳିପା ତ
ଦେଖିଲି,
ତମ ନାଭି ପିନ୍ଧିଅଛି ସ୍ପର୍ଶର ଗୁଭା ଫୁଲ !

ତମେ ଜାଣ ?
ତମେ କିଛି ନପିନ୍ଧିଥିବାକୁ
ମୁଁ ଦେଖିପାରିବି ନାହିଁ,
ଏ ଦେହ ସ୍ୱାର୍ଥପର
ଏ ରାତି ତ ଦାଗ ପିନ୍ଧେ
ଯାହା ମୋ ଆଙ୍ଗୁଠି ଅଗରେ ନାହିଁ ! ■■

SUBRAT KUMAR SENAPATI

# ସୁବ୍ରତ କୁମାର ସେନାପତି

କବି ସୁବ୍ରତ କୁମାର ସେନାପତିଙ୍କ ଜନ୍ମ ୫ ଜୁଲାଇ ୧୯୯୩ରେ, ରେମୁଣା, ବାଲେଶ୍ୱରରେ। ପୁଷ୍ପ ଓ ଭୂପୃଷ୍ଠ ଦୃଶ୍ୟ ଉଦ୍ୟକ୍ଷନ ବିଭାଗ, କୃଷି ମହାବିଦ୍ୟାଳୟ, ଓୟୁଏଟି, ଭୁବନେଶ୍ୱରରେ ସଂପ୍ରତି ଗବେଷଣାରତ ସୁବ୍ରତଙ୍କ ମନ କେତେବେଳେ କୃଷ୍ଣଚୂଡ଼ାର ରଙ୍ଗରେ ବିଭୋର ହୋଇ ପ୍ରେମମନସ୍କ ହୋଇଉଠେ ତ ପୁଣି କେବେ ସେଇ ରଙ୍ଗ ଭିତରେ ଦିଶିଯାଏ ତାଙ୍କୁ ରକ୍ତର ଛିଟା। ସୁବ୍ରତଙ୍କ କବିତାରେ ଦିଶେ ଏକ ସୁଦୃଶ୍ୟ ରଙ୍ଗିନ ଜୀବନ ଭିତରେ ଲୁଚିରହିଥିବା ଅସହାୟ ଜୀବନର ନିର୍ଲଜ ବାସ୍ତବତାର ଧୂସର ଚିତ୍ର ! ମଣିଷର ଅନ୍ତର୍ଦାହ ଓ ତା' ଛାତିତଳର କୁଢ଼ କୁଢ଼ ବେଦନା ଇନ୍ଧନ ଯୋଗାଏ କବିଙ୍କୁ! କବିତା ଆବୃତ୍ତି କ୍ଷେତ୍ରରେ ନିଜ ପାଇଁ ଏକ ସ୍ୱତନ୍ତ୍ର ପରିଚୟ ସୃଷ୍ଟି କରିଥିବା ସୁବ୍ରତଙ୍କୁ 'subratsenapati.ouat@gmail.com'ରେ ସଂପର୍କ କରାଯାଇପାରେ।

## ପଦ୍ମବନରେ ପୁରୁଷ

ଜୀବନର ପ୍ରିୟ ପ୍ରବଣତାର
ସେଇ ରସଘନ ମୁହୂର୍ତ୍ତକୁ
ପାଛୋଟି ନେବାକୁ ଯାଇ
ପଦ୍ମ କାସାରର ଅକାତକାତ ଜଳରେ
ତୋତେ ବିସର୍ଜି ଦେବାକୁ ହେବ
ପୁରୁଷତନ୍ତ୍ରର ଅପଳାପ ସବୁକୁ ॥

ଗଭୀର ପଙ୍କ ଭିତରୁ
ପଙ୍କଜ ଯେତକ ତୋଳିନେବା ବେଳେ ବି
ବୃଥା ଅହମିକାକୁ

କାର୍ତ୍ତିକ ପୂର୍ଣ୍ଣିମାର ନୌକା ପରି ଭସାଇଦେଇ
ମାନିନେବାକୁ ହେବ ପଦ୍ମନାଗଙ୍କ ପ୍ରତିରୋଧ ସବୁକୁ,
ମନେରଖିବାକୁ ହେବରେ ପୁରୁଷ-
ସେଠି ତୋ ବର୍ବରତା କେବଳ
ବିଡ଼ମ୍ବିତ ବିକାରର ପ୍ରାଣନାଶୀ ଆହ୍ୱାନ ମାତ୍ର !

ସରୋବରେ ପଦ୍ମ,
ଅଥଳ ସଲିଳେ ଢଳଢ଼ଳ ଶ୍ୟାମଳ ପର୍ଣ୍ଣ
ଅରବିନ୍ଦରୁ ଛୁଟି ଆସେ ବାସ
ଫଣାଟେକେ ଭୁଜଙ୍ଗ
ଯେଉଁଠି ମହକ, ସେଇଠି ବିଷ
ରେ ପୁରୁଷ ! ତୋତେ କିନ୍ତୁ
ଆକଣ୍ଠ ପିଇବାକୁ ହେବରେ ପୀୟୂଷ ।

ମିଳନୋଚ୍ଛଳ ଉଦଗ୍ରୀବ ଆକାଂକ୍ଷା ଭିତରେ
ଦେଖରେ ପୁରୁଷ,
ତୋ ରଙ୍ଗରେ ରଙ୍ଗିଳ ତ ପଦ୍ମ ପାଖୁଡ଼ା ସବୁ
ଆଉ ତୋ ନିଃଶବ୍ଦ ଆକୁତିରେ
ଭିନ୍ନ ଏକ ନିଷ୍ପନ୍ନତାର ପ୍ରସ୍ୱସ୍ତିରେ
ମୁକୁଳି ଯାଉଛନ୍ତି ତ ସେମାନେ
ଭାବ ସମୃଦ୍ଧତାର ଆବେଗରେ ?

ରେ ପୁରୁଷ !
ପଦ୍ମବନରେ ତୋର ତାତିଲା ନିଃଶ୍ୱାସ
ପୋଡ଼ିଦିଏ ଯଦି ପ୍ରତିଟି ରକ୍ତିମ ପାଖୁଡ଼ାର ଆଭା
ଅବା ତୋର ଦର୍ପିତ ଦ୍ରୁତ ପଦପାତରେ
ଅପହୃତ ହୋଇଯାଏ ଯଦି ପତ୍ର ସବୁର ଶ୍ୟାମଳ ବିଭା
ପରାର୍ଦ୍ଧ ପରାର୍ଦ୍ଧ ଛିନ୍ନ ପାଖୁଡ଼ା ଓ ଶୁଷ୍କ ଦଳଙ୍କ
ଧ୍ୱଂସସ୍ତୂପାଛନ୍ନ ଭିତରେ

ତୋତେ ହିଁ ଭୋଗିବାକୁ ହେବରେ ପାଷାଣ୍ଡ
ନିର୍ମମ ଅଗ୍ନିସ୍ନାନ ପରେ
ମୋକ୍ଷ ଲାଗି ଠିକ ସେଇଠି
ମୃତବତ ପଡ଼ିରହିବାର ଯୁଗ ଯନ୍ତ୍ରଣା ॥

## ପ୍ରତିବାଦ

ମୁଁ କ'ଣ କରିବି
ମୋ ଜିଭକୁ ତୁମେ କାଟି ଦେବା ପରେ ବି
ଥୋପାଥୋପା ରକ୍ତ ସବୁ ଲାଳରେ ମିଶିଯାଇ
ପାଲଟି ଯାଉଛନ୍ତି ଭିନ୍ନ ଏକ କାଳି !
ସେ କାଳିର ସାନ୍ଦ୍ରତାରେ
ମୋ ସାଦା କାଗଜର ପୃଷ୍ଠା ଭିଜିବା ଆଗରୁ
ଭିଜି ସାରିଥାଏ ମୋ ଆତ୍ମାର ଟୁକୁଡ଼ା ଆଉ
ତୁମ ଶବ୍ଦାଘାତେ ବାରବାର ଫିଟି ଯାଉଥାଏ
ମୋର ଏ ମନର ଦରଜା ॥

ହୁଏତ କଷଡିଆ ହୋଇଯାଇଥାଇପାରେ
ମୋ ସାଦା କାଗଜର ପୃଷ୍ଠା
ଅଥଚ ଏ କାଳିରୁ
ଇଡ଼ି ଯାଇପାରେନା ଏତେ ସହଜରେ
ସହସ୍ର ସହସ୍ର କ୍ଷତର ଦୁର୍ଗନ୍ଧ
ତୁମେ ଯାଚୁଥିବା ବିରିୟାନି
ଓ ଗୋଲାପ ଅତରର ବାସ୍ନାରେ ॥

ନିର୍ବାସନର କଷ୍ଟ
ନିଃସଙ୍ଗତାକୁ ବରିନେବାର ଯାତନା

ଚରିତ୍ରହାନିର ଅପପ୍ରଚାର
ଏସବୁ ଏବେ ଫୁଟିଲେଣି
ମୋ ବଗିଚାରେ ଫୁଲ ହୋଇ
ଯେଉଁମାନେ ଦିନେ ବିଷାକ୍ତ ଛତୁ ହୋଇ
ଫୁଟିଥିଲେ ମୋ ବାଡ଼ି ଆଡ଼େ
ଏବେ ଏ କାଳିର ବାସ୍ନାରେ
ପାଲଟିଯାଉଛନ୍ତି ବାଲକୋନିର ଫୁଲ
ଆଉ ସେସବୁକୁ ମୁଁ ତୋଳିନେଇ
ତିଆରି କରୁଛି ଅତରର ଶିଶି ॥

ଖୋଲିଯାଉଛି ଯେବେ ଏ ଶିଶିର ଠିପି
ଗୋଟେ ଅପୂର୍ବ ମହକ ଖେଳାଇଯାଉଛି
ମୋ ମନର ପ୍ରତିଟି କଠୋରିରେ,
ସେ ମହକ ସହ ଏବେ ବେଶ କରି ମିଶି ଯାଉଛି
କାଣିଚାଏ ବି ଶୁଖି ଆସିନଥିବା ଏ କାଳିର ରଂଗ
ଆଉ ମୋ ସାଦା କାଗଜର ପୃଷ୍ଠାରେ ଏବେ,
କିଏ ଏବେ ଲେଖେଇ ନେଉଛି ରକ୍ତାକ୍ଷର ସବୁ
ଠିକ ଏପ୍ରିଲରେ ଉହଡ଼ହ ହୋଇ ଜଳୁଥିବା
ରୁଦ୍ରପଳାଶ ପରି... !

## ବିଷ

ଏମିତି ତ ନିଶ୍ଚେ ହୋଇଥିବ
କେହିଜଣେ ବଢ଼ାଇଦେଇଥିବ
ତୁମ ହାତ ଆଞ୍ଜୁଳାକୁ
ଆଞ୍ଜୁଳାଏ ସୁନେଲି ରଙ୍ଗର ଆକାଶତାରା ଫୁଲସବୁ
କିନ୍ତୁ ତୁମେ ହାତ ମୁଠା ଖୋଲିଲା ବେଳକୁ

ତୁମ ଦୁଇ ପାପୁଲିରେ ଶିଙ୍ଘ ଛାଡ଼ି
ଉଡି ଯାଉଥିବେ ମେଞ୍ଚାଏ ନିଷ୍ଠୁର ଭଅଁର ॥

ପୁଣି କେଉଁ ଏକ ନିଦାଘର ଅପରାହ୍ନ ବେଳାରେ
ତୁମ ବିଶାଳ ରୂପକାନ୍ତିରେ
ଅବା ତୁମ ଶ୍ୟାମଳଦେହର ମିଠାଫଳର
ବାସ୍ନାରେ ବିଭୋର ହୋଇ
କେହି ତୁମ ପାଖେ ମାଗିଥିବ ଆଶ୍ରୟ
ଆଉ ତୁମେ ପାଛୋଟି ନେଇଥିବ ତା'କୁ
ଦେହର ଦରଜା ଖୋଲି...

ଆଉ ତା' ପରେ
ତୁମ କୋମଳ ଛାତିକୁ ଚିରି
ତୁମ ଦେହର ଲବଣତକ ଶୋଷିଶୋଷି
ପାଲଟିଯାଇଥିବ ସେ ମଲାଙ୍ଗ ॥

କେଉଁ ଏକ ବର୍ଷଣମୁଖର ରାତିରେ
ମଧୁମାଳତୀର ମହମହ ବାସ୍ନାରେ
ତୁମେ ଦିନେ ଖୋଲିଦେଇଥିବ ଝର୍କା
ଅଥଚ ସହାନୁଭୂତିର ଗଛଟା
ହଠାତ ହେଉଥିବ ଧରାଶାୟିତ
ବିଶ୍ୱାସହୀନତାର ଝଡ଼ରେ
ମରିଯାଉଥିବ ମଧୁମାଳତୀର ବର୍ଦ୍ଧନର ଆଶା ଟିକକ
ଆଉ ତୁମ ଝର୍କାର ରେଲିଂ ଡେଇଁ
ପଶି ଆସୁଥିବ ଘା, ପୂଜ, ରକ୍ତର ଆଇଁଷିଆ ଗନ୍ଧ !

ଡିସେମ୍ବରର ଶୀତ ସକାଳରେ
କୁହୁଡ଼ିର ଧୂଆଁ ଭିତରେ
ତୁମ ଭଲପାଇବାର ବିଛଣାରେ

ଲୋଡ଼ିଥିବ ଯେବେ ତୁମେ ଧାପେ ନିଆଁ
ଥାନ ଅଥାନ ନମାନି
ଚରିଯାଉଥିବ ସେ ସେବେ
କୁଢ଼ କୁଢ଼ ଉଚ୍ଛିଷ୍ଟ ଉପରେ ॥

ଅଚାନକ ତୁମ ଦେହର ରଙ୍ଗ ନୀଳ ପାଲଟିଯିବା ପରେ
ତୁମେ ଖୋଜିଥିବ ବ୍ୟସ୍ତ ହୋଇ
ତୁମ ଲନର କାକରଭିଜା ଘାସ ଉପରେ
କାତି ଛାଡ଼ି ଯାଇଥିବା ସେ ସାପଟାକୁ
ଅଥଚ ସେ ଆତ୍ମଗୋପନର ମନ୍ତ୍ରଟାକୁ ଭଜିଭଜି
ବାଛିସାରିଥିବ ଆଉ ଏକ ସୁରକ୍ଷିତ ଗର୍ତ୍ତ
ଯେଉଁଠି ସେ ଏବେ ଢାଳୁଥିବ
ବଳକା ତା' ଛଳନାର ବିଷ ॥

## ଶବ୍ଦ ଶବ୍ଦ ହୋଇ ରହୁ

ଶବ୍ଦ ଝଲସୁଥାଉ ତାରା ହୋଇ
ନୀଳଆକାଶର ଖୋଲାଛାତିରେ
ଫୁଟୁଥାଉ ଫୁଲ ହୋଇ ବଗିଚାରେ
ପୁଣି ହେଉ ପଥର, ବନ୍ଧୁକର ଗୁଳି
କେବେ ହାର ହୋଇ ଝୁଲୁ ସେ ଗଳାରେ
ଅବା କେବେ ଭେଦିଯାଉ ଏ ଛାତିରେ ॥

ଶବ୍ଦ ହେଉ
ମା ପଣତରେ ଝାଳ ପୋଛୁଥିବା
ଟିକି ଛୁଆର ହସ
ହେଉ ଅବା ସେ ବୀର ଶହୀଦର ଛାତିରୁ
ଥୋପାଥୋପା ହୋଇ ଝରିପଡୁଥିବା ରକ୍ତ

ଟଳମଳ ହେଉଥାଉ ସେ
ସ୍ୱପ୍ନସାଗର ବୁକୁରେ ତରଙ୍ଗାୟିତ ଊର୍ମି ପରି
କିନ୍ତୁ ଶବ୍ଦ ଶବ୍ଦ ହୋଇ ରହୁ
ସମ୍ଭ୍ରମତାର ରୁପା ଫରୁଆ ଭିତରେ ॥

ଅସ୍ମିତାର କଥା କହୁ ଶବ୍ଦ
କିନ୍ତୁ ନଶୁଭୁ
ଗୋଟେ ଅପ୍ରତ୍ୟାଶିତ ବିକୃତିକରଣର ହାହାକାର
ଶବ୍ଦ ବିରୋଧଭାସ ହେଉ
କିନ୍ତୁ ଦୂରେଇ ରହୁ
ବିପର୍ଯ୍ୟସ୍ତ ଅବାଂଛିତ ବ୍ୟବହାରରୁ !

ଶବ୍ଦ ସବୁ ନନ୍ଦିତ ହେଉ, ପରିସ୍ଫୁରିତ ହେଉ
ଜୀବନ ସଂବେଗୀ ହେଉ...
କିନ୍ତୁ ନହେଉ କେବେ ମରଣ ଅଭିନିବେଶୀ
ମତାନୈକ୍ୟ ଭିତରେ ବି
ଶବ୍ଦ କେବେ ଡାକି ନଆଣୁ
ଗୋଟେ ଆତ୍ମଘାତୀ ବିଦ୍ରୋହକୁ
ଶବ୍ଦ ଅସହିଷ୍ଣୁତା, ଔଦ୍ଧତ୍ୟ, ଅହମିକାର କୃପାଣରେ
ଖଂଡଖଣ୍ଡ ନହୋଇ
ବର୍ଦ୍ଧନାର ହୋମଅଗ୍ନିରେ ଘୃତ ହୋଇ ଜଳୁଥାଉ
ଚିରକାଳ ।।

■■

PRABINA KUMAR KABI

# ପ୍ରବୀଣ କୁମାର କବି

କବି ପ୍ରବୀଣ କୁମାର କବିଙ୍କ ଜନ୍ମ ୨୪ ଜୁନ ୧୯୯୩ରେ, କେନ୍ଦୁଝର ଜିଲ୍ଲା ଅନ୍ତର୍ଗତ ମଦନପୁରରେ। ସଂପ୍ରତି ପତିତପାବନ ମହାବିଦ୍ୟାଳୟ, କେନ୍ଦୁଝରରେ ଅଧ୍ୟାପନା କରୁଥିବା ପ୍ରବୀଣ କୁହନ୍ତି, ଭାବର ତୀବ୍ରତା ଓ ଦୃଶ୍ୟବୋଧର ପ୍ରଗାଢତା ହିଁ ତାଙ୍କ କବିତାର ରୂପାୟନକୁ ତ୍ୱରାନ୍ୱିତ କରେ। ସାମାଜିକ ପ୍ରତିବଦ୍ଧତା ହିଁ ତାଙ୍କ କବିତାର ପ୍ରେରଣା ବୋଲି ସ୍ୱୀକାର କରନ୍ତି ସେ। ସାମାଜିକ ପୃଷ୍ଠଭୂମିରେ ଦାରିଦ୍ର୍ୟର ଡହକରେ ଥରୁଥିବା ସ୍ୱାଭିମାନ, ସ୍ୱପ୍ନଭିଜା ସ୍ୱର୍ଣ୍ଣାଭ ସକାଳର ଦ୍ୟୁତି ଓ ଆଲୁଅଭର୍ତ୍ତି ଅନ୍ଧାରର ସହାବସ୍ଥାନ ତାଙ୍କୁ ବାରମ୍ବାର କବିତାମନସ୍କ କରେ। 'ଇନ୍ଦ୍ରଧନୁ' ଓ 'ଶତାବ୍ଦୀର ଶେଷ ଚିଠି' ଭଳି କବିତା ସଙ୍କଳନର କବି ପ୍ରବୀଣଙ୍କ ସହିତ 'prabinkabi94@gmail.com'ରେ ସଂପର୍କ କରାଯାଇପାରେ।

## ତୁମେ ଥରେ ମୋ ଗାଁକୁ ଆସନ୍ତନି !

ତୁମେ ଥରେ ମୋ ଗାଁକୁ ଆସନ୍ତନି
ତୁମ ସେ ସହରିପଣକୁ କବର୍ ଦେଇ !
ଦେଖନ୍ତ ନିର୍ମେଘ ଆକାଶ ତଳେ ଚାତକର ଅଝଟପଣ,
ଶୁଣନ୍ତ କୋଇଲି-କୁମ୍ଭାଟୁଆଙ୍କ ମାଙ୍ଗଳିକ,
ଗାଆନ୍ତ ଚିତ୍ରମେଘର ଚଉପଦୀ
ଝରଣା ସାଥିରେ।

ସତରେ କଣ୍ ସମୟନାହିଁ ତୁମର
ବାସ୍ତବତାକୁ ଥରେ ଛୁଇଁଯିବା ପାଇଁ !
ଆରେ ସିଂହାସନରୁ ଓହ୍ଲାଇଲେ ତ

ଦେଖିବ ଭୋକର ସାମ୍ରାଜ୍ୟ,
ଗର୍ଭିଣୀ ରାତିର ଅନ୍ଧକାରରେ ଲୁଚିଯାଇଥିବା
ବଳାତ୍କାରୀର ହାତ,
ଆଇନ୍‌ର ପୋଲିଓ ଗୋଡ଼,
ଆଉ, ଖଣ୍ଡିଉଡା ଦେଉଥିବା ସେ ପକ୍ଷୀର ଜାତକ।

ଏଇ ଦେଖ !
ଚଉହଦୀରେ ଝରୁଥିବା ଅଶ୍ରୁ
କେମିତି ହାତଠାରି ଡାକୁଛି ତୁମକୁ।
ଆସ, ଦେଖିଯାଅ ତାର ନିଃଶବ୍ଦ ଆକାଶ,
ମାପିଯାଅ ତା କୋହର ବର୍ଗକ୍ଷେତ୍ର,
ଆଉ, ପାରିବ ତ ଦେଇଯାଅ ତାକୁ
ମିଛ ନିର୍ବାଣର ମନ୍ତ୍ର।

ଶୁଣ, ଏଯାଏ ଶୁଭୁଛି
ତା ଅସହାୟତାର ଉଚ୍ଚାରଣ,
ଦେଖ, ଏଯାଏ ବାସୁଛି
ସେ ମେଘମୃତ୍ୟୁର ବାସ।

ଏଥର ତ ଆସ !
ହୋଉ, ମୋ ଭାଗ୍ୟର ଜହ୍ନ ନିଅ
ମୋ ଭାଗର ହସ ନିଅ।
ହେଲେ ଆସ
ଆଉ ଭେଟିଯାଅ ଏମିତି ଏକ ବିଶ୍ୱାସର ଭରାନଈ
ଯିଏ ଆଜି ସୂର୍ଯ୍ୟଦଂଶନରେ ଜଳଶୂନ୍ୟ,
ପଢିଯାଅ ଏମିତି ଏକ ନିରବତାର ଫର୍ଦ୍ଦ
ଯାହାକୁ ଡାକିଛି ଆକାଶ, ଲେଖିଛି ପବନ।

ଆଉ ସମୟଥିଲେ,
ଦେଖିଯାଅ ପେଜୁଆ ଆଖିକୋରଡରେ ଲଟକିଥିବା
ସମୟର ତୀକ୍ଷ୍ଣ ଶନିଦୃଷ୍ଟି,
ଦାରିଦ୍ର୍ୟର ଡହକରେ ଥରିଉଠୁଥିବା ସ୍ୱାଭିମାନ,
ଆଉ, ପ୍ରତାରଣତାର ଆୟୁଧରେ ଉତୁରିଥିବା
ସଂସ୍କାରର ଫସିଲ୍।

କଣ୍ କହିଲ
କଣ୍ ପାଇବ!

ପାଇବ
ଅନେକ୍ କିଛି ପାଇବ!
ଅନ୍ତରରୁ ଅନ୍ତରୀକ୍ଷ,
ପତରରୁ ପଥର,
ଦାନ୍ତକାଠିରୁ ହାତୀଦାନ୍ତ ଯାଏ
ବଞ୍ଚିବାର ଖୋରାକ୍ ପାଇବ!!!!

## କମ୍ରେଡ୍ ହାଜିର୍ ହୋ....

ଆଲୁଅକୁ ଭଲପାଅ ବୋଲି
ତୁମେ ଏବେ ଅନ୍ଧାର ଭୋଗୁଛ କମ୍ରେଡ୍,
ନ୍ୟାୟକୁ ଭଲପାଅ ବୋଲି
ତୁମେ ଆଜି ଆଇନ୍‌ର କାଠଗଡ଼ାରେ।

ଜାଣ!
ରଙ୍ଗୀନ୍ ସକାଳର ଆଶାରେ
ତୁମେ ସିଲେଇଥିବା ମନର ମଶିଣା

ଏବେ ସମ୍ଭାବନାର ଦୋଛକିରେ !
ଆଉ, ସମାନତାର ଉଷୁମ୍ ଚୁମ୍ବନ ଛାଡି
ରାଜା ଏବେ ଆକ୍ରମଣର ମୁଦ୍ରାରେ ।

ଏଇ ଦେଖ
କେମିତି ଶାନ୍ତିର ଧ୍ୱଜା ଛିଡ଼େଇ
ସେମାନେ ଏବେ ବାନ୍ଧୁଛନ୍ତି କାମନାର କୋକେଇ
ଗଣତନ୍ତ୍ରର ଛାତି ଚିରି ଦେଖୁଛନ୍ତି
ବିକାଶର କାନଭାସ୍ ।
ତୁମ ରକ୍ତରେ ତିଆରି ରଙ୍ଗ,
ତୁମ ହାଡ଼ରେ ତିଆରି ତୂଳୀ
ସବୁ ଏବେ ତାଙ୍କ ଅମାନତ କମ୍ରେଡ୍
ସେ ଚାହିଁଲେ ବୋଳିବେ, ଚାହିଁଲେ ଜାଳିବେ ।

ଶୁଣ !
ଏବେ ଯେତେ ଚାହିଁଲେ ବି ତୁମେ ଶୁଣିପାରିବନି
ବିପ୍ଳବର ଆବାହନୀ, ମାଟି ମଣିଷର ରଣହୁଙ୍କାର
କାରଣ, ରାଜାଙ୍କ ବିଜୟର ଉଦ୍ଭ୍ରାନ୍ତ ଆକାଂକ୍ଷା ଆଗରେ
ଧୀରେଧୀରେ ଛତ୍ରଭଙ୍ଗ ଦେଲାଣି
ସେମାନଙ୍କ ପାରିଲାପଣ
ପାରିବ ତ ଜହ୍ନହୋଇ ବିଞ୍ଚିଦିଅ
ପୃଷ୍ଠାପୃଷ୍ଠା ପ୍ରେରଣା ଫୁଆରା,
ବର୍ଷାହୋଇ ଧୋଇଦିଅ ସେମାନଙ୍କ
ଭୟ, ଭ୍ରାନ୍ତି ଆଉ ଭ୍ରମର ପସରା ।

ଆଉ ଯାଇ ଦେଖ
ତୁମେ ନିଃଶ୍ୱାସରେ ଲେଖିଥିବା ଚିଠି
ଆଉ ବିଶ୍ୱାସରେ ଗଢିଥିବା ଦଲିଲ୍
ସବୁ ଏବେ ରାଜାଙ୍କ ରାଜକୋଷରେ ଉଈଙ୍କ ଆହାର !

ସ୍ୱାର୍ଥ ଓ ଈର୍ଷାର ଶିଳାଘାତରେ
କେମିତି ଲିଭିଯାଇଛି ସମ୍ବିଧାନର ମୁଖବନ୍ଧ,
ମାନବିକତାର ସଂଜ୍ଞା,
ଆଉ, ପ୍ରବଞ୍ଚନାର ଅନ୍ଧାରୀ ଗହ୍ୱରରୁ ଶୁଭୁଛି
ପରସ୍ତ ପରସ୍ତ ଆକୁଳତା ଓ
ମହଣ ମହଣ ପରାଜୟର ସ୍ୱର...

ଶୁଣ...

## ମାଟି

ଦେଖ ! ଏ ମାଟି ଏବେ ଓଦା
ଆକାଶ ଲହୁରେ,
ତା ଉର୍ବରତା ମଉଳି ଯାଇଛି
କାହା ଅତୃପ୍ତ ଇଚ୍ଛାରେ ।

ତା ଦେହରେ ଏବେ ସମାଧିସ୍ଥ
ମରୁଭୂମିର ଶୁଷ୍କ କଥନିକା,
ତା ଭିତରେ ଲହଡ଼ି ଭାଙ୍ଗନ୍ତି
ଭୋକ, ଶୋକ, ଦୁଃଖ ଓ ଯନ୍ତ୍ରଣା ।

ତା ଉପରେ ଅନ୍ଧାରୀ ଆକାଶ
ଆକାଶରେ କଳଙ୍କିନୀ ଜହ୍ନ,
ଜହ୍ନ ତଳେ ନିଷିଦ୍ଧ ପୃଥିବୀ
ଆଉ ଛଳଭର୍ତ୍ତି ମିଛ ସମ୍ମୋହନ !

ସେ ଜାଣେନି !
କିନ୍ତୁ ତା ଭିତରେ ଜଳିଯାଏ

ଅନେକଙ୍କ ବିଶ୍ୱାସ, ଭରସା,
ତା ଅଲକ୍ଷ୍ୟରେ ତା ଉପରେ ସଢୁଥାଏ
ସୌଭାଗ୍ୟର ଆୟୁଷ,
ଲୁହଙ୍କ ସ୍ୱାଦ ଆଉ ଝାଳଙ୍କର ବାସ୍ନା।

ତା ଦେହରେ ଏବେ
ଅସୁମାରୀ କ୍ଷତ,
ଆଉ ସେ କ୍ଷତଙ୍କ ବାହୁବନ୍ଧନରେ ବନ୍ଧା
ତାର ଭବିତବ୍ୟ।

କେହିବି ଜାଣନ୍ତିନି !
ନିଜକୁ ଭାଙ୍ଗି
ଯିଏ ଦିନେ ଗଢ଼ିଥିଲା ସ୍ୱର୍ଗ
ସେ ଏବେ ଅବଶୋଷର ଘେରରେ,
ତଥାପି ବି ଆଞ୍ଜୁଳାଏ ସ୍ୱପ୍ନଧରି
ସେ ଏବେ ସିଦ୍ଧିରେ... ପ୍ରସିଦ୍ଧିରେ...

# ସୂତ୍ର

ଗତରାତିରୁ
ଶୂନ୍ୟତାର କୋଳରେ ମୁଁ
ଆଉଜି ବସିଛି,
ମୋ ଆଖି ଅପହଞ୍ଚ ସ୍ୱପ୍ନ
ମୋ ପାଦ ଅଭିପ୍ରେତ ଅନ୍ଧ ମୁହାଣକୁ
ରାସ୍ତାଟେ ଖୋଜୁଛି।

ମୋ ଦେହରୁ
ମୋ ଅଜାଣତେ ଝଡିପଡୁଛନ୍ତି

ଅସରନ୍ତି ଅଭିମାନୀ କୋଷ,
ଧୀରେଧୀରେ ଅଣାୟତ ହେଉଛନ୍ତି
ମୋ ଆପଣାର ସ୍ନାୟୁଗଣ
ଆଉ ମୋ ଭିତରର ନର୍କକୁଣ୍ଡରୁ
ପୁଣ୍ୟ ସାଉଁଟୁଛନ୍ତି କିଛି ଉପେକ୍ଷିତ ଶବ୍ଦ।

ହୁଏତ ମୁଁ ଚାହିଁଲେ
ପୁଣିଥରେ ସେମାନଙ୍କୁ ପୁଣ୍ୟଗର୍ଭା କରିପାରନ୍ତି !
ହେଲେ ମୋ ହାତରେ କଲମ ନାହିଁ ଆଜି
ଅଛି ଅବସୋସର ମଞ୍ଚ,
ମଞ୍ଚଦେହେ ଉଦ୍‌ବେଳିତ ଅନ୍ଧାରର ଝଡ,
ଝଡଦେହେ କାହା ନିଃଶ୍ୱାସର ସବୁଜ ଉଲ୍ଲାସ।

ସେ ନିଃଶ୍ୱାସର ଅପୂର୍ଣ୍ଣ ପରିଧି
ମତେ ଏଠି ଆବୋରି ବସିଛି,
ହଁ, ମୁଁ ଟିକେ ପ୍ରଶ୍ୱାସ ଖୋଜୁଛି।

ମୋ ଆଖିରେ ଆଜି ସ୍ମୃତିର ଅଳନ୍ଧୁ
ନାକସାରା ବିରହର ଛୁଙ୍କ,
ନାକତଳେ ସଙ୍କୁଚିତ ଓଠ
ଓଠ ଧାରେ ଆଶ୍ୱାସନା ସୂତ୍ର।
ମୋ ଅଲକ୍ଷ୍ୟରେ ଓଠ କିନ୍ତୁ ମୋର
ନୀରବି ଯାଉଛି
ତଥାପି ମୁଁ ସେ ସୂତ୍ରକୁ ଜପୁଛି,
ହଁ ସେ ସୂତ୍ରକୁ ଜପୁଛି......

■■

TRUPTI RANJAN DAS

# ତୃପ୍ତି ରଞ୍ଜନ ଦାସ

କବି ତୃପ୍ତି ରଞ୍ଜନ ଦାସଙ୍କ ଜନ୍ମ ୧୮ ମଇ ୧୯୯୩ରେ, ଡିହସାହି, କାଦୁଅପଡା, ଜଗତସିଂହପୁରରେ। ସଂପ୍ରତି, ବୀର ସୁରେନ୍ଦ୍ର ସାଏ ବିଶ୍ୱବିଦ୍ୟାଳୟ, ବୁର୍ଲାରେ ପଦାର୍ଥ ବିଜ୍ଞାନ ବିଭାଗରେ ଅଧ୍ୟାପକ ଥିବା ତୃପ୍ତିଙ୍କ ମତରେ ପ୍ରେମ, ପ୍ରେମରୁ ମିଳୁଥିବା ସଂସର୍ଗ ଓ ସଂସର୍ଗଜାତ ମୁକ୍ତି ତଥା ପାପର କଥା କହେ କବିତା। ବିଦ୍ରୋହ, ସଂପର୍କ, ସମର୍ପଣ ଓ ଅଭିମାନର କକ୍ଟେଲରେ କବିତାର ପିଆଲା ଭରୁଥିବା ତୃପ୍ତି ଅଭିନୟ, ଉପସ୍ଥାପନା ଓ ନାଟ୍ୟ ନିର୍ଦ୍ଦେଶନାରେ ମଧ୍ୟ ରୁଚି ରଖନ୍ତି। 'ଆକାଂକ୍ଷିତ ସନ୍ଧ୍ୟାଟିଏ' ଓ 'ନକ୍ଷତ୍ର ସ୍ନାନ' ଭଳି କବିତା ସଂକଳନର କବି ତୃପ୍ତିଙ୍କୁ 'trdas1893@gmail.com'ରେ ଯୋଗାଯୋଗ କରାଯାଇପାରେ।

## ମୋଟୀ ମେଘ

ଧଳା ଧଳା ମେଘ ଭୋଡାଫୋନ ଟାୱାରରେ
ଲଟକି ପଡନ୍ତି
ଶ୍ରାବଣୀ ! ତମେ ଯେମିତି...
ପବନକୁ ପାକୁଳି କରି ନିଜର କାୟା ବିସ୍ତାରି
ଝାଳର ଅସ୍ତରେ, ମଳିଚମ ଉଠିବା ପର୍ଯ୍ୟନ୍ତ
ଲଟକି ପଡ଼ ମୋ ଗଳାରେ ମୋଟୀ ମେଘ ପରି

ଇନ୍ଦ୍ରଧନୁକୁ ଅଣ୍ଟାରେ ଗୁଡ଼ାଇ ସେମାନେ
ଯେତେବେଳେ ଦୂରରୁ ଆସନ୍ତି
ତମେ ଅଣ୍ଟାବିଛା ପିନ୍ଧ
ନାଭିକୁ କରି ଶ୍ୱାସରୁଦ୍ଧ
ଚଳାପବନର ସିଟିରେ ଶିହରି ଉଠନ୍ତି ସେମାନେ

ତମେ ସେତିକିବେଳେ କୁଞ୍ଚକୁ ଜାବୁଡ଼ିଧର
ଅପମାନେ ...

ମୁଁ ହିଁ ଓଦା ହୁଏ
ଛତା କି ବର୍ଷାତୀ ରଖେନି
ଝାଳକୁ ନୁହେଁ ଜଳକୁ ଭଲପାଏ
ଯେତେ ବଡ଼ କୁଦା ମାରୁ ସେ ମୋଟୀ ମେଘ
ସାମର୍ଥ୍ୟ ଅଛି ଆକାଶକୁ ଫିଙ୍ଗି ପୁନଶ୍ଚ ଧରିବାର
ମୋ ଛାତିରେ ଘଷି ତାକୁ ବର୍ଷା କରିବାର

ଅନ୍ଧାରର ଶାଢ଼ୀ ତଳେ, ନିଅନ ଆଲୁଅରେ ସେମାନେ ଆସନ୍ତି
ଝର୍କା ବାହାରେ ଛିଡ଼ା ହୁଅନ୍ତି
ବରଫଠୁ ହେମାଳର ବୋଝ ନେଇ
ଶ୍ରାବଣୀ ଗୋ, ତମେ ହାଲ୍କା ଲାଗ
ଆମ ଛାତରୁ ବର୍ଷା ଯାଏ ଝରି
ତମେ ଘର ସାରା ଉଡିବୁଲ ତୁଳା ଗୁଣ୍ଡ ପରି

ମତେ କଅଣ ଅଛପା ?
ମେଘ-କଟିର ଓସାର
ଦରଜି ଯେବେ ମାପୁଥିଲା, ତମେ ଦୁଇ ହାତ ଉପରକୁ କରିଥିଲ
ପଟିଆଲା ପ୍ୟାଣ୍ଟ ପାଇଁ ମୁଁ କାଟିଥିଲି ଫିତା
ବିନା ମାପାଙ୍କରେ ବି ସବୁ ଠିକ ଥିଲା
ତମେ ହସିଲ...ବର୍ଷା ହେଲା
ଆମ ପାଇଁ ଯେଉଁ ସହର ସର୍କସର ଘର
ସେଠି ସେମାନେ ଜୋକର
ବିଦ୍ୟୁତ ତାରରେ ବି ଚାଲନ୍ତି, ଦିନକୁ ସନ୍ଧ୍ୟା କରି
ଖଣ୍ଡଗିରିରେ ଲୁଚି ରସୁଲଗଡ଼ ଓଭରବ୍ରିଜରେ ବାହାରନ୍ତି
ଶରୀର ତ ଖାଲି ମାଂସର ଆବରଣ
ନିଜ ଇଛାରେ କରେ ସେ ଆରୋହଣ, ଅବତରଣ

କଲେଜ ଖୋଲିବ,
ବଦଳିଯିବ ମେଘର ବାହ୍ୟ ଆକାର
କମେଣ୍ଟ ଖାଇ,
ନହେଲେ ଭିଡ଼ ଭିତରୁ ନିଆରା ଦିଶିବା ପାଇଁ
ଶ୍ରାବଣୀ....ତମେ କିନ୍ତୁ
ସେମିତି ରୁହ ମୋଟୀ ମେଘ ହେଇ।

## ମଶାଣି

ଫୁରୁସତ ଦେଖି ଆସିବ
ନିରେଖି ଦେଖିବା ଆମ ଗାଁ ମଶାଣି
ଯେଉଁଠି ପାଉଁଶ ହେଇ
ଉଡି ଗଲାଣି କେତେ ଅଦମ୍ୟ ଫୁଟାଣି

ସିଏ ବର୍ଷାରେ ଭିଜେ, ଲୁହରେ ନୁହଁ
ସ୍ତ୍ରୀ କୁ ବା ଆସିବା ମନା
ପୁରୁଷ ଛାତି ପଥର,ସାଇ ଭାଇଙ୍କ ତତ୍ପରତାରେ ସିଏ ବି ନିଶ୍ଚଳ
ସମୟ ଶେଷ ଯାଏଁ ଖାଲି ରହିବ ତା କୋଳ
ସବୁଠୁ ବଡ଼ ଜଞ୍ଜାଳ
ପବନ ଦେହକୁ କେମିତି ରୋକିବ ତା ଆକଟର ପ୍ରାଚୀର
ଚାରିମାଣିଆରେ ଯୁଦ୍ଧ
ଘରଡିହରେ ରକ୍ତ ନଦୀ
ବିଦେଶୀ ଗୁମାନ ଆଉ ଫାଙ୍କା ଅଭିମାନ
ସମସ୍ତେ ଅସ୍ତ୍ର ଛାଡି ଦିଅନ୍ତି
ଦୁଇ ମୁଠା ମାଟି ବି ଧରିବାକୁ ଅସମର୍ଥ
ଯାହା ଖାଲି ଛାତିରେ ରଖି ଦିଅନ୍ତି ଆପଣାର ଲୋକ

ଖଇ, କଉଡ଼ି ବାଟେଇ ଦିଅନ୍ତି
ମୋ ପୈତୃକ ଘର କରେ ବାର ଦିନ ଶୋକ

ତା ମାଟି କେବେ ପଥୁରିଆ
କେବେ କାଦୁଆ
ସେଇ ବାଟେ ଅନେକ ଥର ଯିବା ଆସିବା ମୋର
ସମୟକୁ ଅଣଦେଖା କରି
ସମୟ ସେଇ କିଆ ଗୋହରିରେ ଲୁଚିବସେ
ହିସାବ କରେ ମୋ ନାଁରେ ଗାର ମାରି

ସେଇଠୁ ଦିଶେ ଈଶ୍ୱରଙ୍କ ଗଳି
ଗଞ୍ଜେଇ ଧୂପ ଘଣ୍ଟ ଆଉ କାହାଳୀ
ଛଳଛଳ ହେଇ ପ୍ରଶ୍ନ କରନ୍ତି
ମୋ ପାରିବାପଣ, ଆଉ ହାରିବା ଦିନ
ଈଶ୍ୱର କୁହନ୍ତି ଥୟ ଧରିଥା
ଏଇ ବାଟେ ଆସିବୁ, ଆମେ ଢ଼େର ରାତି କଥା ହେବା
ଧୀରେ ଧୀରେ ତୁ ତା' ଛାତିରୁ ଆସି ମୋ ଦେହରେ ହେବୁ ଲୀନ !

## ପୃଥିବୀ

ବୋଉ ପଣତର ଦୈର୍ଘ୍ୟ ଯେଉଁ ଯାଏଁ
ନିଦୁଆ ଆଖିରେ ହାଇ ମାରେ ସେଇଠି ପୃଥିବୀ
ଛାଇ ହେଇ ଆସେ ଜହ୍ନ,
ନିଦ ଭାଙ୍ଗିଲା ବେଳକୁ
ମୋ ଦେହ ସାରା ଲାଗିଯାଇଥାଏ ପାହାଡ଼, ଝରଣା, ମାଟି ଆଉ ସମୁଦ୍ର

ଯେଉଁଠି ସରିଛି....
ଆକଟର ବୃତ୍ତ,
ତାଙ୍କ ପାଦତଳ ମାଟି, ଚାପୁଡାର ପାଞ୍ଚ ଆଙ୍ଗୁଳି...
ତଣ୍ଟିଚିପା ସ୍ୱପ୍ନର ଦିହୁଡ଼ିରେ
ଦେଖିହୁଏ ପୃଥିବୀ

ଦୁଇହାତର ଅଣ୍ଟାବିଛାରେ...
ତା ଦେହରେ ଉଷ୍ମତା ଖଞ୍ଜିଲା ବେଳେ
ଗଭୀର ନାଭିରେ ସୁନାମି, ବକ୍ଷରେ ବିସ୍ଫୋରଣ
ଭୂମିକମ୍ପରେ ଦରଫଟା ଜାନୁରେ ଦେଖିହୁଏ ପୃଥିବୀ,

ବାଇକ ଆଗ ଚକରେ
ଟିଫିନ୍ ବକ୍ସର ଅଣ୍ଡା ପରଟାରେ, କାନ୍ଧରେ ଗୁରୁଣ୍ଡୁଥିବା ଘଣ୍ଟା କଣ୍ଟା
ଫାଇଲରେ ଡି ଟି ପି ଅକ୍ଷରର ଗନ୍ଧ
ଫୁରୁସତର ସିଗାରେଟ ଧୂଆଁରେ ଦିଶେ ପୃଥିବୀ

ଚାହା କପ ବାମ୍ଫ
ସ୍ଲିଭଲେସ ସନ୍ଧ୍ୟା, ଚିତ୍ରଲେଖାର ଚିଠି
ବାରମ୍ବାର ପୁରୁଣା କ୍ଷତରେ ହାତ ମାରୁଥିବା ବନ୍ଧୁ
ଦେଖାନ୍ତି ମ୍ଳାନ ହେଇ ଆସୁଥିବା ସବୁଜ ପୃଥିବୀ।।

## ମୃତ ପ୍ରେମିକ

ସଞ୍ଜହେଲେ ତମେ ଛାତକୁ ଆସ
ଆକାଶ ଛାତିରୁ ତାରା ଗୋଟାଅ
ଆଞ୍ଜୁଳାରେ କେତେ ବା ରହିବେ ସେମାନେ ?

ହଜାରେ ଥର କହିଛି
ଭୁଲିଯାଅ ତୁମ ଚୁନି ଆଣିବାକୁ....
ହୁଏତ ତାରାମାନଙ୍କ ସହ ଗଣ୍ଠି ମାରିଦେଇଥାଆନ୍ତ
ସେ ଲମ୍ପଟ ଜହ୍ନକୁ ।।

ତମେ କ୍ଳାନ୍ତ ଥିଲ ଲ୍ୟାବରୁ ଫେରି
ଶୋଇଗଲ ବସୁ-ବସୁ ଚୌକିରେ
ସେଦିନ ମଦ ପିଇ ଜହ୍ନ,
ମାରପିଟ କରେ ଆକାଶରେ...
କଳା କଳା ନିରୀହ ବଉଦଙ୍କ ପଣତକୁ ଚିରେ ।।

ଖସିପଡିଛି ଆକାଶରୁ
ଝର୍କା ପାଖରେ ଉଣ୍ଟୁଚି
ଘର ଭିତରକୁ ନଜର ଫିଙ୍ଗି ଖୋଜି ଚାଲେ ଗଳି କନ୍ଦି...
ଆମେ ଦୁହେଁ ମାତିଥା'ନ୍ତି ପ୍ରଣୟରେ
ଦେହରେ ଦେହକୁ ଛନ୍ଦି
ସେ ଲଟକିଯାଏ ଆମ୍ବଗଛ ଡ଼ାହିରେ
ଗଳାରେ ଛାଇକୁ ବାନ୍ଧି ।।

କାଲି ରାତିଠୁ ସିଏ ନିଖୋଜ
ସମୁଦ୍ରରେ ଭାସେ ସକାଳୁ କାହା ମୃତ ଦେହ
ଆକାଶ ଚିହ୍ନଟକଲା ଜବତ ହେଇଥିବା ପୋଷାକ
ଠା ଠା ଶୁଖି କଳା ପଡିଥିବା ଲହୁ...
ବିନା ସଙ୍କୋଚରେ ଖବରକାଗଜ ଛାପିଲା
ମୃତ ଏକ ପ୍ରେମିକ ।।

SUMIT PANDA

## ସୁମିତ ପଣ୍ଡା

ସଂପ୍ରତି ଓସ୍କାର ବିହାର, ଭୁବନେଶ୍ୱରରେ ରହୁଥିବା କବି ସୁମିତ ପଣ୍ଡାଙ୍କ ଜନ୍ମ ୧୨ ଫେବୃୟାରୀ ୧୯୯୩ରେ। 'ଇଲେକ୍ଟ୍ରିକାଲ ଓ ଇଲେକ୍ଟ୍ରୋନିକ୍ସ' ବିଭାଗରେ ବି.ଟେକ ଶେଷକରି ସେ ଏବେ 'ଇନଫୋସିସ', ଭୁବନେଶ୍ୱରରେ କାର୍ଯ୍ୟରତ। ଏଯାବତ, 'ଅଚିହ୍ନା ଜହ୍ନ' ଓ 'ଆଞ୍ଜୁଳାଏ ଆକାଶ' ନାମରେ ତାଙ୍କର ଦୁଇଟି କବିତା ସଂକଳନ ପ୍ରକାଶିତ। ସୁମିତ କୁହନ୍ତି, ସେଇସବୁ କଥା ହିଁ ତାଙ୍କ କବିତାର ଅନ୍ତଃସ୍ୱର, ଯାହାକୁ ପାଟି ଖୋଲି ଚିତ୍କାର କରି କେବେ ଦୁନିଆ ଆଗରେ କହିପାରିନାହାନ୍ତି ସେ ! ଦୁନିଆକୁ ଲୁଚେଇ ଲୁଚେଇ, କବିତାରେ ସେ ନିଜକୁ ହିଁ ଲେଖୁଥାନ୍ତି। ତାଙ୍କୁ 'sumit.panda4@gmail.com'ରେ ସମ୍ପର୍କ କରାଯାଇପାରେ।

## ବାଲକୋନି

ବାଲକୋନିରେ ମୋ ସହ ବସି
ସକାଳର ଚା' ପିଏ ସୂର୍ଯ୍ୟ।

ସାରାରାତି ଆଲୁଅ ଖୋଜିଖୋଜି
ସକାଳର ଚେହେରା ଦେଖି ଝଡି ପଡିଥାଏ ଝରିପୋକ।
ଧାଡିଧାଡି ହେଇ ପିମ୍ପୁଡି କିଛି ତା'କୁ କାନ୍ଧ ଦଉଥାନ୍ତି

ଲାଗେ, ଆମ ମଣିଷ ଜାତି ଭଳିଆ
ତାଙ୍କର ଭାଇଚାରା ନାହିଁ ବୋଧେ...
ଚାରିପଦ କଥା ହବାକୁ ଜୀବନସାରା
କେହି ନ ମିଳନ୍ତୁ ପଛେ

ମଲାପରେ ଚାରିକାନ୍ଧ ତୟାର ଥାଏ
ସବୁ ସକାଳକୁ ।

ଏଇବେଳେ ଫୁଲକୁଣ୍ଡରୁ 'ଅରାଲିଆ' ମତେ ଚାହେଁ
ଅବୋଧ ଶିଶୁ ପରି । ତା' ମୁଣ୍ଡକୁ ଆଉଁସିଦିଏ,
କହେ, ଜମା ବଡ ହବୁନି, ଦୁନିଆ ଜଞ୍ଜାଳମୟ ।
ସିଏ ଲାଜ କରେ, କିଛି କହିବ ଲାଗେ...
କାନ ତା'ପାଖକୁ ନେଇଯାଏ ।
ବେଇମାନ ପବନ -
କେବେ ଶବ୍ଦ କେବେ ଜୀବନ ଉଡେଇନିଏ ।

ପରେ ପରେ ପୁରୁଣାଦିନର ଖବର ପଢୁ ପଢୁ
ନୂଆ ଦିନ ବି ପୁରୁଣା ହୁଏ ।
ପେପରବାଲାଟା କେତେ ଠକ ଯେ,
କାଲିର ଖବର ବିକି ଆଜି ପଇସା ନିଏ ।
ଜୀବନର କଲା କର୍ମ ବି
କୋଉଠି ଟିପାହେଇ ରହୁଥିବ ଯେ !

ଟା' କପରେ ଖବର ସରେ ।

ଦୁଃଖ ସୁଖ ହଉ ହଉ
କେତେବେଳେ ସୂର୍ଯ୍ୟ
ବୟସରୁ ଦିନଟେ ଚୋରେଇନେଇ
ଚାଲିଯାଏ, ପୁଣି କାଲି ଦେଖା ହବ କହି ।

କିନ୍ତୁ ସୂର୍ଯ୍ୟର ପୁଣି କାଲି କ'ଣ ଯେ ?

# ବାପା

ଲୋକଟା, ଦୁଃଖକୁ ଭାଙ୍ଗିଭୁଙ୍ଗି ଚଉତେଇ
ଛାତି ପକେଟରେ ରଖିବାର ଦେଖିଛି !

ମୋଟାତକିଆରେ ମୁଣ୍ଡ ରଖି
ଚିନ୍ତାସବୁକୁ ଓହ୍ଲେଇ ଦେଇ
ସୁଦର୍ଶନ ଚକ୍ରକୁ ବଲବଲ ଚାହିଁ
କେଜାଣି କଣ ଭାବେ ରାତିସାରା !

ଲୁହକୁ ଗୋଟେ ଗପ କହି
ତା'କୁ ବାଟବଣା କରିଦେଇଛି ବୋଧେ !
ମୁଁ କେବେ କାନ୍ଦିବା ଦେଖିନି, ଚାହେଁନି ବି !

ଏଡ଼େ ବଡ଼ ପୃଥିବୀକୁ ପିଠିରେ ବୋହି
ଜୀବନରେ ସିଧା ହେଇ ଚାଲିବାର ଦେଖିଛି,
ଆଉ ଶିଖିଛି !

ନିଜକୁ ଭାଙ୍ଗି ଭାଙ୍ଗି
ମତେ ଯୋଡିବାରେ ଲାଗିଛି ଏ ମଣିଷଟା, ଅଦ୍ଭୁତ !
ନିଜକୁ ଭାଙ୍ଗି ଖୁସି ବି ହଉଛି, ପାଗଳାଟା କି ?

ହାଃ..! ଓଲଟା ମତେ 'ପାଗଳା'ଟା ବୋଲି କହେ !
ଅବଶ୍ୟ, ପାଗଳା ନିଜକୁ କେବେ ପାଗଳା କହେନି !
ହଁ ! ଦୁନିଆର ସବୁ ପାଗଳା ବାପା ହେଇନଥାଇ ପାରନ୍ତି,
ହେଲେ ସବୁ ବାପା ନିହାତି ପାଗଳ !

# କବି

ପଢୁ ପଢୁ ମରିଯାଉ କବି !

ଛାତିରେ ଆଉଜି ଶୋଉ କଲମ,
ବହି ଆଁ କରି ଚାହିଁରହୁ ତା' ମୁହଁକୁ !

କବିର ସବୁଠୁ ପ୍ରିୟତମ ଧାଡି
ଡାଇରି ଭିତରୁ ଆସି ତା'କୁ ଅନେଇ ରହୁ
ଜୀବନସାରା କବି ତା'କୁ ଯେମିତି ଅନାଏ
ପୁରା ନ କରିପାରିବା ଦୁଃଖରେ !

ଝରକା ସେପଟେ ଚଢ଼େଇଟା ଆସି
କବିର କବିତାଟେ ଗାଉ !
ଥକି ଯାଇଥିଲା କବି, ତାକୁ ଶିଖେଇବାରେ ।
ପାଣି ବୋତଲଟା ତଳେ ପଡି
ସବୁ ଲୁହ ଅଜାଡ଼ି ଦଉ ।
ତା' ଭିତରେ କାଳେ ସମୁଦ୍ରଟେ ଦେଖିଥିଲା କବି !

ବଲବଲ କରି ଥାକରୁ ଚାହିଁରୁହନ୍ତୁ
ପୁରସ୍କାର, ପ୍ରମାଣ ପତ୍ର, ଉପାଧି
ଭାଳି ହୁଅନ୍ତୁ କିଛି କ୍ଷଣ ପାଇଁ
'ଚାଲିଗଲା ନା ଭାବୁଛି କବି ?'

"ହେଇ ଉଠିଆସି ଏବେ
ଆମ ଭିତରୁ କାହାକୁ ନେଇ
ଆଜିର ରାତି କାଟିବ କବି",
କୁହାକୁହି ହୁଅନ୍ତୁ ବହି ।

"ନିରବତାର କାହାଣୀ କହୁଥିବା ଲୋକଟା
ଏତେ ସମୟ ନିରବ କାହିଁକି"-
ଚିତ୍କାରଟେ ଶୁଭୁଥାଉ କାହୁରୁ!

"ସବୁଦିନ ମତେ ବନ୍ଦ କଲା ଲୋକଟା
ଆଜି ନିଜେ ବନ୍ଦ କେମିତି ?"- ଭାବୁଥାଉ ଫୋନ୍!
ଘୁଉଁ...ଘୁଉଁ... ଘୁଉଁ...ବାଜୁଥାଉ ଫୋନ୍!

## କବର : ଗୋଟିଏ ଗଜଲ

ତମେ ଦେଖିଥିବ ଖୋଲା ଛାତରେ ବରଷା ବରଷି ଯାଏ
କୋହ ତ ଏମିତି ଶ୍ରାବଣଟିଏ ଛାତି ଭିତରେ ବରଷୁ ଥାଏ!

ଆଷାଢ଼ ଶ୍ରାବଣ ବରଷକେ ସିନା ଥରେ ଅଧେ ବୁଲି ଆସେ
ମୋ ଆଖି ଲୁହ ଧାରାଶ୍ରାବଣଟେ ପୋଛିଲେ ବି ବହୁଥାଏ!

ମିଳିଛି ଜଣେ ହଜିଲା ମନକୁ ମୋ ଖୋଜିଲା ଠିକଣା ହେଇ
ନିଜକୁ ଏବେ ସେ ଦୀପଟେ କରି ମୋ ଆୟୁଷ ବଢଉ ଥାଏ!

ଡାକି ଡାକି ଥକିପଡେ ତଂଟି ହେଲେ ଜବାବ ମିଳେ ନାହିଁ
ଶେଷେ ଦୁଇ ଧାର ଆଖିରୁ ଝରି ଝୁରିଲା ଗୀତଟେ ଗାଏ!

ମନର ଅନ୍ଧାର ପାଖରେ ତ ଏଠି ରାତିର ଅନ୍ଧାର ହାରେ
ରାତିକୁ ଯେବେ ଡର ଲାଗୁଥିବ କାହା କୋଳରେ ସେ ଶୁଏ!

ଜୀବନରେ ଯେବେ ଯାଚିଲି ଫୁଲଟେ ଦୁନିଆ ପଥର ଦେଲା
ଫୁଲ ପାଇବାକୁ ହେଲେ ଏଠି 'ସୁମିତ' କବର ହବାକୁ ହୁଏ!

NIHAR RANJAN PARIDA

# ନିହାର ରଞ୍ଜନ ପରିଡା

କବି ନିହାର ରଞ୍ଜନ ପରିଡାଙ୍କ ଜନ୍ମ ଜଗତସିଂହପୁର ଜିଲ୍ଲାରେ, ୨୫ ନଭେମ୍ବର ୧୯୯୧ରେ। Applied Electronics and Instrumentations B.Tech କରିଥିବା ନିହାରଙ୍କ ପାଇଁ କବିତା, ଜୀବନର ସମସ୍ତ ଅସହାୟତାରୁ ମୁକୁଳିଯିବାର ଏକମାତ୍ର ବାଟ। ନିହାର କୁହନ୍ତି, ଯେ ନିଜର ହତଭାଗ୍ୟ ସୁଖ ଓ ଭାଗ୍ୟବାନ ଦୁଃଖମାନଙ୍କୁ ଶୋଭାଯାତ୍ରାରେ ବୋହିବା ପାଇଁ ଯେଉଁ ଶବ୍ଦପୁଞ୍ଜଙ୍କର ସେ ସାହାରା ନିଅନ୍ତି, ହୁଏତ, ସେଇମାନେ ହିଁ ତାଙ୍କ କବିତା। ନାନ୍ଦନିକତା ଦେଖେଇବାର ଅହଂକାରଠୁ ନିଜକୁ ମୁକ୍ତ କରି ନିଜର ଆରଣ୍ୟକ ଭାବନା ଭିତରେ ନିଖୋଜ ହେଇଗଲା ବେଳେ, ଯେଉଁ ଅନାବିଷ୍କୃତ ଇଲାକାରେ ପହଞ୍ଚନ୍ତି ସେ, ସେଇଠି ହିଁ ଭେଟହୁଏ କବିତା ସହ। 'ବ୍ଲାକ୍ କଫି' ଓ 'ଅନ୍ଧାରର କୋଲାଜ୍' ଭଳି କବିତା ସଙ୍କଳନର କବି, ତଥା 'ରେନକୋଟ୍' ଭଳି ଉପନ୍ୟାସର ଲେଖକ ନିହାରଙ୍କ ସହିତ 'ernihar.parida@gmail.com'ରେ ସଂପର୍କ କରାଯାଇପାରେ।

## ପ୍ରତିଶ୍ରୁତି

ତୁମେ ଶିଳ୍ପୀ ହେବାରୁ ବିରତି ନିଅ
ଭଙ୍ଗା ମୁଖଶାଳା ହେବା ବି ଭାଗ୍ୟ
ମୋତେ ବୋହିବାର ଅଛି ଷଡ଼ଯନ୍ତ୍ର
ସେ ସମୟର ହେଉ କି ସଂପର୍କର

ନିହାଣର ଆଘାତରେ
ବଦଳିପାରେ ଚିତ୍ର
ଚରିତ୍ରମାନଙ୍କ କବଳରୁ ତୁମେ କ'ଣ

ତିଆରି କରିପାରିବ ଗୋଟେ ଅଭେଦ୍ୟ ଦୁର୍ଗ ? ?
ମତେ ତ ଦିନେ ପବନରେ ହଜିବାକୁ ହେବ
ଯାହା ଅଛି ସେଥିରେ ହିଁ ଘଟୁ
ବଳକା ସୂର୍ଯ୍ୟୋଦୟ ଓ ସୂର୍ଯ୍ୟାସ୍ତ

ମୁଁ ଏବେ ରାତିର ଜନପଥ
ମୋ ଦ୍ୱାରା କୁଆଡ଼େ ହତ୍ୟା ହୁଏ
ଯାଯାବରର ଭାଗ୍ୟ, ସ୍ୱପ୍ନଭୁକର ସ୍ୱପ୍ନ
ଓ ବ୍ୟସ୍ତ ଜୀବନର ଭାଗଶେଷ
ଲ୍ୟାମ୍ପପୋଷ୍ଟ ଭାଗ୍ୟନେଇ
ମତେ ଆଲୋକିତ କରନି
ତୁମେ ବି ତ ଖୁବ ଅସହାୟ
କେତେଦିନ କରିପାରିବ
ଜଣେ ଆତତାୟୀକୁ ପ୍ରେମ

ଆମ ଅଳନ୍ଧୁଲଗା ଫଟୋଫ୍ରେମରେ
ଦିନେ ଅଧେ ବୁଲେଇ ଦେଉଥିବ ହାତ
ଅନୁରାଗର କଫିନରେ ଅନ୍ତତଃ
ବଞ୍ଚିରହୁ ଆମେ ଏକାଠି ହସିଥିବା
ସେଇତକ ଶେଷ ହସ

ଜାଣିଛ
ସଭ୍ୟତାରେ ନୁହେଁ
ସଂପର୍କରେ ବି ଥାଏ ବିବର୍ତ୍ତନ
ତୁମେ କିନ୍ତୁ ତୁମ ଭଳି ରୁହ
ତୁମ ବିବର୍ତ୍ତିତ ନ ହେବା ହିଁ
ଆମର ଏ ପ୍ରେମ

ମନେରଖ,
ମୁଁ ନିମ୍ନପଣରେ ବଞ୍ଚେ
ମତେ କେହି ପ୍ରତିମା ନକରୁ
କିନ୍ତୁ ବିନା ପ୍ରତିଶ୍ରୁତିରେ ପ୍ରତିଶ୍ରୁତିଟିଏ ହେଇପାରେ
ସାରା ଜୀବନ

## ନିଜପକ୍ଷ

ନିଜ ଉଡାଣରେ
ଭାଗ୍ୟକୁ ଧରାଶାୟୀ କରି ପାରିଲିନି ବୋଲି
ଆତ୍ମୀୟ କାଟିଦେଲେ ପର
ଶତ୍ରୁପକ୍ଷ ପାଳିଲେ ମହୋତ୍ସବ

ପ୍ରତିକୂଳରେ ଉଡାଣ
ଶତ୍ରୁ ସହ ପ୍ରେମ
ପ୍ରେମିକା ସହ କାପୁରୁଷତା
ନିଶିଗନ୍ଧା ସହ କାମୁକତା
ଏସବୁ ତ ମୋ ରକ୍ତରେ ଆଦିମ କାଳରୁ ପ୍ରବାହିତ
ହେଲେ ବୁଝିଲେନି, ବୁଝିବାକୁ ଥିବା ବ୍ୟକ୍ତି ବିଶେଷ

ତେବେ ବିନା ପରରେ ବି ତ ସ୍ୱପ୍ନର ଉଡାଣ
ବିନା ସଂସର୍ଗରେ ବି ହଜାରେ ଶୃଙ୍ଗାର
ବିନା ମଧୁଶାଳାରେ ବି ଅସଂଖ୍ୟ ରମଣ
ତେଣୁ ମୁଁ, ମୁଁ ମନସ୍କାତାରେ ଗୋଟାପଣେ ତଲ୍ଲୀନ
'ମୁଁ' ପଣ କ'ଣ ଗୋଟେ କମ୍ ଆସ୍ପର୍ଦ୍ଧାର ପରିଚୟ ?

ତୁମେମାନେ ଯେଉଁ କାରାଗୃହରେ ମତେ ବନ୍ଦୀ କରି ନେଲ
ସେ କାରାବାସ ଏବେ ମତେ ଦେଉଛି ମଧୁଶଯ୍ୟାର ଆନନ୍ଦ
ପ୍ରେମିକାର ଦେହ ଗନ୍ଧଠୁ ବେଶୀ ମାଦକତା ଏବେ ନିଶିଗନ୍ଧାର ଆଖିରେ
ବୀରଙ୍ଗନାଠୁ ବେଶୀ ଆପଣାର ବାରାଙ୍ଗନାର ପ୍ରେମ ନିବେଦନ
ନିଜକୁ ନଷ୍ଟ କରି ଗଢ଼ିବାକୁ ଏବେ ମୁଁ ପୁରା ପୁରି ତୟାର

ଖାଲି ଅପେକ୍ଷା ଶତ୍ରୁ ଆଖିରେ ଦେଖିବାକୁ ମୋର ପ୍ରତିଛବି

ମୁଁ ପଳାତକ ନା ଏବେ ବି ପ୍ରେମିକ ?

## ବାର ମିନିଟର ଅନ୍ଧାର

କାହିଁକି ଅନେକ ଅନ୍ଧାର ଭୋଗିଲା ପରେ ବି
ସେ ତିଥିର ଅନ୍ଧାର ପାଇଁ ପ୍ରାର୍ଥନା ମୁଦ୍ରାକୁ ଚାଲିଯାଏ ହାତ

ବାର ମିନିଟର ଆଲୁଅଙ୍କ ଅନୁପସ୍ଥିତିରେ
ଗଜୁରି ଉଠିଥିବା ଗୋଟେ ଅନୁରାଗର ତ
ହତ୍ୟା ହୋଇଥିଲା କେଇ ମୁହୂର୍ତ୍ତରେ

ତଥାପି ସବୁ ବର୍ଷ ସେହି ତିଥିରେ
ସାରା ଘର ଅନ୍ଧାର
ଅନେକ ଶୃଙ୍ଗାରର ମାଦକତାରେ ବି
ତୁମ ଫେରାର ଦେହର ବାସ୍ନାକୁ ଖୋଜି
ସବୁତକ ଅବସୋସ ଓ ଦୀର୍ଘଶ୍ୱାସ ଲହୁଲୁହାଣ

କୁହ ତ;
ବାର ବର୍ଷ ମାନେ ଗୋଟେ ଯୁଗରେ
ତୁମେ କୁଳେଇ ପାରିନଥିବା ବିଶ୍ୱାସତକ
ସେଦିନ ରାତିରେ ନିଃଶ୍ୱାସଙ୍କ ତାତିରେ
କେମିତି କରିପାରିଲେ ମୋ ପୁରୁଷାକାରର ଅଭିଷେକ ?

କାହିଁକି ତୁମେ ନୀରବ ?
ସେ ଅନ୍ଧାରରେ ଘୁଙ୍ଗୁର ପିନ୍ଧେଇଥିବା ତିଥିଟି
ଏବର୍ଷ ଆସିବା ବି ଥୟ
ଏଇତ ଏବେ ଏବେ
କ୍ୟାଲେଣ୍ଡର କହି ଗଲାଣି
ତା ଆସିବାର କୁଆଡ଼େ ଶୁଭିଲାଣି ପଦପାତ

ଫେରି ଆସ,
ତୁମେ ଆସିବାର ଅପେକ୍ଷାରେ ଏଠି ଉପେକ୍ଷିତ
ସବୁ ଶୋଷ ଆଉ ରୋଷ
କଥା ଦଉଚି;
ସେଇ ତିଥିରେ
ବାର ମିନଟ ପାଇଁ ସାରା ସହରକୁ
ଏଥର ଭୋଗିବାର ଅଛି ବିଜୁଳି ବିଭ୍ରାଟ

ବିଶ୍ୱାସ କର;
ସେଦିନର ବଳକା ପାପର ଖାତିର୍ ରେ
ମାରିଦେଇଛି ସାରା ମଧୁମାସର ଭୋକ
ବାକିଥିବା ଉଷ୍ମତାକୁ ପାଇଁ ନିଜକୁ ସଜେଇ ସାରିଛି ପ୍ରେମିକ ପୁରୁଷ
ଏବେ ଆଉ ବୟସର ଚପଲରେ ଜମାରୁ ନାହିଁ ବିଟ
ଏଥର ଶିଉଳିରେ ତୁମ ସହ ମୋ ପାଦ ଖସିବା ହିଁ ଥୟ

ଯଦିଓ ଜାଣିଚି
ଛିଡ଼ିଥିବା ଗୁଡିକୁ ନପଚାରିବା ଭଲ ନଟେଇ ସହ ସମ୍ପର୍କ
ଓ ନଟେଇକୁ ଗୁଡ଼ିର ଭବିଷ୍ୟତ
ତଥାପି ଶେଷ ଅନୁରୋଧ
ଫେରି ଆସ ଆଉ ଥରେ ସେଇ ତିଥିରେ
ଅନ୍ଧାରେ ଦେହରେ ବୋଳିଦେବାକୁ ଆଉ ଟିକେ କଳାରଙ୍ଗ

## ଉତ୍ତର-ପ୍ରେମିକ

ଆଜି ରାତିରେ
ଭିଜି ସାରିଲା ପରେ ନକ୍ଷତ୍ରସ୍ନାନରେ
ପତ୍ରଝଡା ଭଳି ତୁମେ ଦେହରୁ ଓହ୍ଲେଇ ଦେବ ପାପ
ଆଉ ଏହି ଅର୍ଧଦଗ୍ଧ ଅନ୍ଧାରକୁ ଦେଇ ଅଭିଶାପ
ପୁଣିଥରେ ପାଦ ବଢେଇବ
ଉତ୍ତର-ପ୍ରେମିକର ସନ୍ଧାନରେ

ହୁଏତ ତୁମେ ;
ଗୋଟେ ବିବର୍ତ୍ତିତ ଆସନ୍ତାକାଲିର ଖାତିର୍‌ରେ
ଜାଳିପାର ଏ ରାତିର ଲୋଡ଼ିବାପଣକୁ ଜତୁଗୃହରେ
ହେଲେ ସକାଳକୁ ପାଇବ ଯେଉଁ ସୁନାରଙ୍ଗୀ କଳଙ୍କ
ତାକୁ ଜୀବାଶ୍ମ କହି ଆଡେଇ ଯିବନି ପାଦରେ
ବରଂ ଫେରେଇଦେବ ମୋତେ,
କାରଣ ମୁଁ ଲେଖିବାକୁ ଚାହେଁ
ନିଜକୁ କଳଙ୍କିତ କରିବାର
ଗୌରବମୟ ଇତିହାସଟିଏ ।

ଆଜି ପରେ;
ଯେତେ ଯେତେ ଶିଖିଯିବ
ଇପ୍ସିତ ଉତ୍ତେଜନାକୁ ଛାତି ତଳେ ଜାକିବାର ମନ୍ତ୍ର
ଯୌବନ ଖରାରେ କେମିତି ସେକିବାକୁ ହୁଏ ଦେହ
ସେତେବେଶୀ ହୁଏତ ମନେ ପଡିବ ମୋ ନିଷ୍କରୁଣ ପୌରୁଷତ୍ୱ
ପ୍ରେମର ଦାୟରେ
ଆଉ ଦେଖିବ,
ଦରଆଉଜା କବାଟ ପାଖରେ ନୂଆ ଆଗନ୍ତୁକଙ୍କ ଲମ୍ବା ଧାଡି
ଦେହର ଭୋକରେ

କାଲି ସକାଳେ
ସୂର୍ଯ୍ୟ ଯେବେ ଚୁମିବ ପୃଥିବୀର ଓଠ
ମୁଁ ନିଶ୍ଚୟ ଫେରିଯିବି ଫେରାର ହେବାର ପ୍ରତିଶ୍ରୁତି ଦେଇ
ନୂଆ କେଉଁ ଜୁଆଖାନା ଆଡେ
ଆଉଥରେ ଜୀବନକୁ ଲଗେଇବାକୁ ବାଜି
ଆଉ କରିବାକୁ ସ୍ୱପ୍ନର ତଣ୍ଟି ଚିପି ହତ୍ୟା
ହେଲେ ତୁମେ ଏଇଠି ଏଇମିତି ପଡିରହିବ ପୁଣିଥରେ ପ୍ରେମ ସନ୍ଧାନରେ

ଯେଉଁମାନେ ଆସିବେ କାଲି ଦରଜା ଖୋଲି
ଆଞ୍ଜୁଳାଭର୍ତ୍ତି ସମ୍ଭାବନାରେ
ସେମାନଙ୍କୁ ଆଦରି ନେବାକୁ
ହୁଏତ ପ୍ରସାରି ଦେବ ତୁମେ ହାତ
ଅଥବା ସେସବୁକୁ ବେଖାତିର କରି ପଛକୁ ଫେରେଇ ଆଣିବ ତୁମ ପାଦ
ହେଲେ ଦୁଆରବନ୍ଧଠୁ ଅନତି ଦୂରରେ ତୁମେ ମତେ ଭେଟିପାର ପ୍ରଶାନ୍ତ ମୁଦ୍ରାରେ

ଆଜିର ଏ ରାତି ଭଳି
କାଲି ଯଦି ଦରଜା ଖୋଲିବ ମୋ ଫେରିବା ଆଶାରେ
ପୁଣିଥରେ ମୋ ନା' ଧରି ସମ୍ବୋଧିତ କର;

ଅବଶିଷ୍ଟ ପାପ ଧୋଇବାକୁ ମୋ ଦେହର ନଈପଠାରେ
ଓଃ... ବୋଲି କିନ୍ତୁ ଜବାବ ଦେବନି ମୋ ଓଠ
ବରଂ ତୁମେ ଦରଜା ବନ୍ଦ କରି ଦରଜକୁ ବୁହାଇ ଫେରିଆସିବ ଶୂନ୍ୟହସ୍ତରେ

ମନେରଖ;
ପରିବର୍ତ୍ତନ ହିଁ ସବୁଠୁ ବଡ ସ୍ଥିରାଙ୍କ ପୃଥିବୀରେ
ତେଣୁ ଆଜିର ଏ ରେତପାତ କାଲିକି ରକ୍ତପାତ ହେଇପାରେ
ମୋ ନିର୍ମମ ବିଶ୍ୱାସଘାତକତାରେ

ତେଣୁ;
ଏ ଅବସୋସ ଓ ଅବଶେଷକୁ ଫେଡିଦେଇ ଦେହରୁ
ପୁଣିଥରେ ତୁମେ ରଙ୍ଗ ମାଖିବ ମୁହଁରେ
ଆଉ ତାରାଙ୍କ ଆଲୁଅ ଅଢୁଆଳରେ ମେଣ୍ଟେଇନେବ ତୁମ ଓରିମାନା
ଆଉ କେଉଁ ଉତ୍ତର-ପ୍ରେମିକ ଛାତିରେ।

PRASHANT KUMAR DASH

# ପ୍ରଶାନ୍ତ କୁମାର ଦାଶ

କବି ପ୍ରଶାନ୍ତ କୁମାର ଦାଶଙ୍କ ଜନ୍ମ କଳାହାଣ୍ଡି ଅନ୍ତର୍ଗତ ରେଗଡାରେ, ୩ ଅକ୍ଟୋବର ୧୯୯୧ରେ। 'ଗୋଟେ କପ୍ କବିତା' ଓ 'ଝର୍କାରୁ ପୃଥିବୀ' ନାମରେ ତାଙ୍କର ଦୁଇଟି କବିତା ସଂକଳନ ପ୍ରକାଶିତ। ସେ କୁହନ୍ତି, ଯେ ପୋଡାରୁଟିକୁ ଜହ୍ନ ଭାବି ବଞ୍ଚିବାର ବାହାନା କରୁଥିବା ମଣିଷମାନଙ୍କ ଦୁଃଖ ଓ ଅସହାୟପଣ ହିଁ ତାଙ୍କ କବିତା। କବିଙ୍କ ସହିତ 'pkumardash9@gmail.com' ରେ ସଂପର୍କ କରାଯାଇପାରେ।

## ପ୍ରେମ କବିତା

ଜଙ୍ଗଲ: ଏକ ଅନାବୃତ ଅଦ୍ଭୁତ ରହସ୍ୟ ॥

ଜଙ୍ଗଲ ମାଟିରେ ଥାଏ
ଥାଏ ମାଟି ଭିତରର ଚେରରେ,
ଚେରକୁ ଚିରିଦେଲା ପରେ
ଯୋଉ ପୃଥିବୀଟା ଦିଶେ
ତା' ଇ ତ ଜଙ୍ଗଲ ॥

ଜଙ୍ଗଲ ଗୋଟେ ପ୍ରେମ କବିତାର ଶେଷ ଧାଡି
ପୁଣି କେବେ ସରୁନଥିବା ଗପ ॥

ବାଘର ଦାନ୍ତ, ସିଂହର ନଖ, ହାତୀର ଶୁଣ୍ଢ,
ଏ ସବୁଥିରେ ଗଢାଯାଇପାରେନି ଗୋଟେ ନିରୁତା ଜଙ୍ଗଲ,
ଜଙ୍ଗଲ ତ ଗଢାହୁଏ ମାଟିର ମହକରେ

ଫୁଲର ରଂଗରେ ପକ୍ଷୀର ପରରେ
ଗଛର ଗଜଲରେ ॥

ଜଙ୍ଗଲର ରକ୍ତରେ ମେଘ ହୁଏ ଗର୍ଭବତୀ ॥

ଜଙ୍ଗଲର ଆଖି ଅଛି, ଦେଖିପାରେ
ଜଙ୍ଗଲର କାନ ଅଛି, ଶୁଣିପାରେ
ଜଙ୍ଗଲର ଛାତି ଅଛି, ସହିବିପାରେ
ଜଙ୍ଗଲ ଗୋଟାପଣେ ମଣିଷ ॥

ଜଙ୍ଗଲ ଜୀବନ
ଜୀବନ ହିଁ ଜଙ୍ଗଲ
ଏକା କଥା !

## ସୁଡଙ୍ଗ

ଥିବା ଭିତରେ ନଥିବା
ନଥିବା ଭିତରେ ଥିବା,
ମୋର କାମ୍ୟ ମୁହୂର୍ତ୍ତକୁ ଧୋଇମାଜି ସଫା କରୁଥିବା
ତୋର ମୁଲାୟମ୍ ହାତ ହିଁ ମୋ ହାତଧରି
ନିଶାର୍ଦ୍ଧରେ ମୋତେ ନେଇଯାଏ
ଏକ ଗୁପ୍ତ ସୁଡଙ୍ଗ ଭିତରକୁ,
ସୁଡଙ୍ଗ ଶେଷରେ ବିରାଟ ଉଦ୍ୟାନ, ଆଲୁଅରେ ଝଲମଲ୍
ସେଇ ଆଲୁଅର ଅମୃତ ଆଭାରେ ତୁ ଦିଶୁଥାଉ
ପଦ୍ମିନୀ ଜାତୀୟ ନାରୀଟିଏ ପରି, ଆଉ ମୁଁ
ତୋ ଦିବ୍ୟସ୍ପର୍ଶରେ ପୃଥିବୀର ପରମ ପୁରୁଷ ॥

ଉଦ୍ୟାନର ଚତୁଃପାର୍ଶ୍ୱରେ ବିଚରଣ କରୁ କରୁ
ପାଦ ତୋର ଅଟକିଯାଏ ସେଇ ନିର୍ଦ୍ଦିଷ୍ଟ ଗଛ ପାଖରେ
ପଚାରିଲେ କହୁ ଗଛର ନାଁ ପ୍ରେମ, ମୃଦୁ ମୃଦୁ ପବନରେ
ଗଛରୁ ଭାସି ଆସୁଥାଏ ବାସ୍ନା
ଆଃ, କି ଅଦ୍ଭୁତ !
ନାସାରନ୍ଧ୍ର ଦେଇ ଦେହସାରା ଚରିଯିବା ପରେ
ତୁ, ମୁଁ ହୋଇ ସାରିଥାଉ
ମୁଁ, ତୁ ହୋଇ ସାରିଥାଏ,
ଆଖି ଖୋଲି ଦେଖିଲା ବେଳକୁ
ଦେବୀଟିଏ ଆବିର୍ଭାବ ମୁଦ୍ରାରେ ତୁ ହୋଇଥାଉ ଠିଆ,
ବିଶ୍ୱାସ କର
ସେତେବେଳେ ତତେ ଆହୁରି ପ୍ରେମ କରିବାକୁ ଇଚ୍ଛା ହୁଏ ॥

ଗଛ ତଳେ ଗୋଟେ ମସୃଣ ପଥର
ପଥର ଉପରେ ତୁ ଆଉ ମୁଁ,
ତୁ କହୁ ପ୍ରେମ ପ୍ରାପ୍ତିଠୁ ଅନେକ ଊର୍ଦ୍ଧ୍ୱରେ
ମୁଁ କହେ ପ୍ରେମ ଦେଖିବାକୁ ଠିକ୍ ତୋ ପରି
ପବିତ୍ର ଓ ନିଷ୍ପାପ,
ଛଳଛଳେଇ ଯାଏ ତୋର କାଚଆଖି,
ତୁ ଆବିଷ୍କାର କରୁ ତୋ ଆଖିର ଲୁହ ମୋ ଆଖିରେ ॥

ରାତ୍ରିର ଅନ୍ତିମ ପ୍ରହର ଆଗତ ପୂର୍ବରୁ
ମୋତେ ମୋପାଖେ ଛାଡିଦେବା ପାଇଁ
ମୋ ହାତ ଧରି ପୁଣି ପଶୁ ସୁଡଙ୍ଗ ଭିତରେ,
ହେଲେ ମୁଁ କୋଉ ଫେରିପାରୁଥାଏ ମୋ ପାଖକୁ !

# ଏକ୍ଲାପଣର କବିତା

ଡିସେମ୍ବର ସନ୍ଧ୍ୟା, ସାତଟା ବାଜିବାକୁ ଦଶମିନିଟ୍
ମଝିରେ ଟେବୁଲ୍,
ଟେବୁଲର ଏପାଖେ ମୁଁ
ଆରପାଖେ ମୋର ଏକ୍ଲାପଣ,
ମୋ ହାତରେ କଫି କପ୍, ତା ହାତରେ ବି
ମୁଁ ତାକୁ ପିଉଛି
ସେ ମୋତେ ପିଉଛି ॥

ଡିସେମ୍ବର ସନ୍ଧ୍ୟା, ସାତଟା ବାଜି ଦଶମିନିଟ୍
ସେ ସ୍ଥିର, ମୁଁ ସ୍ଥିର
ସେ ନୀରବ, ମୁଁ ନୀରବ
ମଝିରେ ଟେବୁଲ୍, ଟେବୁଲ୍ ଉପରେ
ଥାକ ଥାକ ଥୁଆହୋଇଥିବା ଆମ ପ୍ରେମ ଓ କ୍ଷତ ॥

ଡିସେମ୍ବର ସନ୍ଧ୍ୟା, ସାତଟା ବାଜି ସତାବନ୍ ମିନିଟ୍
ମୋ ଗରମ ପ୍ରଶ୍ୱାସ ପହଁରି ଯାଉଛି ତା' ପାଖକୁ,
ସେ ଚୁମ୍ବକ ହୋଇ ଲଟକି ଯାଉଛି ମୋ ତଳି ଓଠରେ
ତା' ଛୁଆଁରେ ମୁଁ ବିଭୋର, ମୋ ଛୁଆଁରେ ସେ ॥

ଡିସେମ୍ବର ସନ୍ଧ୍ୟା, ଆଠଟା ବାଜି ପଚାଶ୍ ମିନିଟ୍
ଆମେ କ୍ୟାଫେଟେରିଆରୁ ବାହାରିଲୁ ହାତ ଧରାଧରି ହୋଇ,
ମୁ ତା' ପାଦରେ ପାଦ ମିଳାଇ ଚାଲୁଛି
ଆମ ସହିତ ଚାଲୁଛନ୍ତି
ଜହ୍ନ ଆଲୁଅ,
ସହରର ମିଞ୍ଜିମିଞ୍ଜି ବତି, କାକର ଓ ତୁଷାର;
ରାସ୍ତାକଡରେ ଲଗାହୋଇଥିବା ଗଛସବୁ

ଆମ ବିଷୟରେ କଥା ହେଉଛନ୍ତି
ଏମାନେ ଏତେ ପାଖାପାଖି ଚାଲୁଛନ୍ତି କାହିଁକି ?

ଡିସେମ୍ବର ରାତି, ବାରଟା ବାଜି ତିରିଶ୍ ମିନିଟ୍
ସେ ଗପ ଶୁଣିବାକୁ ଜିଦ୍ କଲା
ମୁଁ ତାକୁ ନିଃସଙ୍ଗ ମଣିଷର ଗପ ଶୁଣଉଥିଲି,
ମୋ ଛାତି ଉପରେ ସେ ଧୀରେଧୀରେ ଶୋଇପଡୁଥିଲା
ମୁଁ ଲାଇଟ୍ ଅଫ୍ କରିବାକୁ ହାତ ବଢେଇଲି ॥

## ଦୂରକୁ ଦୂରକୁ, ଆହୁରି ଦୂରକୁ

କଳା ମଚ୍ ମଚ୍ ପିଚୁରାସ୍ତା ଉପରେ ଚିତ୍କାରୁଛି
ଗୋଟେ ଅର୍ଦ୍ଧଦଗ୍ଧ ସକାଳ
ବ୍ଲାକ୍-କଫି ପିଉଥିବା ଆକାଶ ଆଡକୁ ମୁହଁକରି,
ଠିକ୍ ପାଞ୍ଚ ମିନିଟ୍ ପୂର୍ବରୁ
ଫର୍ଚ୍ଚା ଫର୍ଚ୍ଚା ଦିଶୁଥିବା ଆକାଶ
ଏଇ ଏବେ ଏବେ କଫିମୟ ॥

ଗଲା ରାତି, ସକାଳର ପର୍ସ ଭିତରୁ କେହିଜଣେ ଦୁର୍ବୃତ୍ତ
ଲୁଟିନେଇଛି ମହୁଆ ସୂର୍ଯ୍ୟାସ୍ତ
ଆଜି ତା'ର ପାହିବାର ନାହିଁ
ଶୋଇବାର ନାହିଁ ଆଜି ଏ ପୃଥିବୀ ଘୁମନ୍ତ ନିଦରେ,
ପୁଣି ଲୁଟିନେଇଛି ଅପରାହ୍ନର ଯେତେ ସମ୍ଭାବନା,
ଗୋଧୂଳି ଲଗ୍ନର ଧୂଳି ଓ ନିଜ ଦେହରେ
ଝୁଲୁଥିବା ରାଗ, ରୁଷା, ମାନ, ଅଭିମାନ ॥

ସକାଳ ଯେଉଁ ପୋଖରୀରେ ନିଇତି ରାତିକୁ ପଖାଳି
ଧୋଇ ମାଜି ସଫା କରୁଥିଲା
ସେ ପୋଖରୀ ଅଚାନକ୍ ଅଦୃଶ୍ୟ ॥

ସକାଳର ଆଖିଡୋଳାରେ ଅସୁସ୍ଥ ସମୟ
ସମୁଦ୍ର ସାଜି ଲହଡି ଭାଙ୍ଗୁଛି,
ସକାଳର ଓଠରେ ଲାଲ୍ ଲିପଷ୍ଟିକ୍ ରଙ୍ଗର
ମୃତ୍ୟୁ ମାରୁଛି ପଇଁତରା ॥

ସକାଳର ଯେତେ ସ୍ୱପ୍ନ ସବୁଜ ହେବା ଆଗରୁ
ଶତବାର ତା' ମୁହଁରେ ଏସିଡ୍ ଫିଙ୍ଗିବାର
କୁତ୍ସିତ ଷଡଯନ୍ତ୍ର କରାଯାଇଛି ॥

ଦୂରକୁ ଦୂରକୁ, ଆହୁରି ଦୂରକୁ
ସହରଟା ସାରା ଚରି ଯାଉଛି
ଜଳିଯାଇଥିବା ଗୋଟେ ସକାଳର ପୋଡା ଗନ୍ଧ ॥

■■

MRUGESH BAISHNAB PANIGRAHI

## ମୃଗେଶ ବୈଷ୍ଣବ ପାଣିଗ୍ରାହୀ

କବି ମୃଗେଶ ବୈଷ୍ଣବ ପାଣିଗ୍ରାହୀଙ୍କ ଜନ୍ମ ୫ ଜୁଲାଇ ୧୯୯୧ରେ, ବଲାଙ୍ଗିର ଜିଲ୍ଲା ଅନ୍ତର୍ଗତ ଆଦର୍ଶ ପଡାରେ। 'ବିଜିନେସ ଆଡମିନିଷ୍ଟ୍ରେସନ' ରେ ସ୍ନାତକ କରିଥିବା ମୃଗେଶ ୨୦୧୮ ମସିହାରୁ ନିୟମିତ ଭାବରେ କବିତା ପଠନ ଓ ଲିଖନ ସହିତ ସଂପୃକ୍ତ। ସେ କୁହଂତି, କବିତା ତାଙ୍କ ପାଖକୁ ଆପେ ଆପେ ଆସେ, ଓ ନିଜେ ନିଜେ ଲେଖେଇ ହେଇଯାଏ। ନୈରାଶ୍ୟ, ହତାଶା, ଏକାକୀତ୍ୱ ଓ ନିଜ ଭିତରର ଅନାମିତ ସଂପର୍କକୁ ନେଇ କବିତା ଜନ୍ମ ନିଏ ବୋଲି ସେ ମତ ଦିଅନ୍ତି। ତାଙ୍କର ତିନୋଟି କବିତା ସଂକଳନ 'ମୋହଲଗ୍ନ', 'ଦୃଶ୍ୟାଂତରେ ତୁମେ' ଓ 'ପାଦ' ଏବେ ପ୍ରକାଶନ ଅପେକ୍ଷାରେ। ମୃଗେଶଙ୍କୁ ତାଙ୍କ ଇମେଲ (mrugeshpanigrahi@gmail.com) ମାଧ୍ୟମରେ ସଂପର୍କ କରାଯାଇପାରେ।

## ଭେଟିବାର ଅନ୍ତରାଳେ

ତୁମେ ମୋତେ ଅନେକ ଥର ଭେଟିଥିଲ
ଆକାଶର ଶୂନ୍ୟ ପଣତ ତଳେ
ଆଉ କେବେ
ରାତିର ରୁଦ୍ଧ କୋଠରିରେ।

ଯେତେଥର ଭେଟିଲେ
ସବୁଥର ପରିପୂର୍ଣ୍ଣ ଥିଲେ
ସବୁଥର କିଛି ନା କିଛି
ପ୍ରତିଶ୍ରୁତି ଥିଲା, ସ୍ନେହ ଥିଲା
ଆଉ କିଛି ଛଳନା ଓ ପ୍ରତାରଣା ବି ଥିଲା।

ଆମର ପ୍ରତିଟି ସାକ୍ଷାତରେ
ନଇଁ ଆସୁଥିଲା ଆକାଶ
ଫୁଲ ଯେତେ ରଂଗ ବିଛେଉଥିଲେ
ଯାବତୀୟ କାମନା ଯେତେ
ପ୍ରାର୍ଥନା ହୋଇ ଶୂନ୍ୟରୁ ହିଁ ଝରୁଥିଲେ
ଜହ୍ନ ତାରା ଆଉ ଉଲକା
ରାତିର ଅଂଧାର ଯେତେ ଆମରି ମଝିରେ।

ମୁଁ ଗୋଟାପଣେ
ତୁମ ଶାଢିତଳର ଉଷ୍ମତାରେ
ଜଳି ସାରିଥିଲି
ଶୂନ୍ୟତା ଲଭିବା ଯାହା ବାକି ଥିଲା
ଯଂତ୍ରଣା କିଛି ବାକି ଥିଲା
କୋହ କିଛି ବାକି ଥିଲା
ଆଉ ବାକି ଥିଲା
ଆମ ସାକ୍ଷାତର ଅବଶିଷ୍ଟାଂଶ ଯେତେ।

ସବୁଥର ସାକ୍ଷାତରେ
ତୁମେ କିଛି ଛାଡି ଯାଉଥିଲ
ମୁଁ ଗୋଟେଇ ଆଣୁଥିଲି
କିଛି ସ୍ମୃତି କରି
ଲୁହ କରି
ଆଉ କିଛି ବେଦନା କରି।

ସବୁଥର ସାକ୍ଷାତରେ
ମୁଁ କିଛି ଛାଡି ଆସୁଥିଲି
ତୁମେ ସେସବୁକୁ ପଣତରେ ଘୋଡେଇ ଦେଉଥିଲ
କିଛି ଆତ୍ମୀୟତା କରି
ଇତିହାସ କରି

ଆଉ କିଛି ହସର ଅନ୍ତରାଳେ
ଲୁଚେଇ ଥିବା ଦୁଃଖ କରି।

ଆମର ଏ ଭେଟାଭେଟି ଭିତରେ
ଆମେ ଅନେକଥର ହଜି ସାରିଥିଲେ
ଖୋଜି ଥିଲେ ଆମ ଭିତରେ
ନିଜ ନିଜର ଅସ୍ତିତ୍ୱ
ପୃଥିବୀର ସାବଜାପଣ
ନଈବାଲିରେ ତୁମ ପାଉଁଜିର ଘୁଙ୍ଗୁର
ଏକାନ୍ତ ଆମର ସ୍ୱପ୍ନ।

ଆମେ ସବୁଥର ଭେଟୁ ଥାଉ
ପରିପୂର୍ଣ୍ଣତାର ଆଶାରେ
ଆଂଜୁଳାରେ ଯାହା
ଶୂନ୍ୟତା ଅଜାଡି ହୋଇ ପଡେ
ରଂଗହୀନ ହୋଇଯାଏ
ଆମର ସମୟ ଯେତେ।

ଧୀରେ ଧୀରେ ସବୁ ଦୃଶ୍ୟାନ୍ତରେ ରହେ
ଫୁଲ, ସୂର୍ଯ୍ୟୋଦୟ
ତୁମ ପଣତ ତଳର ଛାଇ
ପାଦଚିହ୍ନ ଥିବା ମାଟି
ନଈକୂଳର ସ୍ମୃତି
ନୀରବରେ ଆମର ଭେଟା ଭେଟି।

# ଅନାବୃତ୍ତ

ମୁଁ ଯାହା ସବୁ
ଆବୃତ୍ତ କରି ରଖିଥିଲି
ସେ ସବୁ ଅନାବୃତ୍ତ କରିଦେଲୁ
କେଇ ମୁହୂର୍ତ୍ତର ସାକ୍ଷାତରେ,
ଖୋଲିଦେଲୁ ସହସ୍ର ବର୍ଷ ତଳର ରହସ୍ୟ
ଯାହା ଘୋଡେଇ ରଖିଥିଲି
ଛାତିର ବାଁ ପଟ ପକେଟରେ
ଖୋଲିଦେଲୁ ଆଖିର ମାୟାଜାଲ
ଆକାଶର ନୀଳାଭ ପଣତ
ମେଘର ଆତୁର ଡାକ
ହଳେପାଉଁଜିରେ ବାନ୍ଧି ହୋଇଥିବା
ଜନ୍ମ ଜନ୍ମାନ୍ତରର ଝଡ।

ଯାହାସବୁରେ ରଂଗ ବୋଳି
ଚିତ୍ରର ଦେହରେ ଲୁଚେଇ ଦେଇଥିଲି
ସେ ସବୁକୁ ବିବସନ କରିଦେଲୁ
ମଝି ଦାଣ୍ଡରେ,
ଯେଉଁ କାକଳିରେ ଗୁନ୍ଥି ଥିଲି
ପ୍ରେମଗୀତଟିଏ
ଏବେ ଗାଢ ରାତିରେ
ସେ କାକଳି ଶୁଭେ ସୀମାନ୍ତ ସେପାଖେ
ନିଦ ଭାଂଗେ ବୟସର
ସ୍ୱପ୍ନସବୁ ବୁଡିଯାଏ
ଅଥଳ ତଅଁର କୋଳରେ।

ଯାହା ସବୁ କହିବି କହିବି ବୋଲି
କହି ପାରି ନ ଥିଲି
ତୋର ଆଖିର ଇସାରାରେ
ସେ ସବୁ କହିଦେଲୁ
ଧାଡିଏ କବିତା କରି,
କାଳ କାଳର ନୀରବତାକୁ
ସଂଖୋଳି ଆଣିଲୁ ସନ୍ତର୍ପଣେ
ଗୀତ ଗାଇଲୁ, ହସିଲୁ, ବୁଲିଲୁ
ରାତି ରାତି ବିନିଦ୍ର ରହି
ଆଖିପତା ଓଦା କଲୁ
ବୁଂଦାଏ କରୁଣାର ଆଶାରେ।

ଯାହାସବୁ
ଘୋଡେଇ ରଖିଥିଲି ଉଦାସୀନତାରେ
ସେ ସବୁକୁ ଅନାବୃତ୍ତ କଲୁ
ତୋର ପାଦ, ପାଦ ଆଂଗୁଠିର ଝୁଂଟିଆ
ଆଖି, ଆଖିର ନୀଳ ନୀରବତା
ଓଠ, ଓଠରେ କ୍ଷୀରାବ୍ଧିର ଚଂଚଳତା
ନାଭି, ନାଭିରେ ଶାଗୁଆ କ୍ଷେତର ଲୁହ
ହୃଦୟ, ହୃଦୟରେ କଳଂକିତ ନାୟକର
ନିବିଡ ଯାତ୍ରାପଥ
ପହିଲି ଆଷାଢର ମାଟିଗଂଧ
ଶିଶିରାକ୍ତ ସକାଳ
ଅଧାଫୁଟା ଫୁଲରେ ଅଜସ୍ର ଚୁମ୍ବନ
ଅନ୍ତିମ ବିଶ୍ୱାସଘାତ
ପ୍ରଥମ ସାକ୍ଷାତର ନିରୋଳା ଆଲିଂଗନ।

## ସମୟ

ହାତଠାରି ଦେବା ମାନେ
କାଂଥରେ ସମୟକୁ ବାନ୍ଧି ଦେବା ।

ଅନେକଥର ହାତଠାରିଲି
ସମୟକୁ କ'ଣ ବାନ୍ଧି ପାରିଲି
କାଂଥରେ ଝୁଲୁଥିବା ପୂର୍ଣ୍ଣମୀ ଜହ୍ନର ଦେହରେ,
ଅଟକେଇ ପାରିଲି ସେଇ ମୁହୂର୍ତ୍ତକୁ,
ଯାହାକୁ ଅତୀତକୁ ଠେଲିଦେବାର
ମୋଟେଇ ଇଚ୍ଛା ନ ଥିଲା ।

ସେ, ମୋ ହାତରୁ ଛଡେଇ ନେଇଥିବା
ସକାଳର ଝାଡୁରେ,
ଓଳେଇ ଦେଇ ପାରିନଥିବ ଏଯାବତ୍
ତା' ଆଖିର ସ୍ୱପ୍ନ ସବୁକୁ,
ତା'ର ନିରୀହ ଚାହାଣିରେ
ମୋ ଆୟୁଷକୁ ଗଣୁ ଗଣୁ
ମୁଁ ଯେ ହଜିଯିବି କେବେ ଦିନେ
ସେ ଆଖିର ପଛପଟ
ମାୟାବୀ ଇନ୍ଦ୍ରଜାଲରେ,
ତାହା ମୋର କଳ୍ପନାର ବିଷୟ ନ ଥିଲା ।

ସମୟ ପରି ଆସେ
ମୋର ସ୍ୱପ୍ନକୁ, ଆଖିକୁ, ଛାତିର ଗଂଭୀରିକୁ
ସକାଳ, ସଂଜ, ନିଦାଘକୁ, ପହିଲି ଆଷାଢକୁ,
ହାତଠାରିଲେ ବି ଏବେ ଆଉ
ଅଟକେନି କାଂଥରେ ସମୟ

କି ବନ୍ଧାପଡେନି ପୂର୍ଣ୍ଣମୀଜହ୍ନର କୋଳରେ
ଅମାବାସ୍ୟାର ଅନ୍ଧାର।

ବଦଳୁଥିବା ଋତୁ ପରି
ବହି ଯାଉଥିବା ନଈ ପରି
ସରି ଯାଉଥିବା ରଫ୍-ଖାତା ପରି
ମହକୁଥିବା ସ୍ମୃତି ପରି,
ସେ ଏବେ ବଦଳି ସାରିଥିବ
ନେଳୀ ସ୍କର୍ଟ୍ ଧଳାକୁର୍ତ୍ତାରୁ
ବୋଧହୁଏ ନାଲି ରଂଗର ଶାଲଓ୍ୱାର୍‌କୁ
ନୀଳରଂଗର ଆକାଶେ ସ୍ୱପ୍ନରୁ
ବୋଧହୁଏ ଶାଗୁଆଶାଢ଼ିର କବିତାକୁ।

ବୟସର ଡେଣାରେ
ସ୍ୱପ୍ନର ଉଡାଣକୁ ଭୋଗୁଥିବା
ଅବେଳର ନୀରବତାରେ
ମୁଁ କିନ୍ତୁ ଦେଖେ ମୋର ଆୟୁଷ
ତା'ର ନିରୀହ ଚାହାଣିରେ
ପ୍ରତି ପାହୁଂଡରେ ଛାଡିଯାଏ
ପିଲାଦିନର କଥା ଯେତେ।

ସେ ସମୟକୁ ଜମାରୁ ପରବା କରେନା
ଏବେ ବି ରାତି ରାତି
ଉଜାଗରେ କଡ ଲେଉଟାଏ
ରାତିର ଆଲୁଅରେ ମୋର ଝାପସା ମୁହଁ ଦେଖେ
ସ୍ୱପ୍ନରେ ବିଭୋର ହୋଇ
ସକାଳର ପହିଲି ଛୁଆଁରେ
ନୂଆ ନୂଆ ଜନ୍ମ ନିଏ
ନୂଆ ନୂଆ ଜନ୍ମ ଦିଏ ମୋତେ
ସଂଜର ଶେଷ ଅଂଧାରରେ।

# ଆଦିମ କୋଳାହଳ

ଆଜିଠୁ,
ଗୋଟେ ନୂଆଁ ସୂର୍ଯ୍ୟ ଉଇଁବ
ଆମେ ଦେଖୁଥିବା ଆକାଶର
ଶୂନ୍ୟ ଛାତିରେ,
ଗୋଟେ ନୂଆଁ ଜହ୍ନ ଆଲୋକିତ କରିବ
ଆମ ଆଖିରେ ନାଚୁଥିବା ସ୍ୱପ୍ନକୁ
ଦିନରେ ବି ଅନୁଭବୁ ଥିବା
ରାତିର କିଟ୍-ମିଟ୍ ଅନ୍ଧାରକୁ।

ଦକ୍ଷିଣରେ ବହୁଥିବା ଶିରିଶିରି ପବନ
ତା'ର ଦିଗ ବଦଳେଇ
ଆମର କଳ୍ପିତ ପୃଥିବୀକୁ ଶିହରେଇ ଦେଉଥିବ,
ପବନର ପାଉଁଜିରେ
କିଛି ଗଛ ପଡ୍ରେଇ ଯାଉଥିବେ
କିଛି ପଥର ବି ଶାଳଗ୍ରାମ ହୋଇ
ପୂଜାଘରେ ସାଇତା ହୋଇଥିବେ।

ଆଜିଠୁ ବତିଖୁଣ୍ଟର ଦେହରୁ
ଝରୁ ନ ଥିବ କେଇ ବୁନ୍ଦା କାକର
ଥିପିବି ଥିପିବି ହୋଇ ଥିପି ପାରୁ ନ ଥିବ
କାହା ଆଖିର ଲୁହ କି
ଛାତିରେ ଜମାଟ ବନ୍ଧା କୋହ।

କ୍ଷତାକ୍ତ ମାଟିରୁ ବୁଦ୍-ବୁଦେଇ ଲାଲ୍ ରକ୍ତ
ସଜଉ ନ ଥିବ କାହା ପାଦ, ମନ

ସ୍ୱପ୍ନେଇ ଉଠୁଥିବା ଏକ ନିରୋଳା ଚନ୍ଦ୍ରାସ୍ତର
ବିଭୋର ମହୋତ୍ସବ।

ଆକାଶର ଲମ୍ବା ଲମ୍ବା ହାତ
ଲମ୍ବି ଆସି,
ଆଂକି ଦେଉ ନ ଥିବ ଚତୁର୍ଦ୍ଦିଗେ ଅନ୍ଧାର,
ଖାଲି କିଟ୍-ମିଟ୍ ଅନ୍ଧାର,
ରାସ୍ତାସବୁରେ ଏକାକୀତ୍ୱର ନିଷ୍ଠୁର ପାଦଚିହ୍ନ
ପଲ୍ଲବନର ଋତୁରେ
ଝଡି ଯାଉଥିବା ପତ୍ରର ନୀରବ ସଂଗୀତ
କୁଳୁକୁଳେଇ ବହୁଥିବା ନଈରେ
ଅଧାବୁଡା ଡଂଗାର ଅସହାୟପଣ
ଶୂନ୍ୟରୁ ହାତପାହାନ୍ତାକୁ ଲମ୍ବି ଆସୁ ନ ଥିବ
ଖୋଦ୍ ଈଶ୍ୱରଙ୍କ ଲୁହ ଭର୍ତ୍ତି ଆଖିର
କରୁଣ ଦୃଶ୍ୟ,

ଝର୍କା ସେପାଖରୁ
ଆପଣାଛାଏଁ ଗୋଡ ଲମ୍ବେଇ
ଲହଁପି ଆସୁ ନ ଥିବ
ଗୋଟେ ଜଡବତ୍ ସହରର
ଆଦିମ କୋଳାହଳ।

■■

SUJIT KUMAR SATAPATHY

## ସୁଜିତ କୁମାର ସତପଥି

କବି ସୁଜିତ କୁମାର ସତପଥିଙ୍କ ଜନ୍ମ ୨ ଜୁଲାଇ ୧୯୯୧ରେ, ବଲାଙ୍ଗିର ଅନ୍ତର୍ଗତ ସାଲେଭଟାରେ। ରସାୟନ ବିଜ୍ଞାନ, ଶିକ୍ଷା ଓ ଓଡିଆ ଭାଷା ସାହିତ୍ୟରେ ସ୍ନାତକୋତ୍ତର ସହ ବି.ଏଡ୍ ପରେ ଏବେ ଶିକ୍ଷକତା କରୁଛନ୍ତି ସୁଜିତ। କେନ୍ଦ୍ର ସାହିତ୍ୟ ଅକାଦେମି ଦ୍ୱାରା 'ନବୋଦୟ ଯୋଜନା ୨୦୧୫'ରେ ମନୋନୀତ 'ଇଚ୍ଛାଭାଟି' ତାଙ୍କର ପ୍ରଥମ କବିତା ସଂକଳନ। ପରେ ପରେ, ନିଜ ପାଠକମାନଙ୍କୁ 'ଚତୁର୍ଥ ପୁରୁଷ', 'ଶବ୍ଦରେ ଶବ୍ଦରେ' ଓ 'ଛୁଟି ଦେବା ସମୟକୁ' ଭଳି କବିତା ସଂକଳନ ଭେଟି ଦେଇଥିବା ସୁଜିତ କୁହନ୍ତି, 'ଯାହା ଛାତିକୁ ଚଲ୍ କରେ', ତାହା ହିଁ ତାଙ୍କ କବିତାର ବକ୍ତବ୍ୟ। କବିଙ୍କୁ 'sujitks420@gmail.com'ରେ ସଂପର୍କ କରାଯାଇପାରେ।

## ଜୀବନ ସୁର

ମୁଁ ରାତି ସହ ପାହିଯିବାକୁ ଚାହେଁ
ସକାଳ ଆଡକୁ
ପୁରୁଣା ଅଂଧାରର ଛାତିଚିରି
କାଢିବାକୁ ଚାହେଁ ଆଲୁଅର ହୃଦୟ।

ଅଂଧାରରେ ଅଭ୍ୟସ୍ତ ପାଦ
ଥକିପଡେ କାହିଁକି କେଜାଣି
ଜାଣିଶୁଣି ନା ବାସ୍ତବରେ
ଜାଣିନି
ତଥାପି ହାତରେ କାତମାରି ପହଁରୁଥାଏ।

କ୍ରମେ ଶୂନ୍ୟେଇ ଯାଉଥାଏ
ଖୋଜୁଥାଏ ପାରଦ ସରଳ ଆଦିମତାକୁ
ମୋ ଭିତରେ ସଂଚରି ଯାଉଥାଏ ଝିଲମିଲ ତାରା
ଡେଇଁ ବୁଲୁଥାଏ କଅଁଳ ଖରା
ନଦୀପଠାର ମୁଠାଏ ବାଲିରୁ
ପହଁରି ଆସୁଥାଏ ନିର୍ମୋହର ସୁଖ।

ଅନ୍ୟମନସ୍କତାର ପବନରେ ମୋର
ଉଡିବୁଲେ କାହା କାହା ଗୁଡି
କାଠଗଣ୍ଡିରେ କ୍ରମେ ପଲ୍ଲବନର ଭିଡ
ଫୁଲେ ଫୁଲେ ଆତ୍ମଅଙ୍ଗୀକାରର ଛୁଆଁ
ନିର୍ବାଣରେ ଜୀବନର ଆସ୍ପର୍ଦ୍ଧାର ମେଢ।

ହୁଏ ତ ଥାଇପାରେ
ଏ ସ୍ୱପ୍ନର ଛାଉଣୀରେ
ପ୍ରଜାପ୍ରତିର ରଂଗବେରଂଗ ଡେଣା
ଥାଇପାରେ ଘାସର ଶିରାରେ ବି
ଆଗାମୀର ଉନ୍ମାଦନା
ତେବେ ଅହରହ ଶୁଭୁଥିବା
କୁହୁକୁହୁ କଣ
ଜୀବନର ସୁର ନୁହେଁ କି ?

ନୂଆ ନୂଆ ଲାଗୁଥିବା ପୃଥିବୀ
କେବେ ବି ନୂଆ ନୁହଁ
ନୂଆଁ ତ ଖାଲି
ମୋ ଭିତରେ
ପୃଥିବୀ ବଦଳେଇଦେବାର
ସ୍ଫୁଲିଙ୍ଗ ଟିକକ।

# ଦେହଦୃଶ୍ୟ

ମୋତେ ଏଇଠି ହିଁ ଦୃଶ୍ୟହୁଏ
ହାତ, ଗୋଡ ମୋର ଯେତେ ଅବୟବ
ଅଲଗା ଅଲଗା
ତମ ନିବିଡତମ ଆଲିଙ୍ଗନରେ ।

ମୁଁ ସମସ୍ତଙ୍କୁ ବାରମ୍ବାର ସଂଖୋଳି ନିଏ
ତମର ଦ୍ୱାହି ଦେଇ ଆବୋରିନିଏ
ହେଲେ ସେମାନେ ପ୍ରତିଥର ପରି
ବାହାରି ଯାଆନ୍ତି ନିଜନିଜର ସ୍ୱତନ୍ତ୍ର ଦାବିରେ ।

ସେମାନଙ୍କର ଦାବିଗୁଡିକ ବି
ଖୁବ୍ ଅଜବ
ଗୋଷ୍ଠୀରେ ନଥାନ୍ତି କେହି
ସମସ୍ତଙ୍କର ସ୍ୱତନ୍ତ୍ର ଜିଦ୍ ଓ ବାଦ୍ ?
ବିଜ୍ଞପ୍ତି ଓ ଉଦ୍‌ଘୋଷଣା ।

ଆଖି ଦୁଇଟାକୁ ଲୋଡା ଭିନେ ଭିନେ ଦୃଶ୍ୟ
ନାକକୁ ଅଲଗା ଟିକେ ପବନ
ପାଟିକୁ ସର୍ବଦା ଦୁର୍ଲଭତାର ସ୍ୱାଦ
ହାତ ଦୁଇଟିକୁ ଅଲଗା ଅଲଗା ଦିଗ
ପାଦଦ୍ୱୟକୁ ବିପରୀତ ବାଟ
ହୃଦୟକୁ ଲୋଡା ଅଦେଖା ଚେହେରାଟେ
ପ୍ରତିଥର ଚମକୁ ଅଲଗା ଅଲଗା ଛୁଆଁ ।

ନଥିବାପଣର ତାଜାକ୍ଷତ କିନ୍ତୁ
ପ୍ରତି ଅବୟବରେ ଉଖାରୁଥାଏ ବିତିଯାଇଥିବା ଦିନର ସ୍ମୃତିକୁ

ସାମୁହିକତାର ଜୟଯାତ୍ରାରେ କେହି ନା କେହି ତେଜୁଥାଏ
ଏଠି ଆପଣାର ଦ୍ରୋହକୁ।
ତମେ ଏଣେ ଖୋଜୁଛ
ମୋ ଭିତରେ ତମର ଅସ୍ତିତ୍ୱ ଯେ
ମୁଁ ଯେ ନିଜେ ସାତସିଆଁ ଚିରା
ଅପ୍ରେମର ରୋଗରେ
ଅଧୈର୍ଯ୍ୟର ଘାଟରେ
ସିଲେଇ ହେବ କି କେବେ ନିର୍ମୋହର ଖିଅରେ ?

ଏ ଦେହକୁ କଣ
ସଂକଳିତ କରିହୁଏ ଗୋଟାପଣେ ?
କିଛି ତ ରହିଯାଏ
ପ୍ରଚ୍ଛଦ ବାହାରେ
ଦେଖେଇ ଦେବାକୁ
ଭିତରର ମିଛକୁ
ଦ୍ରୋହକୁ।

## ଗଛ

ମୁଁ କୋଉଠି ବି ଗଜୁରିଯାଏ
ମାଟିରେ
ପଥର ସନ୍ଧିରେ
କାନ୍ଥରେ କି ହୃଦୟରେ
ସବୁଠି।

ଦି ପତ୍ର ମେଲିଦେଲିମାନେ
ଆରମ୍ଭିଲି ମୋର

ଅସରନ୍ତି ଯାତ୍ରା
ଏ ଭିତରେ କିଛି ବି ଆସୁ ବାଧା
ଲଇଁ, ଲୁହିଁ
ବଂକେଇ, ସଳଖି
ବଢେ ଏକା ଏକା ।

ମୋତେ ସେମିତି
ମାଟିରେ ରହିବାକୁ ଦିଅ କି
କାନ୍ଥରେ
କି ଟାଣିଆଣି ଥୋଇଦିଅ ତମର
ମହତ୍ତ୍ୱାକାଂକ୍ଷାର ଗମଲାରେ
ଚେରେଇବା, ପତ୍ରେଇବା,
ଫୁଟିବା, ଫଳିବା
ଜାରିରଖେ ସବୁଠି ନିରନ୍ତର ।

ମୋତେ ପାଣି, ପୋଷକ
ଦିଅ ବା ନ ଦିଅ
ଏମାନଙ୍କ ସହ ମୋର
ଏମିତି ଭାବ ଯେ
ସବୁଠି ପହଂଚିଯାଏ
ପାଖକୁ ତାଙ୍କର
ପ୍ରାଚୁର୍ଯ୍ୟ ନ ହେଲେ ବି
ସୀମିତତାରେ ବି
ଖୁବ୍ ସହଚର ।

ଡାଳ ମେଲିବା ମୋର
ସେମିତି ରହିଥାଏ
ଯେମିତି ତମର ସ୍ୱପ୍ନ
ତେଣେ ତା'କୁ ତୁମର

ଆଖିର ସୌନ୍ଦର୍ଯ୍ୟ ପାଇଁ
କାଟ କି ଅହଂରୁ
ବୃଦ୍ଧି ହିଁ ମୋର ଧର୍ମ।

ଆକାଶ ମୋର
ମାଟି ବି ମୋର
ସ୍ଥିରତା ମୋର
ଗତି ବି ମୋର
ଜାଣି ନ କି
ମୁଁ ଗଛ
ଊର୍ଦ୍ଧ୍ୱକୁ ଯାଏ ଯେତେ
ନିମ୍ନକୁ ବି ସେତେ।

## ପାଦ

ତୁ ଅଛୁ ମାନେ
ଶିରସ୍ତ୍ରାଣ ଅଛି
ଯଦିଓ ସେ କେବେ ତୋତେ
ଚାହିଁ ବି ନଥାଏ।

ବେଳେ ବେଳେ ତାଜୁବ ହୁଏ
ତୋ କଥା ଭାବି
କୋଉ ପଦାର୍ଥରେ ଗଢା ତୁ ଯେ
ସବୁକିଛି କରି ପ୍ରତିଥର
ସାବାସି ଥୋଇଦେଉ
ଆଉ କାହା ପାଖରେ।

ଛାଲିପଡି ଫାଟିଯାଉ
ତଥାପି ଚାଲୁଥାଉ
ଆଦରରେ ବୋହି
ସଭିଙ୍କର ଦାୟିତ୍ୱର ଭାର
କେବେ ଅନିଚ୍ଛା ବି ନଥାଏ ତୋର
ଅନ୍ୟର ଇଚ୍ଛାରେ।

ତୁ କେବେ ବିଦ୍ରୋହ ବି କରିନୁ
ଦେହତନ୍ତ୍ରରେ ହକ୍ ପାଇଁ
ଅଧିକାର ଅପେକ୍ଷା କର୍ତ୍ତବ୍ୟରେ ହିଁ
ବିଶ୍ୱାସ ତୋର।

ରେ ପାଦ
ରେ ମୋର ଆଦିମ ସଂସ୍କାର
ମୋର ସମ୍ରାଟପଣର ଦୁର୍ଗ
ତୋତେ ମୋର କୋଟି ଜୁହାର
ଭାଗ୍ୟର ରେଖା
କପାଳରେ ନୁହେଁ ବରଂ
ତୋ ଛାତିରେ ମୁଁ ଦେଖେ।

SUJATA SAHANI

## ସୁଜାତା ସାହାଣୀ

ଜଗତସିଂହପୁର ଜିଲ୍ଲାର ଗୋବିନ୍ଦପୁର ଗ୍ରାମରେ ୨୧ ଡିସେମ୍ବର ୧୯୮୯ରେ ଜନ୍ମିତା କବି ସୁଜାତା ସାହାଣୀ ଏବେ ରେଭେନ୍ସା ବିଶ୍ୱବିଦ୍ୟାଳୟରେ ଓଡ଼ିଆ ଭାଷାସାହିତ୍ୟରେ ଗବେଷଣାରତ। ଜାତି, ଧର୍ମ, ବର୍ଣ୍ଣ, ଲିଙ୍ଗ ଓ ଜାତୀୟତାକୁ ନେଇ ଯେଉଁ ବହୁବିଧ ଶୃଙ୍ଖଳ, ସେ ସବୁଥିରୁ ମୁକ୍ତ ଏକ ବିଶ୍ୱମାନବ ସୁଜାତାଙ୍କ କବିତାର ସ୍ୱପ୍ନ, ସ୍ପର୍ଦ୍ଧା ଓ ଦୁଃସାହସ। ପୀଡିତ ମାନବ ପ୍ରତି ସମ୍ବେଦନଶୀଳତାରେ ଛଳଛଳ ତାଙ୍କର କବିତା। ଏକ ସମତାଭିତ୍ତିକ ସମାଜ ଗଠନ ତଥା ସମାଜ ପରିବର୍ତ୍ତନରେ ସାହିତ୍ୟିକର ଏକ ନିର୍ଦ୍ଦିଷ୍ଟ ଦାୟିତ୍ୱବୋଧ ରହିଛି ବୋଲି ସେ ବିଶ୍ୱାସ ରଖନ୍ତି। ରାଜ୍ୟର ବିଭିନ୍ନ ଜନଆନ୍ଦୋଳନ ସହ ସମ୍ପୃକ୍ତି ତାଙ୍କ କବିତାକୁ ଏକ ନୂତନ ଦିଶା ଓ ଦର୍ଶନ ଦେଇଛି। 'ନାରୀଟିଏ କଲମ ଧରିବା ଦିନ' (୨୦୧୭) ତାଙ୍କର ପ୍ରକାଶିତ କବିତା ସଂକଳନ। କବିତା ସହ ସେ ପ୍ରବନ୍ଧ ରଚନାରେ ମଧ୍ୟ ରୁଚି ରଖନ୍ତି। ସୁଜାତାଙ୍କୁ 'sahanisujata907@gmail.com' ରେ ସମ୍ପର୍କ କରାଯାଇପାରେ।

## ଅପ୍ରତ୍ୟାଶିତ

କିଛି ବି ଅଘଟଣ ଘଟିପାରେ ଅଚାନକ
ସକାଳର କୋଳରୁ
ଚୋରି ହୋଇଯାଇପାରେ
କଅଁଳ ସୂର୍ଯ୍ୟ।
ପବନର ଲୋମକୂପରୁ
ପହଁରି ଯାଇପାରେ ଅସଂଖ୍ୟ ଚିତ୍କାର
ଝଡ଼ର ସାଇରନ୍ ପରି ଶୁଭିପାରେ
ପକ୍ଷୀଙ୍କ କଳରୋଳ।

ମନ୍ଦିରର ଘଣ୍ଟିରୁ ଶୁଭିପାରେ
ମୃତ୍ୟୁର ଝଙ୍କାର
ପ୍ରସାଦର ଅମୃତ ସାନ୍ନିଧ ଦେଇ
ରେଣୁରେ ରେଣୁରେ
ଖେଳିଯାଇପାରେ ଜହର
ପବିତ୍ର ଆଳୟରେ
ହଠାତ୍ ଭର୍ତ୍ତି ହୋଇ ଯାଇପାରେ

ଯେତେ ଭୟାନକ ହତିଆର।
ଶସ୍ୟ ବଦଳରେ
ମାଟିରୁ ଗୁଜୁରିପାରେ
ଘୃଣାର ଅଂକୁର
ଚିରନ୍ତନ ପ୍ରେମର ଭୂଇଁରେ
ମାଡ଼ିଯାଇପାରେ ବିଦ୍ୱେଷର
ବହଳ ବାଲୁଚ଼ର
ଆତତାୟୀଙ୍କ ନିର୍ମମତାରେ
ଜଳିଯାଇପାରେ ମୁଠାମୁଠା ପ୍ରାଣର ଫସଲ।

ଆଲୁଅର ପିଠିରେ ଖୋଦି ଦିଆଯାଇପାରେ
ଅନ୍ଧାରର କ୍ରୂର ହସ୍ତାକ୍ଷର
ଲିଭେଇ ଦିଆଯାଇପାରେ
ଏକାଦିନେ ପୃଥିବୀର
ସବୁ ବତିଘର।

ସବୁ ଖଳଖଳ ତୁଣ୍ଡରୁ
ଉଭାନ୍ ହୋଇଯାଇପାରେ ଜିଭ
ଯେତେ ଚଞ୍ଚଳ ପାଦମାନଙ୍କରେ
ଖଞ୍ଜି ଦିଆଯାଇପାରେ ଷଡ଼ଯନ୍ତ୍ର
ସବୁ ଉନ୍ମୁକ୍ତ ଅଗଣାରେ
ତିଆରି ହୋଇପାରେ ଫାଶୀଖୁଣ୍ଟ।

# ନିଷିଦ୍ଧ ଅକ୍ଷର

ଫାଟି ପଡ଼ିବାପାଇଁ ଆହୁରି ବାକିଅଛି କ୍ରୋଧ
ଦୋହଲାଇ ଦେବାପାଇଁ ଆହୁରି ବାକିଅଛି କମ୍ପନ
ଥମିନାହିଁ ବିସ୍ଫୋରଣ
ଲିଭିନାହିଁ ଚମଡ଼ା ଉପରୁ କଳାକଳା ଗୁଳିଚିହ୍ନ।

ତୁମେ ବନ୍ଦ କରିବ କାଗଜ
ସେମାନେ ବ୍ୟବହାର କରିବେ ମାଟି
ତୁମେ ବନ୍ଦ କରିବ
କଲମ, ଚିଠି, ଇଣ୍ଟରନେଟ
ସେମାନେ ଠୁଳ କରିବେ
ରକ୍ତ, ପୁକାର, ହତିଆର।
ତୁମେ ଛିନ୍ନ କରିବା ପାଇଁ ପହରାଦେବ
ସେମାନେ ଯୁକ୍ତ ହେବାପାଇଁ
ସଞ୍ଚରିଯିବେ ପବନରେ
ତୁମେ ସୁରକ୍ଷାଦେବ ଗୁଳିରେ, ବାୟୋନେଟରେ
ସେମାନେ ସୁରକ୍ଷିତ ମଣିବେ
ଶାନ୍ତିରେ, ସ୍ୱତନ୍ତ୍ରତାରେ।

ତୁମେ ଖାଲି ବିକୃତ କରିନ ଇତିହାସ
ହାଣିଛ ସହସ୍ରାବ୍ଦୀର ଅସ୍ତିତ୍ୱ
ତୁମେ ଖାଲି ଦଖଲ କରିନ ଭୂମି
ଛଡେଇ ଆଣିଛ ପରିଚୟ ଗୋଟେ ଭୂଖଣ୍ଡର
ଗୋଟେ ଜୀବନ୍ତ ସଭ୍ୟତାକୁ କୋରିକୋରି
ତୁମ ଅଖଣ୍ଡ ସାମ୍ରାଜ୍ୟର ସଂଗ୍ରହାଳୟରେ
ଟଙ୍ଗେଇଛ ତା'ର ଅବଶିଷ୍ଟ କଙ୍କାଳ।

ଏ ହିଂସାର ଉପନିବେଶ
ଶେଷ ନିର୍ଯାସ ନୁହେଁ ଜାଣ
ସେଠି ଅପେକ୍ଷା କରିଛି ଗୋଟେ ମହାତ୍ରାସ
ଅବରୁଦ୍ଧ ନିଃଶ୍ୱାସମାନଙ୍କର।

## ବନ୍ଦୀ

ମୋତେ ଭୂସ୍ୱର୍ଗର କଥା କୁହନା
ମୁଁ ଭୂଖଣ୍ଡର ଦାରୁଣ ଚିତ୍ରପଟ
ମୋତେ ଅଖଣ୍ଡତାର ଗାଥା ଶୁଣାଅନା
ମୁଁ ଭାଙ୍ଗି ପଡୁଥିବା ଦେଶର କ୍ଷତାକ୍ତ ମାନଚିତ୍ର।

ମୋତେ ଶୁଣାଅନା ସମୃଦ୍ଧିର ଭୂତଗପ
ମୁଁ ଅସଂଖ୍ୟ ରାତ୍ରିର ଉନ୍ନିଦ୍ର ବିଳାପ
ମୋତେ ଦେଖାଅନା ଶାନ୍ତିର ନିବେଶ
ମୁଁ ଅଗଣିତ କଙ୍କାଳର କରୁଣ ମହାସ୍ତୁପ।

ମୋତେ ମଣିଷ ବୋଲି କୁହନା
ତୁମେ ପିଞ୍ଜରାରେ ଆବଦ୍ଧ
ମୁଁ ଏକ ଅସହାୟ ପେକ୍ଷାଜୀବ
ମୋତେ ଅଧିବାସୀ ବୋଲି କୁହନା
ମୁଁ ଏକ ପରିଚିତ ସନ୍ଦିଗ୍ଧ।

ନା,
ମୋତେ ପ୍ରେମର ଗୀତ ଗାଇବାକୁ କୁହନା
ତୁମ ପାପୁଲିରେ
ଲହୁଲୁହାଣ ମୋର କଟାଜିଭ।

କାହାର ନିଶାଣ ଡେଲିବାକୁ
ମତେ ନିର୍ଦ୍ଦେଶ ଦିଅନା
ମୁଁ ଏକ ହସ୍ତପଦହୀନ ମାଦଳ
ନିଅ ଆହୁରି ଲାତ ମାର
ପାଳି କରି ଖେଳ
ସାବଧାନ !
ଯେମିତି ଖେଳୁଖେଳୁ
ପଲଟି ନଯାଏ ଖେଳ ।

## ସର୍ବାଶେଷ ସ୍ତ୍ରୀ ଲୋକ

ସେ ପ୍ରଚାରପତ୍ରର ଅକ୍ଷର ମୋର ଦାବୀ ନୁହେଁ
ସେ କମ୍ପିଉଠୁଥିବା ସ୍ଲୋଗାନ ମୋର ପ୍ରତିକ୍ରିୟା ନୁହେଁ
ସେ ଶୋଭାଯାତ୍ରାର ଉଦ୍ଦେଶ୍ୟ ମୋର ଗୋଚର ନୁହେଁ ।

ସେ ମଞ୍ଚରେ ପରସା ଯାଉଥିବା ବୟାନବାଜି
ମୋର ଅନୁଭବ ନୁହେଁ
ସେ ଦସ୍ତାବିଜରେ ସଜିଲ୍ ପ୍ରତିଟି ଶବ୍ଦ
ମୋର ବାଞ୍ଛନା ନୁହେଁ
ସେ ମଶାଲରେ ଜଳୁଥିବା ନିଆଁ
ମୋର କ୍ରୋଧ ନୁହେଁ ।

ମୋର ଏତେ ବି ଆବଶ୍ୟକ ନୁହେଁ
ହଟ୍ ପ୍ୟାଣ୍ଟ
ପପ୍, କ୍ଲବ୍
ବିୟୁଟିପାର୍ଲର, ବିୟରବାର
କିଛି ବି ।

ଆଣ୍ଠୁ ଉପରକୁ ଲୁଗା ଟେକି
ପ୍ରସ୍ତୁତ କଲାବେଳେ କ୍ଷେତ

ଫୁଙ୍ଗୁଳା ଛାତିକୁ ନୁଆଇଁ
ରୋଇଲାବେଳେ ଧାଡିଧାଡି ଶସ୍ୟ
କେଉଁ ସତ୍ତା ବା ଶାସକକୁ
ମାଗିନି ଅନୁକମ୍ପା ।
ମାଗିନି ମୁକୁଳା ଜୀବନର ଭିକ୍ଷାଦାନ
ଝାଳ ଦେଇ ଅର୍ଜିଛି
ନିଃସର୍ତ୍ତ ଚଳାଚଳ ।

ପୁରୁଷର ଅର୍ଦ୍ଧେକ ବିଳାସ ମୋର ଅଭିଳାଷ
ସାରାଟା ଆକାଶରେ ହୁକୁମାତ୍ ମୋର ଅଭିସନ୍ଧି ନୁହେଁ
ମୁଠାଭର୍ତ୍ତି ଖାଦ୍ୟର ନିରାପତ୍ତା ମୋର ଲୋଡା
ପାଞ୍ଚହାତ କନାର ଜାଗିର୍
ଓ ସୁରକ୍ଷିତ ଛାତଟିଏ ଲୋଡା
ଜୀବନର ସକଳ ସ୍ୱାଚ୍ଛନ୍ଦ୍ୟ ଓ ହକ୍ ମୋର ଲୋଡା
ଯାହା କେବଳ ପୁରୁଷଠୁ ନୁହେଁ
ପୁଞ୍ଜିର ଅମାର ଭାଙ୍ଗି
ଛଡେଇ ଆଣିବାର ବେଳ ।।

■■

SOUMYA SARASWATA DASH

# ସୌମ୍ୟ ସାରସ୍ୱତ ଦାଶ

୨ ଜୁଲାଇ, ୧୯୮୯ ମସିହାରେ ଜନ୍ମିତ କବି ସୌମ୍ୟ ସାରସ୍ୱତ ଦାଶଙ୍କ ଘର କେନ୍ଦୁଝର ଜିଲ୍ଲାରେ । ଅକ୍ଷୟ ମହାନ୍ତିଙ୍କୁ ଖୁବ ଭଲ ପାଉଥିବା ସୌମ୍ୟ ବୃତ୍ତିରେ ଜଣେ ଇଂଜିନିୟର । ବିଗତ ଦଶ ବର୍ଷ ଧରି ସେ କବିତା ଲେଖୁଛନ୍ତି । ୨୦୧୯ରେ ପ୍ରକାଶିତ ପୁସ୍ତକ 'ଝରାଫୁଲ' ତାଙ୍କର ପ୍ରଥମ କବିତା ସଂକଳନ । ନିଜସ୍ୱ ତଥା ପାରିପାର୍ଶ୍ୱିକ ସାମାଜିକ ଅନୁଭବକୁ ଶବ୍ଦରେ ଗୁନ୍ଥି କବିତା ଲେଖୁଥିବା ସୌମ୍ୟ କୁହନ୍ତି – 'ଫୁଟିଥିବା ଫୁଲଟିଏକୁ ଡାଳରୁ ଛିଣ୍ଡାଇ ଆଣି ପ୍ରେମିକା ଖୋସାରେ ପିନ୍ଧାଇଲେ ଫୁଲର ମୃତ୍ୟୁ ହୁଏ ନା ମୋକ୍ଷ, ମୋ ରଚନା ଏମିତି କିଛି ପ୍ରଶ୍ନ ଆଉ ଉତ୍ତରର ସମାହାର ମାତ୍ର, ଯାହା ହୁଏତ ହେଇଥାଇପାରେ କବିତା' ! ତାଙ୍କୁ "soumyasaraswata@gmail.com" ରେ ସମ୍ପର୍କ କରାଯାଇପାରେ ।

## ଦେବୀ

ତୁ ଏବେ ଉତ୍ତର ଖୋଜ,
ଖଜୁରାହୋର ଗାତ୍ର ଦେଖି,
କାହିଁକି ବଢ଼େନି ଉତ୍ତେଜନା,
ତୁ କାହିଁକି ଉପଭୋଗ କରିପାରୁନା,
ଦଧିନଉତି ତଳର,
ରଙ୍ଗକ୍ରୀଡ଼ାର ଦୃଶ୍ୟ ?

ତୁ ହୁଏତଃ ଦେଖିଥିବୁ,
ଅନେକ ଶରୀର,
ଅନେକ ଶିଶିର ସ୍ପର୍ଶିତ ଦେହ,
ଗାଧୁଆ ତୁଠରେ,

ପୁଷ୍ପିତ ପଲଙ୍କରେ,
ବିନିମୟର ସ୍ୱରୂପ
ପାପ ସମ୍ପୂର୍ଣ୍ଣ ଅନ୍ଧକୂପରେ,
ଅଥବା ହସ୍ତଛେଦ ହେଇଥିବା
କେଉଁ ଶିଳ୍ପୀର ତୈଳଚିତ୍ରରେ,
ଅଥଚ; ତୁ କହ,
ବୀଣା, କମଳ
ଖଣ୍ଡା, ଖର୍ପର, ତ୍ରିଶୁଳ ଧରିଥିବା,
ମୂର୍ତ୍ତିମାନଙ୍କ ଆଗରେ
କାହିଁକି ଥମିଯାଏ
ତୋ ଉଷ୍ଣ ସ୍ନାୟୁମାନଙ୍କର ତୀବ୍ରତା,
ଆଉ ସେ ଉଲଗ୍ନ ଦେହରେ
ଲମ୍ବେଇଦେଇ ଆସୁ,
ସଜ ସଜ୍ଜିତ ଭକ୍ତିମାଳ...

ଏଇ ଏବେ ନେ,
ବାଢ଼ିଦେଉଛି ନୈବେଦ୍ୟ,
ଏ ସଦ୍ୟସ୍ନାତା ଶରୀର
ଇତିହାସ ପାଲଟିଯିବା ଆଗରୁ,
ମଧୁପୁଷ୍ପରେ ମାର୍ଜନା କର...
ମୁଁ ଏବେ ଯୋନିସମ୍ଭୁତା,
ଏହି ପରିପ୍ରେକ୍ଷୀରେ
ନିମନ୍ତ୍ରଣ ସ୍ୱୀକାର କର,
ଉଦ୍ଧତ ସ୍ତନମାନଙ୍କର ତୀବ୍ରତା
ହାତରେ ଥାପିଦେଇ,
ସମ୍ପୂର୍ଣ୍ଣ କର,
ହେ ମୂଢ,
ମୋତେ ମାଟିରୁ ଦେବୀଟିଏ କର।

# ରାତି ଢେର୍ ହେଲାଣି

କେବଳ ନିଜ ଉପସ୍ଥିତିର ରାତିରେ,
କି ଅଞ୍ଜନ ବୋଲିହେଲା କେଜାଣି,

ମୋ ଆଖି ସାରା
ପାହାନ୍ତିଆ କାକରର ବିନ୍ଦୁ,
ପଲକ ପକେଇ ଦିଅନ୍ତିନି,
କାହା ପଣତରୁ ଖସିଆସିଥିବା
ଶବ୍ଦମାନଙ୍କର କୋଳାହଳ,
ଏଇ ଏବେ ପତାଯୋଡ଼ାକୁ ଫାଙ୍କିଦେଇ
ନିଦମାନେ ଫେରାର୍..

ଆଲୁଅ ଲିଭେଇହୁଏନି,
ଅନ୍ଧାରକୁ ଭୟ ନୁହଁ, ସନ୍ଦେହ,
ମୋ ଅନିଚ୍ଛା ସତ୍ତ୍ୱେ କାଳେ କେହି ପାଖକୁ ଆସିବ,
ଚୁପଚାପ୍ ଛୁରୀଟିଏ ଭୁଷିଦେଇଯିବ,
ଆଉ ଏ ରାତିର ଓଢ଼ଣୀରେ ଲାଗିଯିବ,
ମୋ ଛାତିର ସ୍ଥାୟୀ ରକ୍ତଚିହ୍ନ...

ମୋ ଝର୍କା ସେପଟେ ବାହୁନୁଛି କାପ୍ତା,
ମୋ ନିଦକୁ ଝୁରୁଥିବାର ଦୁଃଖରେ,
ସେ ବି ବୋଧେ ଚାହେଁ ନିଃସଙ୍ଗତା,
କେହି ନଥିବାର ସୁଖ,
ମୁଁ ଶୋଇଯିବା ପରେ,
ଆପାତତଃ ମରିଯିବା ପରେ...

ଏ ରାତି ବହଳ ହେଲେ,
ମୁଁ ପର୍ଦ୍ଦା ଆଢ଼େଇ ଦିଏ,
ଦେଖେ, ଜହ୍ନର ହାତ ଠାର,
ଆରେ ଆ, ପ୍ରେମ ଦେବି,
କପାଳରେ ଚୁମାଟିଏ ଦେବି,
ଆଖିରେ ଭରିଦେବି ନିଦ,
ଶୁଣେଇବି ଏଇ ଏବେ ଲେଖିଥିବା,
ତୋର ଆଉ ମୋର କବିତା... ?

ଯାରେ ଯା', ପର୍ଦ୍ଦା ପଛେ କେହି ନାହିଁ,
ତୁ ଏବେ ଶୋଇଯାରେ ଜହ୍ନ,
ରାତି ଢେର୍ ହେଲାଣି,
ତୋ କବିତା ପଢ଼ିବାକୁ
ଆଉ କେହି ଚେଇଁ ନାହିଁ...

## ଚିରକାଳ

ଅବିର ପରିକା କିଛି ରଙ୍ଗ ତୁମ ଅଧରରୁ ଆଣି,
କୋହର କୁହୁଡ଼ି ସାଥେ କଜ୍ଜ୍ୱଳ ମୋ କପାଳେ ବୋଳିବ,
ଜାଣେ ଲୁହ ଝରିବନି, ଝରେ ଯଦି ଦୁଇ ବୁନ୍ଦା ପାଣି,
ମୋ ଶବ ଶରୀର ସାରା, ସାନ୍ତ୍ୱନାର ସମୁଦ୍ରଟେ ଥିବ।

କୃତ୍ରିମ କାନ୍ଦରୁ କିଛି କାନ୍ଧରେ ମୋ କ୍ରୁଶବିଦ୍ଧ କରି,
ଅଭିନ୍ନ ସେ ଅଭିନୟ ବିନୟରେ ସାରିଦେଇ ଯିବ,
ମିଛରେ ମିଛରେ ତୁମ, ମିଛ ଭରା ମୁହଁ ଓଦା କରି,
ନୂଆ ନାଟକର ନିଆଁ, ନିର୍ବାପିତ କରିଦେଇ ଯିବ।

ତୁମ ବୃଥା ବିଳାପରେ, ସଂଳାପରେ ସିକ୍ତ ଥିବ ସ୍ମୃତି,
ଆଖିରେ ମିଛ ଆହାଟେ, ଓଠେ ତୁମ ଆଶ୍ୱାସନା ଥିବ,
ମୁଁ କରୁଛି ଅନୁରୋଧ, ଆକାଂକ୍ଷା ମୋ ଅନନ୍ତ ଏମିତି,
ମୋ ଶେଷ ନିଃଶ୍ୱାସ ଛୁଇଁ ତୁମ କୁହୁ କବରୀ ଖୋଲିବ।

ମୋ ଅନ୍ତିମ ଅକ୍ଷରରେ, ଓଦାଯୋଡ଼େ ଆଖି ହିଁ ଆଙ୍କିବ,
ଶେଷଶବ୍ଦ ଲେଖା ବେଳେ, ଆଙ୍ଗୁଠି ମୋ ଛୁଇଁଦେଇଯିବ।

## ସ୍ୱପ୍ନାୟନ

ଚୈତ୍ର ପବନରେ ତୁମେ ଚୋରା ଚୋରା ଚୁମା ଚିହ୍ନ ଦେଇ,
ନହୁଲି ନଈକୁ ଯେବେ ନୂଆ ଗୋଟେ ନିମନ୍ତ୍ରଣ ଦେବ,
ତୁରିତେ ତୁରିତେ ଯିବି ତୁଳସୀର ମହକ ମୁଁ ନାଇ,
ତୁମ ଗାଁର ଗୋଡିବାଣ ଗୋପପୁର ପରି ବାସୁଥିବ।

ଆରମ୍ଭ ଏମିତି ହେବ, ଆଖି ଚାରି ଦୁଇ ଆଖି ହେବ,
ପତାରେ ଫୁଟି ଉଠିବ, କଜ୍ଜ୍ୱଳିତ କାଳିନ୍ଦୀର କଇଁ,
ତୁମ ଓଠ ଅନ୍ତରୀକ୍ଷେ, ମୋ ଅଧର ଅନ୍ଧାର ମିଶିବ,
ମୁଁ ପାପ କରିବି ପୁଣି, ପାଦେ ପିନ୍ଧା ପାଉଁଜିକୁ ଛୁଇଁ।

ମୋ ମଥାରେ ମୋହୁ ଥିବ, ଶିଖୀ ଚୂଳ ଚନ୍ଦ୍ରିକାର ଚୁମା,
ତୁମ ପାଦ ପଥେ ପଡ଼ି ଆଙ୍କୁଥିବ ପ୍ରେମପଦ୍ୟ ଗାର,
ମୁଁ ମାଠିଆ ଭାଙ୍ଗିଦେଲେ, ଭୁଲ ଭାବି ଭାଙ୍ଗିବନି ଜମା,
ଗୋଟେ ମାତ୍ର ମନ ଅଛି, ମାନିନେଇ ମାନିନୀଗୋ ମୋର।

ଯଦି କେବେ ଓଠ ତୁମ, ବୃନ୍ଦାବନ ବଂଶୀଟିଏ ହେବ,
ମୁଁ କଦମ୍ବେ କୃଷ୍ଣ ହେବି, ତୁମେ ରାଧା ହେଇ ରୁଷିଯିବ।

SIPUNU JENA

# ସିପୁନୁ ଜେନା

କବି ସିପୁନୁ ଜେନାଙ୍କ ଜନ୍ମ ୦୫ ଜୁନ ୧୯୮୯ରେ, ଢେଙ୍କାନାଳ ଅନ୍ତର୍ଗତ ତର୍କାବେଡା ଗ୍ରାମରେ। 'ଭଉଁରି' ଓ 'ଧୂମାର୍ତ୍ତ ଏ ଭୂଇଁରେ' ଭଳି କବିତା ସଂକଳନର କବି ସିପୁନୁଙ୍କ କବିତା ସାଧାରଣ ମଣିଷର କଥା କହେ। ମଣିଷ ଜୀବନର ଯାବତୀୟ ଅକୁହା ଯନ୍ତ୍ରଣା ଓ ସାମାଜିକ ବ୍ୟବସ୍ଥାର ବ୍ୟତିକ୍ରମ ସବୁକୁ କବିତାରେ ଖୁବ ସହଜ ଭାବରେ ବଖାଣି ପାରନ୍ତି ସେ। କବିତାରେ କାଳ୍ପନିକ ରୂପକଳ୍ପ ଅପେକ୍ଷା ବାସ୍ତବ ଜୀବନର ଚିତ୍ର ଆଙ୍କିବାକୁ ଭଲ ପାଉଥିବା ସିପୁନୁଙ୍କୁ 'sipunujena@gmail.com'ରେ ସଂପର୍କ କରାଯାଇପାରେ।

## ଏଇ ତ ଆରମ୍ଭ

ଯୋଉଠୁ ଚାଲିବା ଆରମ୍ଭ କଲି
ପୁଣି ସେଇଠି ପହଞ୍ଚିଗଲି
ଏ ବିଡମ୍ବନା କି ବ୍ୟତିକ୍ରମ
ସତରେ ! କିଛି ଭୁଲ୍ କଲି... ?

ନା, ଠିକ୍ ତ ଚାଲୁଛି
ବାଟଟା ବି ଠିକ୍ ଅଛି
ପାଗଳାମୀ ବି ନଥିଲା
ଅଚିହ୍ନା ନଥାଇ ବି ଚିହ୍ନା ବାଟରେ
ପୁଣି ପଛରେ ପଡିଗଲି।

ଏଇଠି ତ ପାଦଚିହ୍ନ ଅଛି
ନୂଆ ସମ୍ଭାବନାର କିଛି ମୁହୂର୍ତ୍ତ

ସରଳରେଖାରେ ଚାଲି ଚାଲି
ବକ୍ରରେଖାରେ ପଡିଯାଇଛି
ସେଇଠି ପାଦଥାପି
ଦି' ପାଦ ଆଗେଇବାର ଇଚ୍ଛା ଅଛି ।

ବଡ ବିଚିତ୍ର ଏ କଥା
ପଞ୍ଝାରେ ପଡିଲି କେମିତି... ?

ପଛକୁ ଚାହିଁ ଦେଖେ ତ
ସମୟ ଗୋଡେଇ ଚାଲିଛି
ଧରାଦେଉନି କଳାବଜାରୀର ଦାଉରେ
ଦୁର୍ନୀତିର ଛାଉଣି ତଳେ
ଚକ୍ ଚକ୍ ମାର୍ବଲ୍ ଘରେ
ଅନେକ ଦାଗ ଯାହା
ଆଖିକୁ ଅଦେଖା ନିତିଦିନ... !

କୁଆଡେ ଆଉ ଯିବି
ପାଦ ଫେରିବାକୁ ଚାହିଁ
ଆଉ ଫେରିପାରେନି
ଏଇ ତ ଆରମ୍ଭ
ଆଗକୁ ଯିବାକୁ ଅଛି
ଘୂର୍ଣ୍ଣିବଳୟ ପାର ହେଇ... !

# ବର୍ଷା ତୁମେ ଯେବେ ଆସିଲ

ବର୍ଷା ତୁମେ ଯେବେ ଆସିଲ
ସ୍ୱପ୍ନକୁ ବେଶ୍ ପାଖରୁ ଦେଖିଲି
ଛୁଇଁଦେଇ କିଛି କହିଲ
ଯାହା ବୁଝି ପୁଣି ଅବୁଝା
ଛାତିରେ ଖାଲି ଚିହ୍ନ ରହିଗଲା...

ଅଙ୍କାବଙ୍କା ତମ ସବୁ ଚାହାଣି
ବାଟବଣା କଲାପରେ
ସିଧା ରାସ୍ତାରେ ଛନ୍ଦି ହୁଏ
ରାତି ବି ଉପହାସ କରେ
ଦିନ ଶୋଇଯାଏ ଲାଜରେ

ତମ ଚାତୁରୀ ବେଶ୍ ଚଞ୍ଚଳ
ଛଳଛଳ ତମ ଆଗମନରେ
ପାଗଟା ପାଗଳ ପ୍ରାୟ
କିଛି ନୂଆ ଧୁନ୍ ରେ...

ସବୁ ସାଇତା ସ୍ମୃତିରୁ କିଛି
ତମ ପାଇଁ ସଜେଇବାକୁ ଇଚ୍ଛା
ସଜ ଗୋଲାପର ପାଖୁଡାରେ
ବିଞ୍ଚିଦେବାକୁ ସ୍ୱପ୍ନସବୁ
ମେଘୁଆ ପାଗରେ... ପୁଣିଥରେ... !

## ସ୍ୟାହି ସରିଗଲା ପରେ

ଜୀବନର ଗୋଟିଏ ପୃଷ୍ଠା
ପଢିଛି କି ନାହିଁ
ତା'କୁ ଉତାରିଲା ବେଳକୁ
କିଛି ନୂଆ ଢଙ୍ଗରେ
ସ୍ୟାହି ସରିଯାଇଛି... !

ମନ କାଗଜଟା ଭାରି ସଫା
ସୁନ୍ଦର ହସ୍ତାକ୍ଷରରେ
ଲିପିବଦ୍ଧ ସ୍ୱପ୍ନସବୁ
ଜଞ୍ଜାଳକୁ ଟପିଗଲେଣି
ଘରକୋଣରେ ସଜ ହେବାପାଇଁ...

ଛଟପଟ ଅକ୍ଷର ସବୁ
ଭାରି ବ୍ୟସ୍ତ କଲେଣି
ଜୀବନର ଘାସ ଗାଲିଚାରେ
ବିଞ୍ଛିହେବା ଉଦ୍ଦାମତାରେ
ଛାତିକୁ ଚିରି ଫୋପାଡି ଦେବ
ଯାହା ଉଣା ଥିଲା ରାତି ଅଧରେ ।

କେତେ ପଂକ୍ତିରେ ପ୍ରସ୍ତୁତି
ଛିନ୍ନ ବିଛିନ୍ନ ଶବ୍ଦସବୁ
ଛାତିକୁ କେଞ୍ଚି ଦେଲେଣି
ହାତରେ କଲମ ଧରି
ଦି'ପାଦ ଆଗେଇବା ପାଇଁ ।

ଧେତ୍!! ଆଉ କ'ଣ ହବ ଯେ,
ଏଇତ ସ୍ୟାହି ସରିଗଲାଣି
ଝାପ୍ ସା ଅକ୍ଷର ସବୁ ପଢି ହେଉନି
ହାତ ବି ବାହାନା ନକରି
ଧିମେଇ ଗଲାଣି....

କିଛି ଅଧାଲେଖା କଥା
ଆଉ କିଏ କ'ଣ ଲେଖିବ!

ଗୋଟେ ହାତର ସ୍ପର୍ଶ
ପାଶୋରି ଦେଲା ପରେ
ସମୟ ତ ଆପେ ଆପେ
ଆଉ କା' ଅଭ୍ୟାସରେ ପଡିଯିବ...!

## ପର ଅଳିଆରେ ଡୋଳୁଛି ଘର

ଏଠି ସ୍ୱପ୍ନର ପସରାରେ
ଭୋକ ମେଣ୍ଟିଲାନି ବୋଲି
ପୋଡା ରୁଟିଖଣ୍ଡକ ନିଅଣ୍ଟ
ସକାଳୁ ସଞ୍ଜଯାଏ ଛଟପଟ
ବୁଲୁଛି ଏ ଗଳି ସେ ଗଳି
ପିନ୍ଧି ଛିଣ୍ଡା ଫ୍ରକ୍........!

ଗହଳି ଭିତରେ ଥାଇ ବି
ବେଶ୍ ଏକୁଟିଆ କଂକ୍ରିଟ୍ ଜଙ୍ଗଲରେ
ହାତଧରି ଶିଖେଇବା କଳା
କାହା ପାଖେ ନାହିଁ ବୋଲି
ମୁହଁ ଶୁଖି ପଡିଲାଣି କଳା।

ଆଖି ଥାଇ ଅନ୍ଧ ଦୁନିଆ
ଦିନରେ ଜଳୁଛି ବତୀ
ଘର କୋଣରେ ସମାଜ ଚିନ୍ତା
ଦାଣ୍ଡରେ ପଡିଛି ଫଳକ
ଯୋଜନା ପୋଥି ପୋଥି
ଉପଭୋଗ ଦୁନିଆରେ ଗଢୁଛି ।

ଝାଉଁଳି ପଡିଥିବା ଦେହରେ
କେତେ ବଳ ଅଛି ଯେ,
ଗଢିବ ସୁନ୍ଦର ନଅର... ?
ଥଣ୍ଡାପାଗରେ ଖୋଜେ ଚାଦର
ଜୀବନକୁ ନିଜର ଭାବେ ବୋଲି
ପର ଅଳିଆରେ ତୋଳୁଛି ଘର ......!!!

MANOJ KUMAR BEHERA

## ମନୋଜ କୁମାର ବେହେରା

କବି ମନୋଜ କୁମାର ବେହେରାଙ୍କ ଜନ୍ମ ୪ ଅଗଷ୍ଟ ୧୯୮୮ରେ, କରଡ଼ିବନ୍ଧ, ବଡ଼ମ୍ବା, କଟକରେ। ପେଶା ତାଙ୍କର ଶିକ୍ଷକତା, ଓ ନିଶା, କବିତା। ଦୈନନ୍ଦିନ ଜୀବନର ସେଇ ସବୁ ଘଟଣାକୁ ନେଇ କବିତା ଲେଖନ୍ତି ମନୋଜ, ଯାହାକୁ ଦେଖି ନଜର ଆଡ଼େଇ ଚାଲିଯିବାର ଅସହାୟତା, ତାଙ୍କୁ ଅସହଜ କରେ। କବି କୁହନ୍ତି, କାଳେ ଧୂସର କ୍ଷୋଭରୁ ହିଁ ଗଜୁରିଆସେ କବିତାର ସବୁଜ ଧାଡ଼ି। କବିତା ସଂକଳନ 'ଦେବୀ, ଦ୍ୱେଦାସୀ ଓ ଅନ୍ୟମାନେ'ର କବି ମନୋଜଙ୍କ ସହିତ 'mk058591@gmail.com'ରେ ସଂପର୍କ କରାଯାଇପାରେ।

## କାଠଖୁମ୍ବା

ହଁ, ସେଇଠି...

ଯୋଉଠି ବରଗଛଟିଏ ଆକାଶକୁ ମୁହଁକରି
ଆବୋରିଛି ଦୁଇ ପାଦ ମାଟି,
ଶିରା-ପ୍ରଶିରା ସବୁକୁ ଠେସ କରି ସଳଖିଚି ଅଂଟା,
ଅହରହ ରକ୍ତକୁ ଚିପୁଡ଼ି
ଅଲଗା କରୁଛି ଜଳ ଓ ଅମ୍ଳଜାନ,
ବିନା ଫୁଲରେ, ବିନା ମହକରେ
ଫଳନ୍ତି ହେଉଛି ଥରକୁ ଥର
ସେଇଠି ମୋ ଘର।

ସେଠି, ବରଗଛକୁ ଭରସିଛି ନୀରବ ଛାଇଟିଏ
କାୟମନୋବାକ୍ୟେ ସଅଁପି ଦେଇଛି ନିଜକୁ

ପ୍ରତି ଦଳେ, ପ୍ରତି ଶାଖା ତଳେ
ନିଃସ୍ୱାର୍ଥରେ ଅଜାଡ଼ି ଦେଇଛି ଶୀତଳତା...
ଆଃ... କେଡ଼େ ସରଳ କେଡ଼େ ନିରୀହ ସେ ଛାଇ !
ତମାମ ଖରା, ବର୍ଷା, ଶୀତ ପରେ ବି
ଇଞ୍ଚେ ଘୁଞ୍ଚି ନାହିଁ ।

ମୋ ଚପଳ ଶୈଶବର ସାକ୍ଷୀ
ସେ ଗଛର ଓହଳ
ମୋ କୈଶୋରର କୋଳାହଳରେ
କମ୍ପି ଉଠିଛି ସେ ଗଛର ପତ୍ର
ମୋ ପଞ୍ଝାରେ ଦଂଭ
ଡେଣାରେ ଅଭୟ ଭରିଛି ସେ ଗଛର ଡାଳ
ଆଉ ମୋ କ୍ଳାନ୍ତ ଡେଣାକୁ ଆଉଁସିଚି ସେଇ ମହିୟସୀ ଛାଇ
ଶୁଆଇ ଦେଇଛି ତା' ଶୀତଳ ପଣତ ପାରି
ଗହମ ନିଦରେ, ଉଦୁଉଦିଆ ଦି'ପହରେ ।

ଅଥଚ, ମୁଁ କେବେ ଗାଇ ପାରିଲିନି ସେ ମୂଳରେ
'ପିତା ଧର୍ମ ପିତା ସ୍ୱର୍ଗ ପିତା ହିଁ ପରମ ତପ' !
ନଇଁ ପାରିଲିନି ସେ ଛାଇରେ
କି ଉଚ୍ଚାରି ପାରିଲିନି ଥରେ
'ଜନନୀ ଜନ୍ମଭୂମିଶ୍ଚ ସ୍ୱର୍ଗାଦପି ଗରୀୟସୀ' !

ଖାଲି ଯାହା ଛାଇକୁ ପିଠି କରି
ଖୋଳି ଚାଲିଲି ଥଂଟରେ
ଡାଳକୁ, ଗଣ୍ଡିକୁ ।

# ଫିନିକ୍ସ - ଏକ ଅମର ପକ୍ଷୀ

ସେଠି ଯୁଦ୍ଧର ପ୍ରଶ୍ନ ହିଁ ନଥିଲା !

ଯୋଦ୍ଧାମାନେ ଯୁଦ୍ଧ ଘୋଷଣା କରିଥିଲେ
କେହି ବି ଯୋଦ୍ଧା ନଥିଲେ ।

ଅତଏବ, ସେ ଉତାରିଦେଲା ଧନୁ ଓ ତୂଣୀର
ଓହ୍ଲାଇଦେଲା କବଚ-କୁଣ୍ଡଳ
ଭୂମି ଉପରେ ଥୋଇଦେଲା ଢାଲ, ତଲବାର ।

ପ୍ରତିପକ୍ଷ ଭାବୁଥିଲା
ଇଏ ବୋଧେ ଯୁଦ୍ଧ ପୂର୍ବରୁ ପରାଜୟ ସ୍ୱୀକାର !!

ସେ ସ୍ମିତ ହସିଲା
ଶବ୍ଦ ଓ ଶବ୍ଦର ସୌଦାଗରମାନଙ୍କୁ
ନିଃସର୍ତ୍ତେ କ୍ଷମିଲା...
କ୍ଷମିଲା ବି ନତମସ୍ତକ, ଊର୍ଦ୍ଧ୍ୱମସ୍ତକ ସବୁଙ୍କୁ,
ସର୍ବୋପରି ଯୁଦ୍ଧାଶାୟୀ ଓ ଯୁଦ୍ଧଭୂମିକୁ ।

ସସଂଭ୍ରମେ ଏଡ଼େଇଗଲା
ତା' ଛାତିଯାଏ ବଢ଼ି ଆସିଥିବା
ଆକର୍ଷି ସବୁର ସହାନୁଭୂତି
ଅଲଗା କରିନେଲା ନିଜକୁ
ଫୁଲ ଓ କଅଁଳ ପତ୍ରଙ୍କ ସ୍ପର୍ଶରୁ ।

ଗୋଟାଏ ଦୀର୍ଘଶ୍ୱାସ !
ଆଉ ତା' ପରେ ଗୋଟାଏ ନିଃଶ୍ୱାସରେ

ସେ ଓଟାରି ଆଣିଲା ଅଣଚାଶ
ଢ଼ୋକିଦେଲା ଯାବତୀୟ ଷଡଯନ୍ତ୍ର
ବିପକ୍ଷକୁ ଚକିତ କରେଇ
ଉଚ୍ଚାରିଲା ସ୍ୱଦହନ ମନ୍ତ୍ର ।

କିଛି ମୁହୂର୍ତ୍ତ ଉତ୍ତାରେ
ଭସ୍ମ ଭିତରେ ବିଜୟର ପ୍ରମାଣ ଖୋଜୁଥିଲା
ଉତଫୁଲ୍ଲିତ ବିପକ୍ଷ
ହାୟ ! ସେମାନଙ୍କ ଶ୍ରମଲାଘବ କରୁଥିଲା
ମଧ୍ୟାକାଶରୁ ହଳେ ଉଦାର ପକ୍ଷ ।

## ସ୍ୱର

କାହା ଫାଇଦା କଥା କହୁଛ ସାଆନ୍ତେ !
ତମର ନା ଆମର ?

ଆମ ରାଇଜକୁ ସଡ଼କ ହେଲେ
ତମର ଚକ ତ ଗଡ଼ିବ
ଆମ ଡଙ୍ଗରରେ ଖଣି ଫିଟିଲେ
ସା'ନ୍ତାଣୀଙ୍କ ବେକ ତଳ ଚମକିବ
ଆମ ପାହାଡ଼ ଫାଟିଲେ
ତମ ସହର ଫୁଲ ପରି ଫୁଟିବ
ଆମ ବଣ ଉଜୁଡ଼ିଲେ
ଶାଳ, ଶାଗୁଆନ ସବୁ ତମ ଭାଡ଼ିରେ ଶୁଖିବ ।

କାହା ଫାଇଦା କଥା କହୁଛ ସାଆନ୍ତେ ?
କୋଉ ଫାଇଦା କଥା କହୁଛ !

ଏ ସହରୀ ସପନ ସବୁ
କେତେ ଆଉ ଦେଖେଇବ ଯେ !
ଆମେ ପା ବଣ ମଣିଷ
ଆମକୁ ନନ୍ଦନକାନନ କି ଲୋଡ଼ା !
ପୋଖରୀ ଗଡ଼ିଆର ମାଛ
କାଚ ଘେରରେ ଜୀଇଁ ପାରିବ କି ?
ଆମେ ହେଲୁ ସାଆନ୍ତେ ସ୍ୱାଧୀନ ଚଢ଼େଇ
ମାଟିରେ ଗଡ଼ିବୁ, ଆକାଶରେ ଉଡ଼ିବୁ,
ଝରଣାରେ ବୁଡ଼ିବୁ, ପତର ଗହଳେ ରଡ଼ିବୁ
ମରିଯିବୁ ବରଂ, ତମ ତିଆରି ପଞ୍ଜୁରୀ ଭିତରେ
କେବେ ବି ଘୋଷି ପାରିବୁନି 'ହରେକୃଷ୍ଣ'।

ଛାଡ଼ ହୋ ଆମ ଚିନ୍ତା...
ଆମ ବଗଡ଼ ହିଡ଼ରେ ଜଡ଼ା ଅଛି ତ
ନୁଖୁରା ରହିବନି ଆମ ମୁଣ୍ଡ
ଆମ ବିଲରେ ମାଣ୍ଡିଆ ଅଛି ତ
କି ଲୋଡ଼ା ଯେ ତମ ହାତ ଟେକା ଚାଉଳ !
ଆମ ବଣରେ କନ୍ଦା, କରିଡ଼, ବରଡ଼ା ଶାଗ ଅଛି ତ
ତିଅଣ ଅଣକୁ କାଫି
ଆମ ପଦରରେ ମହୁଲ ଗଛ ଦି'ଅଣ୍ଡା ଅଛି ତ
ଟୋଲ ତେଲର ଦୀପଟିଏ
ସାରା ବରଷ ଜଳୁଥିବ ଆମ ନୁଆଣିଆଁ ଝୁମ୍ପୁଡ଼ିରେ
ମହୁଲି ନିଶାରେ ଝୁମିଝୁମି
ହାତରେ ହାତ ଛନ୍ଦ ପକେଇ
ଆମେ ବି ନାଚୁଥିବୁ ପୁନିଅଁ ପରବରେ।

ତମେ କ'ଣ ଦବ ଆମକୁ ସାଆନ୍ତେ !
ସୂରୁଜ ପରି ବିଜୁଳି ଆଲୁଅ ?
ଥାଉ, ଆମେ ଦିନକୁ ଦିନ

ଆଉ ରାତିକୁ ରାତି ପରି ଭୋଗିବାକୁ ଚାହୁଁ।
ନିରିମଳ ପାଣି ?
ଆମ ଝରଣା ପାଣି ତ ଅମୃତଠୁ ବଳି !
ରୋଗକୁ ଓଷଧ ?
ବଣ ଆମର ମାଗଣା ବଇଦ।
ଆମ ପିଲା ପିଚିକାଙ୍କୁ ଅ...ଆ...ଇ... ?
ଯୋଉଟା ତମ କଥାରେ ଅଛି କେବଳ
ଛାତିରେ କାଇଁ ?

ଦବ ଯଦି ଦିଅ ସାଆନ୍ତେ
ଆମ ଜଙ୍ଗଲ ଆଉ ତମ ସହର ମଝିରେ
ଡେଇଁ ହେଉ ନଥିବା ବାଡ଼ଟିଏ ଦିଅ।
ଆମ ଓଲାପଣ ଆଉ ତମ ଓଲିଆପଣ ମଝିରେ
ଭରସାର ଗାରଟିଏ ଦିଅ।
ଆମ ସରଳ ଆଖି
ଆଉ ତମ ଚତୁର ସପନ ମଝିରେ
ସତର ପରଦାଟାଏ ଟଙ୍ଗେଇ ଦିଅ।

ଦେଇ ପାରିବ ଯଦି ଦିଅ
ମୋଫତରେ ନବୁନାଇଁ ମ !
ଆମେ ସାଆନ୍ତେ ଆଦିବାସୀ
କା' କତିରେ ହାତ ପାତିବା ଶିଖିନୁ
ତମେ ଆଙ୍ଗୁଠି ମାଗିଲେ ବେକ ଥୋଇଦେବୁ
ବଦଳରେ ସେଇମିତିଆ ବିଶ୍ୱାସ ଟିକିଏ ଦିଅ।

# ବଦନାମ ଗଳିର ସ୍ୱର

ତମ ଦେହ ନିଆଁରେ ଆମ ଚୁଲ୍ଲି ଜଳେ
ତମ ମୁହଁରୁ ରଙ୍ଗ ଛାଡ଼େ ବୋଲି ଆମଠି ରଙ୍ଗ ଚଢ଼େ।

ତମ ନାମକରା ନାମ ସବୁର
ବେଶ୍ ଯତ୍ନ କରିପାରୁ ଆମେ
ଯେମିତି ଅସ୍ପଷ୍ଟ ନ ଦିଶିବ କାଂସ୍ୟ ଫାଟକରେ
ବିକୃତ ନ ହେବ ସଭ୍ୟ କଲୋନୀରେ...
ଅବଶ୍ୟ କିଛି ଗୋପନ ଚୁକ୍ତି ବି ଥାଏ
ତମ ଆମ ଭିତରେ !

କ୍ଲିଓପାଟ୍ରାର ଚମଡ଼ା ତଳେ
ଆମେ ଗୋଟେ ଗୋଟେ ମିଶରୀୟ ମମି
ବେଶ୍ ରୋଚକ ଆମ ମାୟା ସଭ୍ୟତାର ଇତିହାସ...
ତମେ ଗବେଷଣା କରିଚାଲ
ପ୍ରବୀଣ ଐତିହାସିକମାନଙ୍କ ପରି
ପଂଜରାରୁ ଠଉରେଇ ନିଅ ସ୍ତନର ବର୍ତ୍ତୁଳତା
ଜାନୁ ହାଡ଼ର କୋଣରୁ ଗୁପ୍ତାଙ୍ଗର ସଂକୀର୍ଣ୍ଣତା।
ଅସଲରେ ତମେ ସବୁ ପଚା ଶବର ବିଚକ୍ଷଣ ଶିକାରୀ
ଚମତ୍କାର ଘ୍ରାଣଶକ୍ତିର ଅଧିକାରୀ !

ପଶ୍ଚିମ ଆକାଶର ଋତୁସ୍ନାନ ପରେ
ଏ ଗଳିରେ ହାଟ ବସେ
ଘଣ୍ଟା କଣ୍ଟା ଓଜନରେ ସଉଦା ହୁଏ ରକ୍ତ-ମାଂସ-ଚର୍ମ
ଲୁହ, ଝାଳରେ ଶିଝେଇ
ତତଲା ନିଃଶ୍ୱାସରେ ସେକି
ପରଷାଯାଏ ଆରବୀୟ ତମ୍ବୁ ତଳେ

ସେଠି କୋଉ ଲଜ୍ଜା ଥାଏ ଯେ !
ଫେରି ଯାଇଥାଏ ଅଭିଧାନକୁ
ଥାଏ ତ କେବଳ
ପେଟ ଆଉ ଦେହର ଆଦିମ ଭୋକ।

ରାତି ବୁଢ଼ୀର କୁହୁକ ଛୁଆଁରେ
ଆମେ ସାଜୁ ଅଶରୀରୀରୁ ଅପ୍ସରୀ
ତମେ ହୁଅ ମେଣ୍ଢାରୁ ମର୍ଦ୍ଦ,
ରାତି ତମାମ ଜଳିଲା ପରେ
ସକାଳକୁ ଆଉଟା ସୁନା ଭଳି ଚକ୍ ଚକ୍ ତମେ
ଆମର ଏ ଦରପୋଡ଼ା ଦେହରେ ଖାଦ ଯାହା ଜମେ।

କେବେ ଭାବିଚ ?
ଏଇ ଗଳି ଦେଇ
ତମେ ସବୁ ବୁହାଇଥିବା ନର୍ଦ୍ଦମାରେ ଏଠି କଇଁ ଫୁଟେ
ପାଖୁଡ଼ା ମେଲେ
ସହରର ନାକ ଯାଏଁ ଛୁଟେ ତା'ର ବାସ୍ନା,
ଦିନ କେତେରେ ସେ ପୁଣି ତମଠି ଲାଗି ହୁଏ
ତମରି ବରାଦରେ।
ନିଜ ରକ୍ତକୁ ଚଳୁ କରି ତମେ ପୁରୁଷ ହୁଅ ଦେବତା
ଆମେ ସାଜୁ ପତିତା !
ବାଃ... !!!!

କୁହୁଳୁଛୁ... ଜଳୁଛୁ ସତ
କିନ୍ତୁ ପାଉଁଶ ହେଇନୁ ଆଜି ଯାଏ
କୁହ କେମିତି ହେବୁ ଯେ !
ଆମେ ତ ଆୟୁଷ୍ମତୀ
ତୁମ ଇଚ୍ଛା ସମୂହର ଆୟୁଷରେ,
ଚିର ଯୌବନା

ତୁମ କାମନାର ବରଦାନରେ !
ନର୍କକୁ ନିକଟ ହେଇ
ଯୁଗ ଯୁଗ ଏମିତି ଜୀଇଁ ଥିବୁ
ସଭ୍ୟତାର ନଗ୍ନ ସଡକରେ
ଏଇ ବଦନାମ ଗଳିରେ ।

■■

PRANAYA SUDHA

## ପ୍ରଣୟ ସୁଧା

କବି ପ୍ରଣୟ ସୁଧାଙ୍କ ଜନ୍ମ ୧୧ ମଇ ୧୯୮୭ ମସିହାରେ। ଡିପ୍ଲୋମା ପରେ ବିବିଏ ଶେଷ କରି ସେ ଏବେ ଜେନେରାଲ ମ୍ୟାନେଜର ଭାବେ ଭୁବନେଶ୍ୱରରେ ଏକ ଘରୋଇ ସଂସ୍ଥାରେ କର୍ମରତ। ଏଯାବତ 'ଚୁନା ଚୁନା ସୁନା'ର କବିତା', 'ପ୍ରଜାପତିର ଘର' ଓ 'କୋଳେଇ ନେଲେ ପାଉଁଶ' ନାମରେ ତାଙ୍କର ତିନୋଟି କବିତା ସଂକଳନ ପ୍ରକାଶିତ। ପ୍ରାପ୍ତି ପରର ଅପ୍ରାପ୍ତି ଓ ବିରହ ପ୍ରଣୟଙ୍କ କବିତାର ମୁଖ୍ୟ ସ୍ୱର। ଯାହାକୁ ସିଏ ଜୀବନରେ ଝୁରନ୍ତି, ବାରମ୍ବାର ଖୋଜନ୍ତି ଓ ଯାହା ପାଇଁ ଅସହାୟ ହୋଇପଡନ୍ତି ସ୍ମୃତି ପାଖରେ, ସେଇ ଅନୁଭବର ଚାପା ଗୁଂଜରଣ ଶୁଭେ ତାଙ୍କ କବିତାରେ। ତାଙ୍କୁ mail2bnath@gmail.comରେ ସମ୍ପର୍କ କରାଯାଇ ପାରେ।

## କାକର ଭିଜା ସକାଳ ଅପେକ୍ଷାରେ

ପ୍ରାୟ ସବୁ ସକାଳରେ,
ମୁଁ ଯେବେ ଯେବେ ଦେଖେ
ଅନବନା ପଡ଼ିଆରେ
ଘସଫୁଲର ଓଠକୁ ଛୁଇଁ ଯାଇଛି କାକର,
ସେବେ ସେବେ ମୋତେ ଲାଗେ -
କେବେ ଆଲୋକ ପଶିନଥିବା
ଗୋଟେ ଜଙ୍ଗଲରୁ ଯେମିତି ରାସ୍ତାଟେ
ଫିଟିଯାଇଛି ଆକାଶ ଆଡକୁ!
ଆଉ ମୁଁ ତୁରନ୍ତ ଭାବେ
ଓଃ ଯାହାହେଉ
କିଛି ବୋଝ ହାଲକା ହେଇଗଲା।

ମନେ ପଡେ ଝଡ଼ିବର୍ଷାରେ
ଛୁଆବେଳେ ଡରି, ଘରେ ଲୁଚୁଥିଲା ବେଳେ
ବାପା ବୁଝାଉ ଥିଲେ -
ପୃଥିରେ ଜୀବନ ଜମାରୁ ପାଣି ଫୋଟକା ନୁହେଁ
ତେଣୁ ଡ଼ରିବାର ନାହିଁ,
ନିଜ ପାପୁଲିରେ କପାଳକୁ ପଢୁଥିବୁ
ଆଉ ବାଇଚଢ଼େଇରେ ନିଘା ରଖୁଥିବୁ।

ଅଧାରୁ ଅଧିକା ଚୁଟି ପାଚିଗଲାଣି
ପ୍ରେମିକାର ଖୋଲା କେଶ
ମେଘବର୍ଣ୍ଣ ସାଗର କି ନୁହେଁ
ପ୍ରଶ୍ନଟି ଏବେ ଆଦୌ ଜରୁରୀ ଲାଗୁନି,
ୟା ଭିତରେ ବନ୍ୟା-ବାତ୍ୟାର ହିସାବ
ଯଦିଓ ରଖାଯାଇ ନାହିଁ
ତଥାପି ବସାଟିଏ କିନ୍ତୁ
ଏବେବି ଦୋହଲୁଛି ଝଡିବର୍ଷାରେ।

ପ୍ରାୟ ସେଇ ସବୁ ସକାଳରେ
ମୁଁ ଯେବେ ଯେବେ ଚା' ମାଗେ ବୋଉକୁ
ଆଉ କୁହେ - ଦେଖ ବୋଉ ତୁ ହିଁ
ଘାସଫୁଲରେ କାକର ହୋଇ,
ଆଜିଯାଏଁ ଗୋଟେ ଆଲୋକ ପଶିନଥିବା ଜଙ୍ଗଲରୁ
ମୋତେ ରାସ୍ତା ଦେଖେଇ ଆସିଛୁ ଆକାଶ ଆଡକୁ !

ସେବେ ସେବେ ସେ
ହାତ ବୁଲେଇ ଦିଏ ମୋ ମୁହଁ ରେ
ଆଉ ମୁଁ ଚା'କପ୍ ଥୋଇ ଦେଇ ଉଡିଯାଏ
ପୁଣି ଏକ କାକର ଭିଜା ସକାଳ ଅପେକ୍ଷାରେ
ଯଦିଓ ଜଣା ନଥାଏ କେବେ ବି

କେତେ ଘାସଫୁଲର ଗୀତ,
କେତେ ବନ୍ୟା-ବାତ୍ୟାର ଗପ,
ଓ କେତେ କେତେ ବାଇଚଢେଇ କାହାଣୀ
ବାପା ଦିନେ ପଢିଥିଲେ ମୋ ପପୁଲିରେ!!

## କୃଷ୍ଣଚୂଡ଼ା ଓ ହତ୍ୟା

କହିବାକୁ ଏତିକି କହିହବ ଯେ
ଗୋଟେ କୃଷ୍ଣଚୂଡ଼ା ଗଛ ପାଖରୁ
ଯେବେ ଏ ସବୁ ଆରମ୍ଭ ହୋଇଥିଲା
ସେବେ ମୁଁ ବିଭୋର ଥିଲି!!

ସେ କହିଥିଲା ବନ୍ଧନୀ
ମୁଁ କହିଥିଲି ବନ୍ଧନ ମୋର ପ୍ରିୟ,
ଏତିକିରେ ଝରିଥିଲା ଅତୀତ
ଲୁହ କିଛି ମୋତି ହୋଇ ଥିଲେ
ଆଉକିଛି ପ୍ରଜାପତି ହୋଇ
ଉଡି ବୁଲିଥିଲେ ଆମ ଚାରିକଡ଼।

ସେଇଠୁ ଏ ଯାତ୍ରା
ଯାହାକୁ ମୁଁ ଭେଟେଇଛି ନଦୀ-ନାଉରୀ,
ଶୁଣେଇଛି ବଟୋଇର ଗୀତ - ପାହାଡ଼ ଗପ,
ଭୋଗେଇଛି ଚନ୍ଦକା ଜଙ୍ଗଲ
ଓ କେଇଟା ଜହ୍ନ ରାତିରେ ମସଗୁଲ
ଗୋଟେ ଚମ୍ପାକ୍ଷେତର ଫସଲ।

କିନ୍ତୁ ଦିନେ ଯାହା ଶିହରିଥିଲା ପ୍ରେମହୋଇ ଜୀବନକୁ
ତାହା ବିତିଲା ମିଛ, ଛଳନା -ଅଭିନୟରେ
ଓ ସରିଗଲା ହିସାବ ଖାତାରେ
ଛଟପଟ ହେଉଥିବା କେଇଟା ବନ୍ଧନୀରେ।

ଏବେ ଶୋଇବାଘର କବାଟ ମେଲା
ଛିଡି ସାରିଛି ସବୁ ବନ୍ଧନ
ଭିତରେ ରକ୍ତ ଜୁଡୁବୁଡୁ ଗୋଟେ ଶବ
ଓ ଘରୁ ବାହାରି ଯାଇଛି ରକ୍ତଭିଜା ହଳେ ପାଦ।

ଯଦିଓ ଏ ଘର ମୋର, ତଥାପି ମୁଁ କହି ପାରିବିନି
ହତ୍ୟାର ବିବରଣୀ ଓ ଏହା ମୋର ଶବ ବୋଲି
କାରଣ ମୁଁ ଏବେ ବି ଆବାକ
କୃଷ୍ଣଚୂଡ଼ାର ରଙ୍ଗ କ'ଣ ସତରେ ରକ୍ତଭଳି!!

## ଝିଅ ପାଇଁ କବିତା

ସବୁ ଅଗଣାରେ
ଫୁଲ ଗଛଟିଏ ଥାଉ
ମହୁଫେଣାର ସଂସାରଟେ ବଢୁ।

ସଢେଇରେ ଭାତ ଡାଲି ରନ୍ଧାହୋଇ
ପରଷାଯାଉ ଦଶ ଦିଗପାଳଙ୍କୁ
ମାଟିଘୋଡା ପାଇଁ ଗୁଂଜୁଥାଉ କାନ୍ଦଣା
ଶୁଣୁଥାନ୍ତୁ ଗଛ, ଗାଁ ଠାକୁରାଣୀ ଓ ଧାନକ୍ଷେତ।

ଖଳାରେ ମାଟିଦେଶ ରାଜକୁମାର ସହ
ମହମଦେଶ ରାଜକୁମାରୀର
ବାହାଘର ହଉଥାଉ,
ସାକ୍ଷୀ ରୁହନ୍ତୁ
କଣ୍ଢେଇ, ରତୁ ଓ ତୁଳସୀ ଚଉରା।

ସବୁଘରେ କିଣା ହଉଥାଉ ପାଉଁଜି
ଅଙ୍କାହେଉ ଅଳତା କୁନିପାଦ ପାଇଁ,
ଗୁନ୍ଥା ହଉଥାଉ ଫୁଲ ଫଗୁଣ
ବନ୍ଧା ହଉଥାଉ ବେଣୀ,
ବୋଲା ହଉଥାଉ ଖୁଦୁରୁକୁଣୀ ଗୀତ
ନମସ୍ତେ ଦେବ ଜଗନ୍ନାଥ।

ବାସ୍ ..ଆଉ କଣ ଦରକାର ଯେ ?
ଏତିକିରେ
ଈଶ୍ୱର ଶୋଇପଡି ସ୍ୱପ୍ନ ଦେଖନ୍ତୁ
ଓ ସ୍ୱପ୍ନଟି ସତ୍ୟ ହେଉ ପୂର୍ବବତ।

ପୁଣି ସବୁ ଅଗଣାରେ
ପୃଥିବୀଟେ ବୁଲୁ
ସମ୍ଭାବନାଟିଏ ହସୁ... ଝିଅଟିଏ ବଢୁ।

## ଗୋଟେ ଗଜଲ- କଥାଟିଏ ଦିଅ

ସପନ ନ ଦେଲ ନାହିଁ ମୋ ଆଖିକୁ, ନିଦ ବିଛଣାଏ ଦିଅ
ନହେଲେ ରାତିର ରଙ୍ଗ ବାବଦରେ, ଧାଡ଼ି, ଦି'ଧାଡ଼ିଏ କୁହ।

ଆକାଶ ଜାଳୁଛି ଛାତି, ଶ୍ରାବଣରେ, ବତାସ ଭାଙ୍ଗୁଛି ଘର
ଦେହ ଓ ଦହନ ମଝିରେ ବାଦଲ ସକେଇ ଝରାଏ ଲୁହ ।

ଏତେ ନିରିଦୟ କେମିତି ହୋଇଲ ? ଋତୁ ଉଜାଗର ପାଇଁ
ରଙ୍ଗ ନ ଦେଲେ ବି ନ ଦିଅ ଅଥଚ ନିଃସ୍ୱ ସ୍ମୃତିଟିଏ ଦିଅ ।

ଜଳଇ ଯେମିତି ବନାନୀ ସେମିତି ସାଗର ଜଳୁଛି ଦେଖ
ସ୍ନେହ ନାହିଁ ଯଦି ଜୀବନ ଗପକୁ ମୃତ୍ୟୁ ଗୀତଟିଏ ଦିଅ ।

ଦିନରେ ସୁରୁଜ ଚିରେ ଆୟୁଷକୁ ଜହ୍ନ ହାଣୁଥାଏ ମନ
ଅନ୍ତତଃ ରକତ ଧାର ପାଇଁ ମିଛେ ଆହା ପଦୁଟିଏ କୁହ ।

କିଛି ମାଗୁନାହିଁ ପ୍ରଣୟ ଶେଷରେ ନଦେବାର ଦୁଃଖ ସହ
ଯିବାପରେ ପୁଣି ଫେରେଇ ଆଣିବ ବୋଲି କଥାଟିଏ ଦିଅ ।

■■

## PARAMA NAIK

# ପରମା ନାଏକ

କବି ପରମା ନାଏକଙ୍କର ଜନ୍ମ କଳାହାଣ୍ଡି ଜିଲ୍ଲା ଅନ୍ତର୍ଗତ ତାରାପଦର ଗ୍ରାମରେ, ୧୬ ଜୁଲାଇ ୧୯୮୬ରେ । ନିରୀହ ମଣିଷମାନଙ୍କର ଅଧିକାର ଓ ସମାନତାକୁ ନେଇ କବିତା ଲେଖୁଥିବା ପରମା ନାଏକ କୁହନ୍ତି, ତାଙ୍କ କବିତା ଦାରିଦ୍ର୍ୟ ଓ ତଦ୍‌ଜନିତ କଷଣର କଷଟିପଥର । କବିଙ୍କ ଭାଷାରେ, ଗଣତାନ୍ତ୍ରିକ ପଦ୍ଧତିରେ 'କବିତା' ବି ଏକ ଆନ୍ଦୋଳନ । 'ମୁଠାଏ ମାଟି' କବିତା ସଂକଳନର ସ୍ରଷ୍ଟା ପରମା ନାଏକଙ୍କୁ 'paramenaik@gmail.com'ରେ ସଂପର୍କ କରାଯାଇପାରେ ।

## ଅଟକି ଯାଅ

ତୁମେ ଆସିବ ବୋଲି ସଜବାଜ,
ମୁହଁରେ ଚେନାଏ ହସ...
ଲେଖୁଛି, ଚିରୁଛି ଫର୍ଦ୍ଦ ପରେ ଫର୍ଦ୍ଦ
ସେ ସୃଷ୍ଟିରେ ହେବାକୁ ମୁଁ ସ୍ରଷ୍ଟା
ତୁମକୁ ସଜାଇ ସୃଜନର ନାୟିକା ॥

ଜାଣିଛି ! ତୁମେ, ସୁନ୍ଦର ଅଭିନୟ କର
ପାଦର ପାଉଁଜି, ଘୁଙ୍ଗୁର ଓ
ହାତର ଖନ୍ ଖନ୍ ଚୂଡ଼ି ବଜେଇ
ହରିନିଅ ମୋ ଇଚ୍ଛାର ସବୁ ଫୁଲବଣ...
ଗଭାରେ ଗଜରା ବାନ୍ଧିବ ବୋଲି
ଅନାଇଛି ଫୁଲସଜା ରାତି
ସାଜି ଗୋଟେ ବାଆଁରା ପକ୍ଷୀ ॥

ଉଡିଗଲେ ପାରାମାନେ
ଘରଟା ଶୁନ୍ ଶାନ୍ ହେବା ଭୟରେ
ତୁମେ ସାହାରା ନିଅ ଏକ ଅଦୃଶ୍ୟ ଅଗ୍ନିର
ଶେଷରେ ଜାଳିଦିଅ ଛାତି
ଓ ତା' ତଳର କଲିଜା ॥

ନିଜ ସଫାସୁତୁରା ମୁହଁ
ଦେଖେଇବାର ବାହାନାରେ
ଭିଡକୁ ଦେଖି କାନ୍ଦିପକାଅ
ଛଳନାର ଅଶ୍ରୁ ଢାଳି ।
ଲୋକମାନେ ଚାଲିଗଲେ
ଉଠିଯାଏ ତୁମ ସଇତାନି ॥

ଅକାଟ୍ୟ ବଚନ ଏ ତ
ତୁମ ପାଇଁ ସାଧନା କରୁଛି
ରକତ ଭିଜା ହାତରେ ସାହିତ୍ୟ...
ପ୍ରତିଟି ଧାଡିରେ ଛିଞ୍ଚି ଅମାନିଆ ଆଶୁ !

ମନ ହେଲେ, ଟିକେ ଭାବି ଟିକେ ଚିହ୍ନି
ଅଟକି ଯାଅ ମୋ ଅଗଣାରେ
ନହେଲେ ନାହିଁ ପୂନେଇ ଚାନ୍ଦ
ଅମାବାସ୍ୟା ହୋଇ ତ ଫେର
ହୋଇ ଗୋଟେ ସକାଳର ମୁରୁଜ ॥

# ମୁହଁ ଦେଖିବ ଆସ

ତୁମେ ଜହ୍ନ, ପୂନେଇ ଚାନ୍ଦ, ଜହ୍ନର ଜ୍ୟୋତ୍ସ୍ନା
ତୁମେ ସାଗର, ସୁଶୋଭିତ ଭୂମାଳା
ତୁମେ ଡେଣା, ସାହାସ, ଲକ୍ଷ୍ୟସ୍ଥଳ
ତୁମେ ପୁଷ୍ପ, ଫଗୁଣ, ଆକର୍ଷଣ
ତୁମେ ଆଲୁଅର କିରଣରେ ଝଲସୁଥିବା ଫୁଲପୁଞ୍ଜି
ଅନ୍ଧାରରେ ଲୁଚକାଳି ଖେଳୁଥିବା ସ୍ୱପ୍ନ ॥

ତୁମେ ହି ତୁମେ
ନିଃଶ୍ୱାସ, ବିଶ୍ୱାସ, ଧୈର୍ଯ୍ୟ ଓ ଜିଇବାର
ଚିରସ୍ରୋତା ତଟିନୀ ଅବିକଳ ଗଙ୍ଗା ପ୍ରାୟ,
ତୁମେ ନୀର, ରୁଧିର ମୋ ଛାତିର
ଆଶା, ଭରସା, ସ୍ୱପ୍ନ, ସମ୍ଭାବନା...

ତୁମେ ଗୀତ, ତାଳ, ଲୟ, ସ୍ୱର
ଧ୍ୱନି ପ୍ରତିଧ୍ୱନି ଓ ଅନବରତ ଭାଷୁଥିବା
ଭିଜା ଓଠର ସୁରେଲି ସୁରେଲି ଶବ୍ଦ
ତୁମେ କବିତାରେ ମର୍ମ, ଶବ୍ଦକୋକିଳା,
ଶୁକ୍ଳପକ୍ଷର ଉଜ୍ଜ୍ୱଳ ନକ୍ଷତ୍ର
ତୁମେ ସର୍ବୋପରି ଆଖିର ଅୟୁତ ଅୟୁତ ଛବି ॥

ଏ ଜୀବନ ତ ତୁମର
ସଫଳତା ଓ ସ୍ୱପ୍ନ ବି ତୁମର
ମୋର ତ ଗୋଟିଏ ଅଙ୍ଗ
ଗୋଟେ ପଟେ ତୁମେ, ଆରପଟେ ମୁଁ ॥

ହଁ.... ! ମୁଁ ଏକ ଜୀବନ୍ତ ସାକ୍ଷ୍ୟ
ପଦଭିତରେ ପାଦ
ଭିଡଭିତରେ ସ୍ପଷ୍ଟ ଦୃଶ୍ୟ
କୋଉ ଗୋଟେ ଅନ୍ଧାରର ଆଲୁଅ ।

ମୁହଁ ଦେଖିବ ଆସ !
ଗୋପିବା ମୁରୁକି ହସର ଗହନ ବନେ
ଦେହକୁ ଯୋଡି କରିବା ଗୋଟେ ଲମ୍ବା ଚୁମ୍ବନ ।
ଶ୍ରୀଅଙ୍ଗ କମ୍ପନର ତାଳେ ତାଳେ
ମିଶାଇଦେବା ଦୁଇ ବିରହର ଆଖିକୁ
ଆବେଗର ଯନ୍ତ୍ରଣାକୁ ପିଇଯିବା
ଜନ୍ମ ଜନ୍ମ ପାଇଁ
କୋଉ ଗୋଟେ ଦୁନିଆରେ ଭାସି...
ଏ ମାଟି, ଆକାଶ, ପୃଥିବୀ
ଜଳ, ବାୟୁ ସମସ୍ତେ ରହିବେ ସାକ୍ଷୀ ॥

## ତୁମର ଭୂଖଣ୍ଡରେ

ଚେର ଖାଇ, ମାଣ୍ଡିଆଜାଉ ଶୋଷି
ତାଜା ତାଜା ପଣସମଞ୍ଜି
ପୋଡି ଖାଇବା ଲୋକ
ବେଳେବେଳେ ପିଏ କାଇ ଝୋଳ,
ପୁଣି ଶାଳପତ୍ରରେ
ମହୁଲି ଢୋକେ ପିଇ
ଭୁଲିଯାଏ ଦିନଟାଯାକର ଦୁଃଖ ॥

ନ ଥାଏ ଦାମିକା ବସ୍ତ୍ର, ସୁନ୍ଦର ଘର
ଚକ୍ ମକ୍ ଦୁନିଆ କି ପକ୍କା ରାସ୍ତା,
ସାଇତି ସିନା ପାରେନାହିଁ
ଚାରିଦିନର ଖାଦ୍ୟ
ସେ ସେମିତି ଜିଇଁପାରେ
ମହୁର ମିଠା ପରି
ଏକ ଅଭିନ୍ନ ଜୀବନ...

ତୁମର ଭୂଖଣ୍ଡରେ
ଦୁର୍ଦ୍ଦିନର ବିଭସ୍ତତା
ଅନ୍ଧାର ରାତିର ପିପାସା
ବିଡମ୍ବନାର ପ୍ରତିଯୋଗିତା
ଚାତୁରିତାର ଭର୍ତ୍ସନା
ଏ କ'ଣ ନୁହେଁ କି
ଅସହାୟ ଗଳିରେ
ଦୁର୍ବଳ ହରିଣମାନଙ୍କର
ତ୍ରାହି ତ୍ରାହି ଚିତ୍କାର !

ଆମେ ଜାଳିଦେଉ ଜଙ୍ଗଲରେ
ଶୁଖାପତ୍ରେ ଲଗାଇ ନିଆଁ
ଉଦଣ୍ଡ ଲୋଭ, କ୍ରୋଧ ଓ ଦ୍ୱେଷ।
ନିରମଳ ଆତ୍ମାର ବିଶ୍ୱାସକୁ
ସୁନାପରି ଚମକେଇ ଦେଉ
ନାଲି ଅଙ୍ଗାର ତାତିରେ।।

ରହୁ ଘାଟିରେ
ଜୀବିକା ନିର୍ବାହ କରୁ ବଣରେ
ଦେହ ଗଢୁ ଧୂଳି କାଦୁଅରେ
ଓ ପେଟ ଭରୁ ମାଟିର ଦୟାରେ।।

କେଜାଣେ କାହୁଁ
ଆସିଯାଆନ୍ତି ବିଲାତି କୁକୁର
ହାଡ-ମାଉଁସର ଲୋଭରେ
ତଡି ଦିଅନ୍ତି ଛାତିରୁ ମେରୁଦଣ୍ଡ।
ଶିଉଳି ପତରର ବୁନ୍ଦା ବୁନ୍ଦା
ପାଣି ପରି ଝରାଇ ଦିଅନ୍ତି
ଡଙ୍ଗର ଉପରେ ରକତ।।

## କେହି ଜଣେ ଆସି ଲାତ ମାରେ

ନଜର ବୁଲେଇ ଥିବ ଦିନେ
ଜରି ଗୋଟାଉଥିବା ବେଳେ ଅଳିଆ ଆବର୍ଜନାରୁ,
ଚାଲି ଯାଇଥିବ କେବେ
ଝାଡୁ ଲଗେଇଲା ବେଳେ ଟ୍ରେନ୍ ରେ
ଫିଙ୍ଗି ଦେଇ ମୋ ଆଡକୁ ଟଙ୍କାଏ ଖୁଚୁରା।।

ଧେତ୍ ଧେତ୍ କହି ନିର୍ବାପିତ କରିଦିଅ
ଦେଖି ଦରିଦ୍ର ଥାଳିରେ ମାଗୁଥିବା ଭିକ,
ମୁଁ ସବୁ ସହିଯାଏ
ପିଠି ଓ ଲଲାଟେ ଲଗେଇ ମାଟି
ତିଳେ ମାତ୍ର ନାହିଁ କଷ୍ଟ
ଈଶ୍ୱରଙ୍କ ବରଦାନ ଭାବି !

କୁକୁରମାନଙ୍କ ସଙ୍ଗେ କାଟେ ରାତି
ପାଉଁଶ ଭରତି ଧୂଳିଗଦାରେ
ନିଦରୁ ଚୋରେଇ ନିଏ ସ୍ୱପ୍ନ
ଅଧୁଆ ଫଟାକମ୍ବଳ ଭିତରେ ॥

ଆଖିଟା ଫଡ୍ ଫଡ୍ ହୁଏ
ପକ୍ଷୀର ଡେଣା ପରି କେଇବେଳ
ଜୀବନ ଓ ଜୀବିକା ନିର୍ମାଣ କରିବାକୁ ସିଲଟରେ
ପାରେନାହିଁ ଖଞ୍ଜି ଡେଣାମାନ
ସ୍ୱପ୍ନର ବିହଙ୍ଗକୁ
ଭୋ ଭୋ ଭୁକିଦିଅନ୍ତି ଭୋକିଲା କୁକୁରା

ଦେଖ ତ !
ଏ ଘଡିର ଯୁଗଳବନ୍ଦୀ
କେହି ଜଣେ ଆସି ଲାତ ମାରେ
ମୋ କଅଁଳିଆ ଶରୀରରେ
ଏ ହେଇ... ଏ ହେଇ... !
କହେ,
"ଉଠ ଶଳା ଗଧ
ଚୋର, କୁକୁର, ଭିକାରୀ
ଚାଲ ମାଗିବୁ ଭିକ"

■■

## SURYASNATA TRIPATHY

# ସୂର୍ଯ୍ୟସ୍ନାତ ତ୍ରିପାଠୀ

ସୂର୍ଯ୍ୟସ୍ନାତ ତ୍ରିପାଠୀଙ୍କର ଜନ୍ମ କଟକ ଜିଲ୍ଲାରେ, ୧୧ ଅପ୍ରେଲ ୧୯୯୧ରେ। ଇଲେକ୍ଟ୍ରିକାଲ ଇଂଜିନିୟରିଂରେ ପିଏଚ୍.ଡି କରିଥିବା ସୂର୍ଯ୍ୟ ସଂପ୍ରତି ଆଇ.ଆଇ.ଟି. ହାଇଦ୍ରାବାଦରେ ଗବେଷଣାରତ। କବିତା ସଂକଳନ 'ହଜାରେ ଜହ୍ନର ରାତି', 'ଏ ସଂପର୍କ ଏମିତି', 'ଗଙ୍ଗଶିଉଳିର ଗପ', 'ଅବୁଝା ଅକୁହା' ଓ 'ମାଟି ମାଟି ଆକାଶ ଆକାଶ' ଏବଂ ଅନୂଦିତ କବିତା ସଂକଳନ 'କନୁପ୍ରିୟା'ର କବି ସୂର୍ଯ୍ୟସ୍ନାତ କୁହନ୍ତି ଯେ କବିତା ତାଙ୍କ ଏକୁଟିଆପଣର ଆଇନା। ତାଙ୍କ ମତରେ, କବିତାରେ ପ୍ରାପ୍ତିର ସ୍ଥାନ ନାହିଁ; ଚିରକାଳ, କବିତା ଏକ ସୁନ୍ଦର ଅପ୍ରାପ୍ତି, ନିଜକୁ ବାଣ୍ଟିଦେବାର ଏକ ଅଂତହୀନ ପ୍ରକ୍ରିୟା। ସୂର୍ଯ୍ୟସ୍ନାତଙ୍କ ସହ 'suryasnata.tripathy@gmail.com' ରେ ସଂପର୍କ କରାଯାଇପାରେ।

## ପନ୍ଥା

ମହାଜନୋ ଯେନ ଗତଃ,
କେବଳ ତାହା ହିଁ ପନ୍ଥା ନୁହେଁ, ପ୍ରିୟ !

ପନ୍ଥାର ଏ ବ୍ୟାଖ୍ୟା ଖୁବ ବିପଜ୍ଜନକ !
ଯେମିତି, ବିପଜ୍ଜନକ ଏବେ
ପବନରେ ବିଷର ମାତ୍ରା,
ମାଟି ତଳେ ପାଣିର ସ୍ତର,
ସାଧାରଣ ଜୀବନର ଦର ଓ
ଶେଷପାହାଚରେ ମଣିଷର ଡର।

ବିପଜ୍ଜନକ ବି ସେ ଆଦରର ଛଳ,
ଯାହା ପଞ୍ଜୁରୀକୁ ଡାକେ,
ଡେଣା ସାଉଁଳେ ଓ ମାଟିରେ ବାନ୍ଧେ।

ଉଡାଣଖୋର ଚଢ଼େଇର ପନ୍ଥା
କେବେ ମହାଜନଙ୍କ ପଞ୍ଜୁରୀ ନୁହେଁ ପ୍ରିୟ,
ମୁକୁଳା ଆକାଶ...

ସବୁ ମଣିଷ ନିଜେ ନିଜର ପନ୍ଥା, ପ୍ରିୟ !
ଯେଣୁ, ନିଜକୁ ଅତୀତ କରି ଚାଲିବାକୁ ହୁଏ
ସବୁଦିନ ନିଜ ଆସନ୍ତା ଆଡକୁ,
ଓ ନିଜଠି ହିଁ ପହଞ୍ଚିବାକୁ ହୁଏ ଏଠି,
ସବୁ ଯାତ୍ରାଶେଷେ ।

ଦେଖ, ପ୍ରିୟ, ସଂସାରର ସବୁ ଚଲାବାଟ ସେପାଖେ,
ମହାଜନଙ୍କ ଯାତ୍ରା ଓ ଯାତ୍ରାଶେଷର
ସମସ୍ତ ଉପଲବ୍ଧି ବାହାରେ,
ପ୍ରତିଟି ଜନକୁ ତା'ର ଇପ୍ସିତ ଗନ୍ତବ୍ୟ ଯାଏଁ
ନେଇଯିବାପାଇଁ କେମିତି ଅପେକ୍ଷା କରିଛନ୍ତି
ଅଗଣିତ କୁଆଁରୀ ରାସ୍ତା ।

ସେଇ ରାସ୍ତା ସବୁ ପାଲଟିବେ ପନ୍ଥା,
ତୁମ ମୋ ଅବର୍ତ୍ତମାନରେ...

ଜାଣିଛ ପ୍ରିୟ, ବୋଉ କହେ,
ଯିଏ ନେଇଯାଏ ମଣିଷକୁ ନିଜ ଯାଏଁ, ସେ ହିଁ ପନ୍ଥା ।
କାହା ଆଖିରେ ପନ୍ଥା, କାହା ହସରେ, କାହା ଲୁହରେ ପନ୍ଥା...
ଜଣେ ଅନ୍ୟର ଓ ଅନ୍ୟ ଜଣେ ନିଜର ପନ୍ଥା ।

ଏଇ ତ, ମୋ ଆଗରେ ଓଦା ଓଦା ତୁମ ଆଖି,
ଏଇ ତ, ଗୋଟେ ନିହାତି ଖସଡ଼ା ପନ୍ଥା ।

# ପକ୍ଷୀ ସେ ଭ୍ରମ ପାଳେ ନାହିଁ

ଶେଷ ମାତ୍ରେ ହିଁ ମରୀଚିକା, ପକ୍ଷୀ ସେ ଭ୍ରମ ପାଳେ ନାହିଁ
ଉଡାଣଖୋର୍ ପକ୍ଷୀ ଜାଣେ, ଆକାଶ ବୋଲି କିଛି ନାହିଁ।

କିଏ ଗାଉଛି ଆଶାବରୀ, ସକଳ ଶୋକ ଯାଏ ସରି
ଦୁଃଖଦୟଣା ଝଡ଼ିଲାଣି, ରାତି ଆସୁଛି ପାହି ପାହି !

'ଭୋକିଲା ପ୍ରତିଟି ଉଦର - ବାଣ୍ଟି ଖାଇବେ ମାଂସ ହାଡ଼'
ଏ ଯଦି ମୃତ୍ୟୁଚିତ୍ର ମୋର, ଆଉ ସୁନ୍ଦର ମୃତ୍ୟୁ ନାହିଁ !

ପ୍ରଳୟ ପୟୋଧି ଜଳରେ ନଉକା ଛାଡିବା ବେଳରେ
ମୋ ବାଟ ରହିଥିବ ଚାହିଁ ଏମିତି ସାଥିଟିଏ କାହିଁ ?

ତା' ଆଖି ସଜ ପାଣିଫୁଲ, ତା' ଦେହ କାକରର ଦେହ
ମୋ ହାତ ପବନର ହାତ - ମୁଁ ତା'କୁ ଛୁଇଁ ପାରେ ନାହିଁ !

ଖଣ୍ଡାଧାରରେ ଜିଭ ରଖି, ସୂର୍ଯ୍ୟକୁ ଚାହିଁଛି ସଳଖି
ପୋଡୁଛି ଅଙ୍ଗାରରେ ପାଦ, ହଳଦୀପାଣି ଲୋଡ଼ାନାହିଁ !

ପ୍ରେମର ପୃଥିବୀରେ ଆଜି, ଶୁଖିଲା ଆଖିଟିଏ ନାହିଁ !
ତଥାପି ବାକିଅଛି ଶୋଷ, ତଥାପି ଲୁହ ସରିନାହିଁ !

ଆଦିମ ଓଁକାର ଶୁଭୁଚି, ଜୀର୍ଣ ସେ ଉଇହୁଙ୍କା ତଳୁ
ଏ କି ସେ ପ୍ରଥମ ମଣିଷ, ଯାହାର ତପ ସରିନାହିଁ ?

# ସତେ କି ଏ ରାତି ପାହିବନି

ବାଲ୍କୋନିରେ ଆରାମ ଚଉକି, ଅଧା ଖୋଲା ପବନର ଆଖି
ଚା' କପରୁ ଧୀରେ ଧୂଆଁ ଉଠେ, ଧାସ ବାଜି ଆକାଶ ମଉଳେ
ଅଚାନକ କଟିଗଲା ଗୁଡ଼ି, ଉଡିବାର ମୋହ ଥିଲା ବାକି
ଚାରିପଟ ପାଣିକାଚ ଚୁଡ଼ି, ଶିଖା ଶିଖି ହେଇ ଭାଙ୍ଗିଗଲେ

ରେଡ଼ିଓରେ କିଏ ସେ କହୁଛି, ଶ୍ୟାମକୁ ସେ ଦେବ ମଲ୍ଲୀମାଳ
ଶୋଷ ତା'ର ଅଧା ରହିଯିବ, ଦେଖୁଥିବେ ଦଶଦିଗପାଳ
କାହା ଘରେ ହୃଦୟ ଜଳୁଛି, ପବନରେ ପୋଡା ଗନ୍ଧ ଭାସେ
କିଏ ପୁଣି ଗିଟାର ବଜାଏ, ହୃଦୟକୁ କଣ୍ଟାରେ ଆଉଁଶେ

ଲୁହ ଭଳି ଢଳ ଢଳ ଜହ୍ନ, ଆନମନା କଇଁ ପାଖୁଡାରେ
କିଏ ପାଳେ ଅପେକ୍ଷାର ପର୍ବ, ଦୂର ଦେଶେ ଶିବଙ୍କ ଜଟାରେ
ସରିବ ସରିବ ବୋଲି, ସରେନାହିଁ ସନ୍ଧ୍ୟା, ଡେରି ଡେରି କରେ
ଢଳିବ ଢଳିବ ବୋଲି, ଢ଼ଳେନାହିଁ ସୂର୍ଯ୍ୟ, ବେଶୀ ବେଶୀ ଜଳେ

ମଝି ଦାଣ୍ଡେ ଅଟକିଛି ରଥ, ଆଜି ବୋଧେ ଯାତ ସରିବନି
ଛାତିରେ ମୋ ଛନକା ପଶୁଛି, ସତେ କି ଏ ରାତି ପାହିବନି

# ଦେଶ

ଦେଶପ୍ରେମ ଓ ଦେଶବୋଧରେ ଦେଶ ବୋଲି କିଛି ନଥିବା ବେଳର
ମୂକସାକ୍ଷୀ, ଏଇ ସମୟ।

ଏଇ ସମୟରେ ଦେଶ ଏକ ତତ୍ତ୍ୱ ମାତ୍ର,
ଏକ ଦୁର୍ବୋଧ ଓ ଅନେକାଂଶରେ ଅଜ୍ଞବୋଧ ପ୍ରାଗୈତିହାସିକ ତତ୍ତ୍ୱ,
ଯାହା ସ୍ଲୋଗାନରେ, ବିତର୍କରେ ଓ ଶୋଭାଯାତ୍ରାରେ
ଶବ୍ଦ ଓ ଗେଣ୍ଡୁମାଳ ଭଳି ଖୋଜାପଡ଼େ।
ଓ ସ୍ଲୋଗାନ ସରିଲେ ନିଖୋଜ ହୁଏ।
ଶୋଭାଯାତ୍ରା ଶେଷରେ, ଭିଡ ସହ ଭାଙ୍ଗିଯାଏ।
ବିତର୍କରେ ଚିର ବିତର୍କିତ ଦିଶେ।

ଏବେ, ସଭାମଞ୍ଚରୁ ତୁହାକୁ ତୁହା ଯେଉଁ ଦେଶର ନିଲାମ ଡକାଯାଏ,
ସେ ଦେଶ 'ହରିଣୀ ଗଲା ହରିଣୀ' ଖେଳର ସେଇ ଅଦୃଶ୍ୟ ଅସହାୟ ହରିଣୀ,
ଯିଏ ଏକ କଳ୍ପିତ ଦେଶପ୍ରେମର ବାସ୍ନା ବାରି ଆଖିବୁଜି ଦୌଡୁଥିବା
ମଣିଷମାନଙ୍କ ପଛରେ ଗୋଡେଇ ଗୋଡେଇ ବାରମ୍ବାର ଝୁଣ୍ଟିପଡେ,
କ୍ଷତାକ୍ତ ହୁଏ, ଓ ପୁଣି ବନ୍ଧାହେଇ ଆସେ ନିଲାମବେଦୀକୁ।

ଏବେ, ଦେଶ ବୋଲି ଯେଉଁ ଶବ୍ଦଟି ରାସ୍ତାଘାଟେ ଗଡୁଥିବାର ଦିଶେ,
ସେ ଶବ୍ଦ ସହ ମାଟି ଓ ମଣିଷର ସମ୍ପର୍କ ଅସ୍ପଷ୍ଟ।
ସେ ଶବ୍ଦ, ଛଳନାର ଅପଭ୍ରଂଶ ମାତ୍ର, ସେ ଶବ୍ଦ, ସ୍ୱାର୍ଥର ପ୍ରତିଶବ୍ଦ ମାତ୍ର।
ଏବେ, ଏ ଦେଶ କେବଳ ସଭାଗୃହରେ ଖୋଜାପଡେ,
ବ୍ୟକ୍ତିସତ୍ତାରେ ବୁଝାପଡ଼େ, ରଙ୍ଗ ଓ ମାର୍ଗରେ ବନ୍ଦୀ ହୁଏ,
ସ୍ୱାର୍ଥ ଯଜ୍ଞରେ ଆହୂତି ଦିଆହୁଏ।

ଦେଶପ୍ରେମକୁ ମୁକୁଟକରି ପିନ୍ଧିଥିବା ମିଛରାଜା
ଓ ତାଙ୍କ ପ୍ରଜାମାନେ କିନ୍ତୁ ବୁଝନ୍ତି ନାହିଁ,

ଯେ ସଭା ଭାଙ୍ଗିଗଲା ପରେ ପବନରେ ଖୁବ ଧୀରସ୍ୱରରେ ଯାହା ଗୁମୁରୁଥାଏ,
ଯାହାକୁ ଓଲେଇ ଦିଆଯାଏ ଆବର୍ଜନା ସହ ରାସ୍ତାକଡ଼କୁ,
ଯାହାକୁ ଓପାଡ଼ି ଦିଆଯାଏ ମଂଚର ବାଉଁଶ ସହ,
ଓ ଯାହାକୁ ସବୁଦିଗରୁ ସବୁକୋଣରୁ ସାଉଁଟିଆଣି ଏକାଠିକରି
ପୋଡ଼ି ଦିଆଯାଏ ଅଳିଆଗଦାରେ, ତାହା ହିଁ ଦେଶ।

ସେମାନେ ବୁଝନ୍ତି ନାହିଁ, ଯେ ଦେଶ, ଏକ ବ୍ୟକ୍ତିସତ୍ତା ନୁହେଁ।
ନିଜକୁ ଦେଶ ଭାବି ଯୋଉ ଲୋକଟି ଆଜୀବନ ଶୂନ୍ୟରେ ଉଡ଼େ,
ସଭାମଞ୍ଚରୁ ବିଷବର୍ଷା କରେ, ମଣିଷର ମୁଣ୍ଡଉପରେ ପାଦରଖି
ଅହଂର ଆକାଶକୁ ଚଢ଼େ, ତା'ର ନଶ୍ୱର ଦେହ ଓ ନଶ୍ୱରତର ଭ୍ରମ
ଦିନେ ଯୋଉ ନିଆଁରେ ଜଳେ, ଯୋଉ ମାଟିରେ ମିଶେ,
ସେ ନିଆଁ, ସେ ମାଟି ହିଁ ଦେଶ।

ସେମାନେ ବୁଝନ୍ତି ନାହିଁ,
ଯେ ଦେଶ ମାନଚିତ୍ର ଓ ଇତିହାସ ଉଭୟର ସୀମା ବାହାରେ ଥାଏ।
ଦେଶ, ରକ୍ତ ଓ ସ୍ୱେଦରେ, ଭୟ ଓ ଭୋକରେ,
ଭାବ ଓ ଅଭାବରେ, ନାଦ ଓ ନିଃଶବ୍ଦରେ,
ଚିନ୍ତା ଓ ଅବଚେତନରେ ଚିରକାଳ ସୁରକ୍ଷିତ ଥାଏ।

■■

**BLACK EAGLE BOOKS**

www.blackeaglebooks.org
info@blackeaglebooks.org

Black Eagle Books, an independent publisher, was founded as a nonprofit organization in April, 2019. It is our mission to connect and engage the Indian diaspora and the world at large with the best of works of world literature published on a collaborative platform, with special emphasis on foregrounding Contemporary Classics and New Writing.

www.ingramcontent.com/pod-product-compliance
Lightning Source LLC
Chambersburg PA
CBHW030230100526
44583CB00013BA/664
* 9 7 8 1 6 4 5 6 0 1 8 5 2 *